한국아동청소년상담학회 **상담역량 강화 프로그램 시리즈 ①**

교육사각지대 학습자 부모 상담

김동일 저

박영story

This work was supported by the Ministry of Education of the Republic of korea and the National Research Foundation of Korea(NRF-2017S1A3A2066303)

서론 및 개관

❶ 교육사각지대 학습자 이해하기

1) 교육사각지대의 의미

교육현장에는 다양한 교육적 요구를 지닌 학습자들이 존재한다. 즉, 일반교육만으로도 교육적 욕구가 충족되어 별도의 교육적 지원을 필요로 하지 않는 학습자에서부터 일반교육만으로는 그 요구가 충족되지 않는, 특수교육요구 학습자에 이르기까지 다양한 학습자가 있다. '교육사각지대 학습자'는 일반교육현장에서 사각지대에 놓여 있어 다양한 학습 및 교육적 요구에 대한 지원이 적절하게 제공되지 않은 '숨겨진 학습자'로 볼 수 있다. 이들은 특별한 교육적 요구를 가지고 있지만, 특수교육 적격성 기준을 만족하지 못하거나 낙인효과를 우려하여 진단받기를 꺼려하는 학습자이다. 즉, 현재의 선-진단 후-중재 체계 하에서 적절한 지원을 받지 못한 채 방치되어 있으며, 결국 심각한 학습부진이나 저성취 등이 나타날 때까지 적절한 지원을 받지 못하는, 즉 실패할 때까지 기다리는 현상(wait-to-fail)이 발생한다. 이 중에는 난독증, ADHD, 학습부진, 학습장애 등 다양한 유형의 위기 학습자들이 존재한다. 그러나 특수 교육지원을 받기 위해 장애로 진단되기까지 장기간 기다려야 하는 어려움 뿐 아니라 진단받기를 거부하는 사례도 있어 지원이 어려운 사례들이 상당한 실정이다(김동일, 고혜정, 2018). 이에 따라 최근에는 장애나 진단이 아닌 교육과 지원에 초점을 둔 접근이 주목을 받고 있으며, 교육 선진국의 경우 특수교육이 장애를 가진 아동만이 아니라 특수한 교육적 요구를 가진 아동에게 적절한 교육을 제공하는 방향으로 변화하고 있다. 이러한 접근과 동시에 이들의 문제에 대한 예방적 관점으로 그들이 가진 특성을 파악하여 조기에 선별 후 적절한 지원을 제공하는 것이 중요하다고 할 수 있다.

교육사각지대 학습자는 장애진단의 목적보다는 실질적인 교육적 지원에 초점을 둔 개념이다. 즉, 현재의 교육과정에서 학습부진 등 다양한 학습문제를 보이는 위기 학습자를 포괄하는 개념으로, 일반교육현장에서 특수교육과 일반교육의 사각지대에 놓여 있어 다양한 학습 및 교육적 요구에 대한 지원이 적절하게 제공되지 않은 위기 학습자(at-risk student)로 정의된다(최수미, 유인화,

김동일, 박애실, 2018).

일반교사들이 지각하는 교육사각지대 학습자의 특성은 학습 및 인지적 차원, 정서행동적 차원, 환경적 차원, 관계적 차원, 일상생활적 차원의 총 5개 영역과 16개 범주로 구성된 다차원적 구성요소로 이루어져 있다. 16개 범주는 기초학습능력 부족, 낮은 인지 및 이해능력 부족, 낮은 학업동기 및 태도, 학습인지적 전략 부족, 내재화 심리 정서 문제, 외현화 행동문제, 부정적 자기 개념, 일탈행동, 대인관계 소통 및 기술 부족, 학교폭력 피해 경험, 학교 내 규범 미준수, 위생 및 생활습관 문제, 가족구조 및 기능, 역기능적 가족관계, 낮은 사회경제적 지위 등이 포함되었다. 교사들은 교육사각지대 학습자의 특성으로 학습 및 인지적 차원과 정서행동적 차원에 대해 높은 응답률을 보였다. 그리고 16개 하위 요인들 중 대인관계 소통 및 기술 부족과 가족구조 및 기능 범주가 가장 응답률이 높았다(최수미, 유인화, 김동일, 박애실, 2018).

❷ 교육사각지대 학습자의 부모 상담 역량 강화를 위한 프로그램의 필요성

1) 부모 상담의 이해

부모 상담은 학생을 돕기 위한 전략적 차원에서 교사나 학부모의 요구에 의해 학부모를 대상으로 학교에서 이루어지는 상담으로(강은주, 2007), 학부모와 담임교사가 함께 학생의 성장을 위해 이야기를 나누는 의사소통의 장이 된다.

상담을 통해 교사는 부모가 자녀에 대하여 올바르게 지각하고 이해할 수 있도록 도움으로써 부모로 하여금 자녀를 좀 더 올바른 방향으로 성장할 수 있도록 이끌게 도와줄 수 있다. 또한 담임교사와 학부모의 상호 협조를 통해 학생이 보다 나은 학교생활을 할 수 있고, 학생이 가지고 있는 문제를 해결할 수 있다.

많은 교사들이 부모 상담의 중요성과 필요성을 인식하고 있으며, 최근 많은 일선의 학교에서 학부모 정기 상담이 진행되고 있다.

2) 협력적 교사-부모 관계의 필요성

교사와 학부모와의 관계는 상담의 질을 좌우한다. 일반적으로 상담에서는 상담협력관계라는 개념이 있으며, 이는 성담성과와 관련이 있는 변인으로 많은 연구가 되어 왔다. Bordin(1979)은 상담협력관계의 개념을 상호 신뢰감, 편안함, 호감 등을 포함하는 정서적 유대, 상담 목표에 대한 합의, 상담회기 내에서 무엇을 해야 할 것인가 하는 과제에 대한 동의로 정의하였다. 교사와 학부모와의 상담에서도 상호협력관계가 좋을수록 상담이 성과적으로 이루어진다고 하였다(구자경, 2005).

3) 교육사각지대 학습자 부모 상담 과정에서 겪는 교사의 어려움

실제 학교 현장에서 효율적으로 부모 상담을 진행한다는 것은 만만치가 않은 일이며, 교사는 부모 상담을 많은 업무 중 추가적으로 주어지는 또 하나의 업무로 인식하여 커다란 부담을 호소하고, 학부모와의 상담 자체에서도 어려움을 경험한다(허승희, 박성미, 2005). 즉, 상담에 대한 전문적인 교육을 충분하게 이수하지 못한 교사가 부모를 상담할 때 다양한 어려움을 겪을 수 있는데, 특히 부모 상담 전략이 없을 때 혹은 적절한 조언을 줄 수가 없을 때 어려움을 느낀다(김선경, 2011). 또한 상담 지식 외에도 부모유형에 따른 대처 능력 부족과 학생의 문제행동지도에 대한 지식 부족이 상담 시 겪는 어려움이 된다(임경심, 홍혜경, 2018). 특히 교육사각지대 학습자의 부모 상담이 어려운 경우는 학습문제라는 문제가 발생해서 이를 해결하기 위해 교사가 학부모 상담을 요청한다는 것이고, 이런 경우 교사에게 불만을 토로하거나 적대적인 태도를 보이는 학부모가 생길 수 있다는 점이다(홍은영, 임진영, 2014).

❸ 프로그램 구성

프로그램은 '일반적 상담역량강화 시 필요한 요소를 다룬 총론'과 '학생과 부모에 대한 심층적 이해를 다룬 주제영역'으로 구성되어 있다.

• 총론

회기	구분	제목	내용
총론 1	학부모 상담의 이해	교육사각지대 학습자 부모 상담에 대한 이해	• 전반적인 학부모 상담에 대한 교사의 어려움 • 학부모 상담 시 다뤄야 할 내용에 대한 소개 • 프로그램 목표 소개 • 교육사각지대 부모 상담에 대한 이해 • 교육사각지대 부모 상담에서 가질 수 있는 교사의 목표와 기대 확인하기
총론 2	교사 자신의 이해	나는 어떤 교사일까?	• 자동적 사고와 역기능적 신념에 대한 이해 • 학부모와의 관계에서 보이는 역기능적 신념 이해 • 역기능적 신념을 수정해보기
총론 3	학부모에 대한 이해	학부모는 어떤 마음일까? -학부모의 입장과 어려움 이해하기-	• 교육사각지대의 학부모들이 자녀양육에서 느낄 수 있는 어려움 확인 • 교사와의 상담, 방문 시 학부모는 어떤 것을 느끼는지 이해하기 • 교사와의 상담에서 학부모의 기대를 이해하기
총론 4	학부모 상담 기법	마음을 여는 기법	• 협력자로서의 교사와 부모에 대한 이해 • 가장 중요한 것: 마음 열기 • 기법 설명하기: 주의집중, 경청, 재진술, 감정반영 • 기법 설명하기: 질문하기, 조언, 정보제공, 격려하기 • (그룹 작업) 기법연습
총론 5	해결중심 상담 I	해결중심 상담의 원리	• 해결중심상담의 원리
총론 6	해결중심 상담 II	해결중심 상담의 적용	• 해결중심상담의 적용

회기	구분	제목	내용
총론 7	학부모 상담의 적용 Ⅰ	상담 상황별 상담 기법 1	• 전화 상담하기 • 문자, 이메일 상담하기 • (그룹 작업) 기법과 해결중심이론을 적용한 연습하기
총론 8	학부모 상담의 적용 Ⅱ	상담 상황별 상담 기법 2	• 단회 대면상담하기 • 교육사각지대 학부모 상담이 이뤄지는 상황들 - 방문상담 • (그룹 작업) 기법과 해결중심이론을 적용한 연습하기

• 주제영역

회기	구분	제목	내용
주제 1	교육사각 지대 학습자와 학부모 이해 & 학습 및 인지적 차원	학업 동기가 낮고 학습능력이 떨어지는 아이들과 학부모 상담	• 교육사각지대 학습자란? • 교육사각지대 학습자 유형을 5가지로 분류해보기 • 교육사각지대 학습자의 학부모를 이해하기 • 학습 및 인지적 차원에서 어려워하는 학생의 특징, 모습, 징후 알기 • 학부모들을 어떻게 상담할지 총론의 내용 적용하기 • 연계자료, 연계기관 안내하기
주제 2	정서행동 차원	우울한 아이들, 행동문제가 있는 아이들과 학부모 상담	• 정서행동 차원에서 어려워하는 학생의 특징, 모습, 징후 알기 • 이런 학생들의 학부모들을 어떻게 상담할지 총론의 내용 적용하기
주제 3	관계 차원	또래 관계가 어려운 아이들과 학부모 상담	• 관계 차원에서 어려워하는 학생의 특징, 모습, 징후 알기 • 이런 학생들의 학부모들을 어떻게 상담할지 총론의 내용 적용하기
주제 4	일상생활 차원 및 환경적 차원	일상생활 및 환경적 차원의 어려움을 가진 아이들과 학부모 상담	• 일상생활 차원에서 어려워하는 학생의 특징, 모습, 징후 알기 • 환경적 차원에서 어려워하는 학생의 특징, 모습, 징후 알기 • 이런 학생들의 학부모들을 어떻게 상담할지 총론의 내용 적용하기
주제 5	숨겨진 장애	숨겨진 교육사각지대 장애	• 난독증, 틱, ADHD 등 숨겨진 장애 이해 • 숨겨진 장애의 학부모는 어떻게 상담할지 총론의 내용 적용하기
주제 6	부모 차원 1	부모 유형별 개입: 통제적인 부모, 방임적인 부모	• 통제적 부모의 상담 • 방임적 부모의 상담
주제 7	부모 차원 2	부모 유형별 개입: 독재적인 부모, 아이에게 휘둘리는 부모	• 독재적 부모의 상담 • 아이에게 휘둘리는 부모의 상담

차례

1부 | 총론

2부 | 주제 영역

PART

1

총론

총론 1회기

교육사각지대 학습자 부모 상담에 대한 이해

Ⅰ. 개관

❶ 회기 소개

학교 현장에서는 난독증, ADHD, 학습부진, 학습장애 등 다양한 유형의 위기 학습자들이 있다. 교육사각지대 학습자는 일반교육현장에서 특수교육과 일반교육의 사각지대에 놓여있어 다양한 학습 및 교육적 요구에 대한 지원이 적절히 제공되지 않는 위기학습자를 말한다. 이러한 위기학습자는 다수준의 지원이 필요한데, 그 중 중요한 것은 이들의 부모와 협력적 관계를 맺고 문제를 해결하는 것이다. 이번 회기에서는 교육사각지대 학습자의 의미와 교육사각지대 학습자 부모 상담의 전반에 대해 살펴봄으로써 왜 교육사각지대 학습자의 부모 상담 역량 강화가 필요한지에 대해 이해해보고자 한다.

❷ 목표

- 교육사각지대 학습자의 의미와 부모 상담의 필요성을 이해하기
- 일반적인 부모 상담 및 교육사각지대 학습자 부모 상담에 대해 이해하기
- 교육사각지대 부모 상담에서 가질 수 있는 교사의 목표와 기대 확인하기

Ⅱ. 회기 진행

회기 구조

회기	총론 1회기	제목	교육사각지대 학습자 부모 상담에 대한 이해	
목표	• 교육사각지대 학습자의 의미와 부모 상담의 필요성을 이해하기 • 일반적인 부모 상담 및 교육사각지대 학습자 부모 상담에 대해 이해하기 • 교육사각지대 부모 상담에서 가질 수 있는 교사의 목표와 기대 확인하기			
준비물	PPT, 프린트물(워크시트)		시간	60분

과정	내용	시간(분)
도입	○ 활동명: 교육사각지대 학습자 이해하기 ○ 활동 목표: 교육사각지대 학습자의 개념에 대해 이해할 수 있다. ○ 활동 내용 1) 교육현장에서 나타나는 교육사각지대 학습자의 모습 이해하기(영상보기) 2) 교육사각지대 학습자의 정의에 대해 이해하기(강의)	7분
전개(1)	○ 활동명: 교육사각지대 학습자의 부모 상담에서의 경험 나누기 ○ 활동 목표: - 교육사각지대 학습자의 부모 상담에서 겪었던 어려움을 이해한다. - 본 프로그램에 대한 필요성을 이해하고 동기 및 기대감을 갖는다. ○ 활동 내용 1) 교육사각지대 학습자 부모와의 상담 경험 생각해보기(4인 그룹활동) 2) 프로그램의 목표 나누기(강의)	30분
전개(2)	○ 활동명: 부모 상담 개관하기 ○ 활동 목표 - 일반적인 부모 상담에 대해 이해한다. - 교육사각지대 학습자의 부모 상담을 이해한다. ○ 활동 내용 1) 일반적인 부모 상담에 대해 이해하기(강의) - 부모 상담의 개념과 중요성 - 부모 상담의 내용 - 부모 상담의 어려움 2) 교육사각지대 학습자 부모 상담에 대해 이해하기(강의) - 교육사각지대 학습자 부모 상담의 특성과 어려움	18분

	3) 교육사각지대 학습자 부모 상담에서 가질 수 있는 교사의 기대와 목표 설정하기(강의 및 논의)	
정리	○ 활동명: 회기 마무리 및 다음 회기 안내 ○ 활동 목표: 총론 1회기를 정리하고, 전체 프로그램을 이해한다. ○ 활동 내용(강의 및 논의) - 전반적 내용 복습 및 오늘 학습 소감 나누기 - 프로그램 전체 목표와 전체 프로그램 구성의 유기적 관계 이해하기 - 다음 회기(총론 2회기) 안내	5분

❶ 도입(7분): 교육사각지대 학습자 이해하기

"학교현장에서 학습에 어려움을 겪는 학생은 상당합니다. 한 예로 경계선적 지적기능의 학습자가 전국에 80만 명, 한 반에 3명꼴로 존재할 것으로 추정되고 있습니다(강옥려, 2016; 변관석, 신지숙, 2017). 여러분은 현장에서 어떤 학생들을 만난 경험들이 있습니까?"

1) 교육현장에서 나타나는 교육사각지대 학습자의 모습 이해하기

"교육현장에서 볼 수 있는 교육사각지대 학습자의 모습을 한번 보고 시작하도록 하겠습니다."

(영상 시청) (예: EBS 포커스 특집 느린 학습자를 아십니까; youtube 검색)

"보시다시피, 난독증, ADHD, 학습부진, 학습장애 등 다양한 유형의 위기학습자들이 존재합니다. 그러나 특수 교육지원을 받기 위하여 장애로 진단되기까지 장기간 기다려야 하는 어려움 뿐 아니라 진단받기를 거부하는 사례도 있어 지원이 어려운 사례들이 상당합니다(김동일, 고혜정, 2018)."

2) 교육사각지대 학습자의 정의 이해하기

"교육사각지대 학습자는 장애진단의 목적보다는 실질적인 교육적 지원에 초점을 둔 개념입니다. 즉 현재의 교육과정에서 학습부진 등 다양한 학습문제를 보이는 위기학습자를 포괄하는 개념으로, 일반교육현장에서 특수교육과 일반교육의 사각지대에 놓여있어 다양한 학습 및 교육적 요구에 대한 지원이 적절하게 제공되지 않은 위기학습자를 정의합니다(최수미, 유인화, 신봉철, 김동일, 박애실,

2018)".

"오늘은 대략적인 개념에 대해 알아보고 교육사각지대 학습자에 대한 자세한 유형과 사례는 뒤에 나올 주제영역에서 배우게 될 것입니다."

❷ 전개 1(20분): 교육사각지대 학습자의 부모 상담에서의 경험

1) 교육사각지대 학습자 부모와의 상담 경험 생각해보기

"여러분들은 교사로서 이러한 위기학습자들의 부모를 직접 만나거나 혹은 전화로 상담할 일이 있었을 것입니다. 그때를 생각하면서 아래의 워크지를 작성해 봅시다."

(워크지 작성 후 그룹별로 나눔)

2) 프로그램의 목표 이해하기

"전체 프로그램의 목표는 크게 세 가지입니다. 첫 번째는 전반적인 학부모 상담에 대한 역량을 키우고, 교육사각지대 학습자 부모에 대해 이해하는 것입니다. 두 번째는 다양한 유형의 교육사각지대 학습자의 모습과 그 특성, 원인 등을 이해하는 것입니다. 세 번째는 앞선 두 가지 목표를 달성하고 통합하여 교육사각지대 학습자 학부모의 상담 역량을 향상시키는 데 있습니다. 이 과정을 통해 여러분은 학부모상담에 필요한 전략을 가지고 학생에 대한 깊이 있는 이해를 전달할 수 있습니다. 또한 부모 및 학생에 대한 가설을 세울 수 있어 부모 상담 및 학생 지도에 대한 방향성을 그려볼 수 있습니다."

❸ 전개 2(18분): 부모 상담 개관

1) 일반적인 부모 상담 이해하기

(1) 학부모 상담의 개념과 중요성

"학부모 상담은 무엇을 위해서 해야 한다고 생각하십니까?"

"학부모 상담은 무엇일까요? 부모상담은 학생을 돕기 위한 전략적 차원에서 교사나 학부모의 요구에 의해 학부모를 대상으로 학교에서 이루어지는 상담을 말합니다(강은주, 2007). 또한 학부모와 교사가 만나 함께 학생의 성장을 위해 이야기를 나누는 소통의 장입니다(김은영, 이재용, 박성희, 2018). 부모 상담은 중요합니다. 상담을 통해 교사는 부모가 자녀에 대하여 올바르게 지각하고 이해할 수 있도록 도움으로써 부모로 하여금 자녀를 좀 더 올바른 방향으로 성장할 수 있도록 이끌게 도와줄 수 있습니다. 또한 담임교사와 학부모의 상호 협조를 통해 학생이 보다 나은 학교생활을 할 수 있고, 학생이 가지고 있는 문제를 해결할 수 있습니다."

"많은 선생님들이 부모상담의 중요성과 필요성을 인식하고 있습니다. 과거에는 문제가 발생하면 그것을 해결하기 위한 상담이 간헐적으로 진행되어 왔으나, 최근에는 많은 일선의 학교에서 학부모 정기 상담이 진행되고 있습니다."

(2) 학부모 상담의 내용

"교사들은 학부모 상담에서 학생에 관한 교사의 의견을 뒷받침해줄 수 있는 객관적인 자료, 교실환경, 정리정돈과 청소, 단정한 옷차림, 상담에 대한 마음가짐 등을 학부모 상담의 준비로 인식하고, 상담에서는 부모와 자녀의 생활모습, 교우관계, 학습태도, 학부모가 궁금한 내용에 대해 이야기를 나눕니다(홍은영, 2014)."

"구체적으로 어떤 주제로 상담이 이루어지고 있는지 볼까요?"

학업 관련

Q ○○과목의 성적이 낮아 고민이에요.

긍정적인 측면의 내용으로 먼저 대화를 나눈 후, 반드시 증명할 수 있는 객관적인 자료(해당 교과의 평가자료 및 학습참여태도, 과제수행도)를 제시하여 이유를 설명한다.

A 성적향상을 위해서는 꾸준한 노력과 습관형성이 필요합니다. 학교 일과 후에는 ○○과목과 관련하여 어떻게 공부하고 있습니까? 그렇다면, 학교에서는 ○○과목에 대한 보충지도를 다음과 같이 실시해 보겠습니다. 일정 기간이 지난 뒤 변화된 정도를 확인해 보고 효과적인 지도계획을 다시 세우도록 하겠습니다.

진로 관련

Q 아이가 이야기하는 진로가 현실성이 없고 제 기대와도 달라요.

학부모가 바라는 장래희망과 그 이유를 물어보고, 해당 아이의 강점에 대해 이야기를 나눈다.

A 아이들의 장래희망이 부모의 바람과 다른 경우가 많습니다. 자녀의 학업성적과 가치관, 흥미, 적성, 신체적 조건 등을 정확하게 파악하고 진로선택을 도와주는 것이 중요합니다. 자녀와 충분히 이야기를 나눠 보세요. 진로결정 시 도움이 될 수 있는 기관과 사이트를 소개해 드리겠습니다.

교우관계

Q 친구들과 잘 어울리지 못하는 것 같아요.

A 아이마다 성향이 다르지만 수줍음이 많고 내성적인 경우, 친구들과 친해지는데 시간이 좀 더 필요합니다. 그리고 상대방이 어떻게 생각할까 미리 걱정하느라 친구에게 쉽게 다가가지 못하는 경우도 있지요. 그렇지만, 학교에서는 ○○와 친하게 지내는 것 같습니다. 아이들이 함께 할 수 있는 시간을 마련해 주세요. 좋아하는 운동이나 취미활동을 같이 하는 것이 친해질 수 있는 좋은 기회가 됩니다. 저도 관심 있게 지켜보도록 하겠습니다.

부모 및 형제와의 관계

Q 우리 아이가 사춘기인가 봐요. 제 질문엔 답도 안하고 방으로 들어가버려요.

문제 상황을 자세하게 듣고 내용을 파악한다.

A 사춘기는 성장하면서 모두 겪게 되는 단계입니다. 모든 문제는 의사소통이 되지 않는 데서 시작됩니다. 대화의 시간을 가져 보세요. 말로 표현하지 않아도 말투와 억양, 몸짓으로 자신의 마음을 보여주므로 서둘러 판단하지 않고 기다리며 지켜봐 주시는 것도 필요합니다.

이성교제

Q 이성친구와 교제를 한다고 합니다.

부모의 조급함이나 지나친 걱정에 동조하진 않더라도, 어떤 부분이 걱정되는지 묻고, 자녀를 염려하는 마음에는 공감을 표한다. 상황을 바르게 이해하고 차분하게 설명하도록 한다.

A 이성에 대한 호기심과 교제가 반드시 나쁜 것은 아닙니다. 성장과정에서 자연스러운 발달과정입니다. 건전한 만남이 되기 위해서는 부모님께서도 상대방에 대한 정보를 알고 함께 시간을 보내는 기회를 가져보는 것이 좋습니다. 혹시 성에 대한 궁금증을 가진다면 올바른 성교육의 기회를 제공하는 것도 필요합니다. 도움이 되는 사이트를 추천해 드리겠습니다.

학습태도

Q 집에서는 활달한 편인데 작년 공개수업때 보니까 발표를 잘 안하더라구요. 요즘 수업태도는 어떤가요?

구체적인 예를 들어 설명하며, 과거행동보다는 앞으로 개선할 점에 초점을 둔다.

A 학기 초라서 적응하는 시기입니다. 환경에 따라 반응하는 태도가 다른 경우도 있고, 부모님들이 오셔서 긴장을 할 수도 있습니다. ㅁㅁ는 특히 △△과목 시간에 자신감을 가지고 더욱 활발하게 참여하고 있습니다. 다른 과목 시간에도 적극적으로 발표할 수 있는 기회를 갖도록 관심을 가지고 지켜보겠습니다.

출처: 울산교육청 특수교육지원센터 학부모 상담 매뉴얼(2011) 내용 참고.

(3) 학부모 상담의 어려움

“그러나 실제 학교 현장에서 효율적으로 부모상담을 진행한다는 것은 만만치가 않은 일입니다. 교사는 교육과정을 운영하며, 행정업무를 처리하면서 추진해야 하는 또 다른 업무로 상담 시작 전에 부담감이 크다고 보고하고 있습니다. 많은 교사들이 학부모와의 상담에서 어려움을 경험합니다(허승희, 박성미, 2005). 상담에 대한 전문적인 교육을 충분하게 이수하지 못한 교사가 부모를 상담할 때 다양한 어려움을 겪을 수 있습니다. 역량과 관련해서 부모상담 전략이 없을 때, 적절한 조언을 줄 수가 없을 때 어려움을 느낍니다.”

“까다로운 부모들도 있습니다. 엄마의 영향력이 너무 큰 경우도 있습니다. 이때 교사는 교사의 말이 영향력이 없다고 지각하고 어려움을 느낍니다. 부모와의 소통이 안 될 때가 있습니다. 부모에게 말하면 교사가 잘 못 봤다고 생각하거나, 교사가 호구조사를 한다고 생각하거나, 기분 나빠하며 방어적으로 나오기도 합니다(김선경, 2011). 또한 문제행동을 인정하지 않거나 솔직하지 않은 경우도 있습니다.”

“까다로운 부모와 상담을 하기란 쉽지 않습니다. 교사와 학부모와의 관계는 상담의 질을 좌우합니다. 상담에서는 상담협력관계라는 개념이 있습니다. 이는 성담성과와 관련이 있는 변인으로 많은 연구가 되어온 것입니다. Bordin(1979)은 상담협력관계의 개념을 “상호 신뢰감, 편안함, 호감 등을 포함하는 정서적 유대, 상담 목표에 대한 합의, 상담회기 내에서 무엇을 해야 할 것인가 하는 과제에 대한 동의”로 정의하였습니다. 이는 교사와 부모와의 관계에서도 비슷하게 상호협력관계가 좋을수록 상담이 성과적으로 이루어진다고 합니다(구자경, 2005). 우리의 숙제는 어떻게 방어적인, 가까이하기 어려운 학부모와 협력적인 관계를 맺느냐입니다.”

2) 교육사각지대 부모 상담 이해하기

“여러 유형의 위기학습자들이 있으나, 교육사각지대 학습자의 부모 상담이 어려운 이유는 다양합니다. 우선, 이러한 위기가 있게 된 원인 중 하나가 부모인 경우가 있습니다. 경제적 수준이 낮은 경우, 이혼 등 가족 불화가 있는 경우, 한부모, 조손 가족의 경우 등 가족구조, 가족관계의 문제로 자녀에 대한 적절한 관심과 돌봄 없이 방치하거나 강압적으로 통제하는 경우가 있는데 이때 학교생활 부적응이 일어날 수 있습니다. 이런 경우는 교사와의 상담에 비협조적인 경우가 많습니다."

> **사례 1** A는 공부에 대한 동기가 없고 무기력하다. 가정폭력으로 부모님이 이혼한 후 현재 아버지와 살고 있다. 반항적인 태도는 없지만, 늘 어둡고 말수가 적어서 학급에서도 친한 친구가 없다. 아버지는 운수업을 해서 집에 이따금씩 들어온다고 했다. 교사의 전화도 잘 받지 않았고, 전화가 가까스로 연결되었을 때 내 아들이니 내가 알아서 한다고 쏘아붙이고 끊었다.

"부모가 정서적으로 어려운 경우도 있습니다. 어머니가 우울한 경우에 자녀들은 신경질적이고 까다롭고 행동적 문제가 나타날 수 있습니다(Goodman and Gotlib, 1999)."

"부모가 자녀와 너무 밀착된 관계인 경우는 객관적으로 아동의 상황과 심리적 상태 등을 파악하는 데 어려움이 있습니다. 또한 부모의 요구가 매우 많거나, 반대로 관심이 너무 부족한 경우에도 학생은 심리적 위기감을 느낄 수 있습니다."

> **사례 2** B의 어머니는 자녀교육에 매우 관심이 많다. 최신의 교육 트렌드를 이야기하고, 어려운 용어를 섞어가며 이야기한다. 어머니는 B의 일거수일투족을 스케줄하고 모니터링한다. B의 이야기를 들어보면 과외를 할 때도 어머니가 방문 밖에서 듣고 계신다고 하였고, 교재도 어머니가 다 골라준다고 하였다. 교사는 B의 어머니와 이야기를 할 때 권위적이고, 벽이 있다고 느끼고, 자신을 아래로 내려다보며 말하는 듯한 인상을 받았다.

3) 교육사각지대 부모 상담에서 가질 수 있는 교사의 목표와 기대 설정하기

"여러분은 이런 학부모와 만날 때 어떤 기대, 어떤 목표를 가지고 계신가요?" (옆 사람과 이야기해보기)

"어쩌면 이 자리에 여러번 좌절을 겪은 분들도 있을지 모릅니다. 인간적인 거절감 같은 것을 느낄 수도 있습니다. 여러 가지 사례를 이야기했지만, 편견과 선입견을 가지는 것은 마음을 열고 관계를 맺는 데 장애물이 됩니다."

"목표와 기대는 있지만 거기에 메이지 않는 것이 중요합니다. 어려운 대상일수록 아주 작은 목표를 갖고 시작해서 단계 단계 쌓아올리는 것이 중요합니다.

전화를 받지 않는 학부모라면, 부모와의 상담에서 많은 것을 기대하기보다, 전화를 받는 것이 현실적인 기대일 수 있습니다."

❹ 정리(5분): 회기 마무리 및 다음 회기 안내

"오늘 참여하시면서 어떤 생각이 드셨나요?"(의견 나누기)

"오늘은 15회기 중 첫 회기입니다. 우리가 앞으로 다루어야 할 부분에 대한 개념을 살펴보았고, 어떻게 접근하면 좋을지, 그리고 이것이 나의 능력의 부족만이 아니라 어려운 과업이란 것을 이해하는 시간이었다면 좋겠습니다."

"다음 회기는 성격검사를 기반으로 해서 자신에 대한 이해와 더불어 이것이 어떻게 부모 상담에 영향을 미치는지 알아보는 시간을 갖도록 하겠습니다."

활동자료 총론 1-1

1) 어떤 학부모였나요?

2) 학부모와는 어떤 관계를 형성했나요?

3) 어떤 면이 어려웠나요?

4) 잘 된 부분은 무엇이었고, 잘 안 된 부분은 무엇인가요?

5) 본 프로그램에서 기대하는 바는 무엇인가요?

총론 2회기

나는 어떤 교사일까?

I. 개관

❶ 회기 소개

이번 회기에서는 교사가 학부모를 대할 때 가지고 있는 역기능적인 신념을 확인해 보고, 이를 학부모와 겪었던 어려움과 연관하여 생각해보고자 한다. 자신의 역기능적 신념을 이해하는 것은 관계에서 현실적인 기대와 목표를 설정할 수 있도록 돕고, 불필요한 갈등을 감소시켜주고, 부정적인 감정을 줄여준다. 학부모와의 상담에서 교사가 가지고 있는 역기능적 신념을 확인함으로써 학부모 상담에 영향을 미쳤던 자신의 욕구, 감정 등을 이해할 수 있을 것이다. 그럼으로써 교육사각지대 학습자 학부모와의 만남을 더 효과적으로 진행함으로써 교육사각지대 학습자에게 적절한 도움이 제공될 수 있기를 기대한다.

❷ 목표

- 역기능적 신념을 이해하기
- 자신의 역기능적 신념을 확인해보기
- 역기능적 신념을 수정하기

Ⅱ. 회기 진행

회기 구조

<table>
<tr><td>회기</td><td>총론 2회기</td><td>제목</td><td colspan="2">나는 어떤 교사일까?</td></tr>
<tr><td>목표</td><td colspan="4">• 역기능적 신념을 이해하기
• 자신의 역기능적 신념을 확인해보기
• 역기능적 신념을 수정 및 적용해보기</td></tr>
<tr><td>준비물</td><td colspan="2">PPT, 프린트물(워크시트)</td><td>시간</td><td>60분</td></tr>
</table>

과정	내용	시간(분)
도입	○ 활동명: 역기능적 신념의 이해 ○ 활동 목표: 역기능적 신념이란 무엇인지 이해한다. ○ 활동 내용 1) 역기능적 신념에 대한 소개(강의)	20분
전개(1)	○ 활동명: 자신의 역기능적 신념을 확인하기 ○ 활동 목표 - 학부모와의 관계에서 나타나는 역기능적 신념을 이해한다. - 역기능적 신념이 교직생활 및 일상 생활에서 어떠한 영향을 미치는지 알게 된다. ○ 활동 내용 1) 경험 속 역기능적 신념 확인하기(강의 및 활동) - [활동지 1] 2) 역기능적 신념이 자신에게 미치는 영향(강의 및 활동) - [활동지 2] - 발생했던 혹은 발생할 수 있는 어려움	20분
전개(2)	○ 활동명: 역기능적 신념을 수정 및 적용해보기 ○ 활동 목표 - 자신의 역기능적 신념을 수정해 본다. - 이전에 경험했던 상황에서 수정한 역기능적 신념을 적용하여 어떻게 달라질 수 있었을지 상상해 본다. ○ 활동 내용 1) 자신의 역기능적 신념 수정해보기(강의 및 활동) - [활동지 3]	15분

	2) 이전에 어려움을 겪었던 상황에서 수정된 신념을 적용해보고 어떻게 달라질 수 있었을지 이야기 나눠보기(강의 및 2인 그룹 활동)	
정리	○ 활동명: 활동 마무리 ○ 활동 목표: 역기능적 신념으로 인해 학부모 상담에서 겪을 수 있는 어려움 및 영향에 대한 재확인으로 마무리한다. ○ 활동 내용 1) 역기능적 신념이 학부모 상담에 미치는 영향 재확인(강의 및 논의) 2) 다음 회기 안내(강의)	5분

❶ 도입(20분): 역기능적 신념의 이해

"이번 시간을 통해 여러분이 교사로서 학부모와 맺고 있는 관계를 돌아보고, 학부모 상담 장면에서 각자가 가지고 있는 신념에 대해 확인해 보려고 합니다. 이 신념은 학부모 상담에서 여러 모양으로 영향을 미치고 있을 텐데요, 이 시간 동안 생각해 볼 수 있으면 좋겠습니다."

1) 역기능적 신념에 대한 간략한 소개(상담학 사전(2016). 김춘경 외. 학지사)

"학부모 상담이 왜 어려울까요? 교사는 다른 사람을 가르치는 직업입니다. 가르치는 과목 뿐 아니라 전반적 교육 분야에 대한 지식이 풍부한 전문가입니다. 학교 현장에서 벌어지는 일은 척척 해내고 싶은 마음이 들지요. 내가 부족하다라는 인식이 있더라도 적어도 내가 가르치는 학생의 부모 앞에서는 완벽한 교사의 모습이고 싶고, 실수하거나 모르고 싶지 않은 마음이 듭니다. 이러한 마음은 긴장감을 불러일으키게 되지요.

'허점을 보이면 학부모들이 나를 무시할지 몰라. 완벽하게 준비해야 해.'와 같은 마음이 들면 불안해집니다. 인지치료에서는 부정적 생각이 일상생활에서 알아차리기도 전에 자동적으로 유발되는 '자동적 사고'를 주목하고 있습니다. 이것은 매우 빠른 평가적 사고이고, 왜곡되거나 극단적인 경우가 많습니다. 자동적 사고는 개인의 감정이나 행동반응을 유발하게 되지요. 이러한 자동적 사고는 인식하지 못할 때 감정과 행동에 큰 영향을 미치지만, 인식하면 그 영향력이 줄어들게 됩니다. 그러므로 이러한 자동적 사고를 인식하고 자신의 역기능적인 사고/신념을 알아차리는 것이 매우 중요합니다.

역기능적 신념에 대해 알고 있으신 분도 있고 모르는 분도 있을 텐데요, 역기능적 신념은 기능적이지 않은 개인의 믿음, 경직되고 융통성 없는 사고방식을 의미합니다. 있는 그대로의 현실을 반영하지 못하는 경우가 많아서 있는 그대로의 자신이나 관계의 모습을 받아들일 수 없게 만드는 단점이 있습니다. 역기능적 신념은 '반드시 ~해야만 한다'. '절대로 ~해서는 안된다.'라는 당위적 사고, '~하면 큰일 난다'는 식의 지나친 과장, '교사는 모두 ~하다, 학부모는 모두 ~하다' 등의 일반화된 생각, '~은 가치가 없다'와 같은 자신 혹은 타인에 대한 비하 등이 포함됩니다. 역기능적 신념을 이야기한 학자는 대표적으로 Beck과 Ellis가 있는데요, Ellis는 역기능적 신념을 비합리적 신념이라고 표현했습니다. 그는 이러한 신념을 11개의 유형으로 나누어 설명하기도 했습니다."(강의자료 참고)

[부록1] 비합리적 신념 예시문 참고자료

강의자료-교수자용

- 역기능적 신념은 Weissman과 Beck(1978)이 인지적 취약성으로서 제안한 개념이다. 인지적 측면에서 보자면 자기 자신이나 타인, 혹은 세상 일반에 대한 절대주의적이고 완벽주의적이며 융통성 없는 비현실적 내용으로 이루어져 있으며, 상황의 다양성이나 가변성이 고려되지 않고 모든 상황에 적용되는 보다 추상적이고 일반적 신념이다.
- 이를 역기능적이라고 부르는 이유는 이러한 신념의 경직성과 융통성 없음으로 인해 실제로는 상위목표의 달성을 방해하는 역할을 하게 되며, 이러한 신념이 위반되었을 때 극단적이고 과도한 정서경험이 초래되기 때문이다(조용래, 1998).
- 역기능적 신념은 자신의 수행평가에 대한 과도한 관심(만약 내가 남들만큼 일을 잘 수행하지 못한다면 그것은 내가 열등한 인간임을 뜻한다), 타인으로부터의 과도한 승인 욕구(한 인간으로서 나의 가치는 남들이 나를 어떻게 생각하고 있느냐에 달려 있다), 완전주의(만약 내가 성공하지 못한다면 나의 인생은 쓸모없는 것이다), 취약성(어떤 사람이 도움을 요청한다면 그것은 그 사람이 나약하다는 표시이다), 절대적 명령(나는 언제나 행복해야만 한다), 철학적 사고(자신에게 일어나는 일들은 통제할 수 없을지라도 사고방식은 통제할 수 있다), 타인의 마음에 들려고 애씀(내가 나 자신을 보는 입장보다 남들이 나를 어떻게 보느냐가 더 중요하다) 등을 포함한다(김정현, 2007).

■ **역기능적 신념의 유형(Ellis, 1962; 이혜진, 2000 재인용)**

✔ **인정에 대한 욕구**: 자신에게 중요한 모든 사람들로부터 사랑과 인정을 받는 것이 절대적으로 필요하다는 생각으로, 이는 아무리 우리가 노력해도 이루어질 수 없는 일이기

때문에 비합리적이다. 이러한 사랑과 인정의 욕구에 사로잡히게 되면 그렇지 못한 자신을 더욱 미워하게 되어 자기 파괴적이 된다. 합리적인 사람은 자신의 욕구나 흥미 등 자신이 하고 싶은 것을 희생하면서까지 다른 사람의 사랑이나 인정을 받으려 하지 않는다.

✔ **개인적 완벽성**: 자신이 가치 있다고 여겨지기 위해서는 모든 영역에서 완벽하게 유능하고 능력과 재능이 있어야 하며 성공을 거두어야 한다는 생각이다. 그러나 인간은 신과 같이 완벽할 수 없으며 이를 위해 강박적으로 노력하면 정신적 · 신체적 질병과 열등감, 삶에 대한 무력감, 실패에 대한 두려움을 지니게 된다. 합리적인 사람은 자기 자신에게 충실하고 결과에 집착하지 않으며 과정 그 자체를 중요시한다.

✔ **비난 경향성**: 자신에게 해를 끼치거나 악행을 저지르는 사람은 일반적으로 나쁘고 야비하며 비열한 사람이고, 이들은 반드시 비난과 처벌을 받아야 한다는 생각이다. 이는 선악 판단에 대한 절대적인 기준이 없다는 것과 그것이 인간의 비합리적인 편견에 의한 경우가 많기 때문에 비합리적이다. 일반적으로 비난과 처벌이 행동을 향상시키지는 못하며 합리적인 사람은 자신은 물론 다른 사람도 비난하지 않는다.

✔ **파국화**: 어떤 일이 바라는 대로 되지 않는 것은 끔찍한 일이며 곧 파멸이라는 생각으로 이것은 현실적으로 볼 때 일이 반드시 생각한 대로 되어야만 할 이유가 없고, 또한 장기간에 걸쳐 좌절감에 빠져 있는 것은 상황을 더 나쁘게 만들 수 있기 때문에 비합리적이다. 합리적인 사람은 가능한 한 상황을 개선시키려 하지만 다른 대처 방법이 없다면 그 사실을 그대로 받아들인다.

✔ **정서적 무책임감**: 인간의 불행은 외부 환경 때문이며 인간으로서는 그것을 어찌할 수 없다는 생각이다. 그러나 이러한 신념은 일반적으로 불행이 심리적인 것으로 자신의 내부에서 기인된 경우가 많기 때문에 비합리적이다. 합리적인 사람은 주로 자신의 내부에서 불행이 온다는 것을 알고 있으며, 외부의 사태 때문에 초조하거나 괴롭더라도, 사태에 대한 합리적 판단을 통해 자신의 반응을 변화시킬 수 있음을 알고 있다.

✔ **과잉불안염려**: 어떤 일이 위험하고 두렵게 느껴질 때에는 그것에 대해 신경을 써야 하고, 그런 일이 일어날지도 모른다는 가능성을 항상 마음속에 품고 있어야 한다는 생각이다. 어떤 위험에 대한 발생 가능성을 계속 반복적으로 생각하게 되면, 그 위험이 실제 이상으로 과장되는 경향이 있으며, 그 결과 개인은 계속적인 불안과 두려움을 갖게 되고 이러한 불안과 두려움은 실제 위험을 대처하는 데 방해가 될 뿐 아니라 그 위험을 자초하는 경우가 많다. 합리적인 사람은 잠재적 위험이 자기가 두려워하듯이 그렇게 무서운 것이 아니며 불안은 이것을 예방해주는 것이 아니라는 것을 알고 있다.

✔ **문제회피**: 인생에 있어서 어려움이나 자기 책임에 직면하는 것보다는 이를 회피하는 것이 더 쉽다는 생각이다. 이는 순간적인 위안을 줄 수 있으나, 자신감의 상실을 포함한 불안과 기타 문제를 일으키기 때문에 비합리적이다. 합리적인 사람은 불필요한 고

통스러운 일을 피하기는 하지만 자신이 해야 할 일은 불평 없이 해치운다.

- ✔ **의존성**: 사람은 다른 사람에게 의존해야 하고, 자신이 의지할 수 있는 더 강한 누군가가 있어야 한다는 생각이다. 사람은 어느 정도는 타인에게 의존할 수 있으나, 강한 의존심은 독립성, 개체성, 자아의 상실 등을 초래할 수 있기 때문에 비합리적이다. 합리적인 사람은 독립적이고 자신의 일에 책임을 지지만, 도움이 필요할 때는 타인의 도움을 구하고 받아들이기도 한다.
- ✔ **무력감**: 개인의 과거 경험이나 사건은 사람의 현재 행동을 결정하며, 사람은 과거의 영향력에서 벗어날 수 없다는 생각이다. 이와 같은 신념은 과거의 문제 해결책이 현재에는 적절하지 않을 수도 있고, 과거에는 필요했던 행동이 현재에는 필요하지 않을 수도 있으므로 비합리적이다. 합리적인 사람은 과거의 중요성을 인식하지만, 과거의 영향을 분석하고 현재 상황에 적합하도록 변화시킬 수 있다.
- ✔ **완벽한 해결**: 모든 문제에는 언제나 바르고 완전한 해결책이 있으며, 그것을 찾지 못하면 큰 일이라는 생각이다. 어떤 문제에 대한 완벽한 해결책이란 존재하지 않으며, 그러한 해결책을 찾으려고 고집할수록 더욱 심한 불안이나 공포를 느끼게 되고 실제로 할 수 있는 것보다도 더 나쁜 결과를 가져올 수 있으므로 비합리적이다. 가능한 한 다양한 해결책을 찾으려 해야 하며, 가장 적절한 해결책을 받아들이는 것이 더 합리적이다.
- ✔ **지나친 타인 염려**: 다른 사람의 문제나 혼란에 처했을 경우에 자신도 당황할 수밖에 없다는 생각이다. 그러나 타인의 문제에 대해 흥분하거나 화를 낸다고 해서 그들의 행동을 변화시킬 수 있는 것도 아니고 오히려 자신이 불안정하게 되어 자기 희생만을 초래할 수도 있다. 또한 타인의 문제는 자기 자신과 아무런 관계가 없을 수 있으므로 타인의 문제에 대하여 지나치게 염려하는 것이나 심각하게 생각하는 것은 비합리적이다. 합리적인 사람은 타인의 행동이 자신에게 혼란을 일으킬만한 것인지에 대해 결정을 하고, 만일 그렇다면 그 사람을 돕는다. 그러나 아무 대책이 없다면, 그것을 받아들이고 그에 대해 최선의 노력을 한다.

■ 역기능적 신념의 표현

- ✔ **당위적 사고, 절대적 요구, 명령적 자기 언어**: "반드시 ~해야만 한다", "반드시 ~이어야 한다", "절대로 ~해서는 안된다"
- ✔ **지나친 과장**: "~하면 큰일 난다"
- ✔ **일반화된 생각**: "교사(학부모/학생)는 모두 ~하다"
- ✔ **자신 혹은 타인의 비하**: "~한 것은 가치가 없다"

■ 역기능적 신념의 예

- ✔ 중요한 타인 모두에게 사랑받고 인정받는 것은 절대적으로 필요하다.
- ✔ 가치 있는 사람으로 인정받으려면 반드시 유능하고 모든 영역에서 완벽하게 일을 성취

해야 한다.

✔ 사악하고 나쁜 사람은 반드시 비난받고 처벌을 받아야 한다.
✔ 일이 뜻대로 되지 않는 것은 끔찍하고 무서운 파멸이다.
✔ 위험하거나 두려운 일에 대해 항상 걱정하는 것은 당연하다.
✔ 누구나 다른 사람에게 의지해야 하고 의지할 만한 누군가가 반드시 있어야 한다.
✔ 현재의 행동은 과거의 경험이나 사건에 따라 결정되며, 그 영향에서 벗어날 수 없다.
✔ 모든 문제에는 항상 완전한 해결책이 있어서 이를 발견하지 못하면 파멸이다.

❷ 전개 1(20분): 교사 자신의 역기능적 신념을 확인하기

1) 경험 속 역기능적 신념 확인하기 **활동자료 총론 2-1**

"자, 이제 역기능적 신념이란 무엇인지 조금은 이해가 되셨나요? 실제로 여러분의 역기능적 신념을 생각해보시면 더 이해하기가 쉬울 텐데요, 지금 나눠드리는 종이에는 몇 가지 질문이 쓰여 있습니다. 이 질문에 답해 보시면서 자신이 학부모와 상담하는 장면에서 가지고 있는 신념을 살펴보고, 앞서 설명드린 역기능적 신념의 유형들을 참고하셔서 내 신념이 역기능적인지, 역기능적이라면 어떤 유형에 해당하는지, 혹은 다른 영역에서 역기능적인 신념을 갖고 있는 부분이 있는지 살펴봅시다."

- 학부모를 만날 때 교사는 어떠해야 하나요?
- 학부모 상담 시 교사의 역할은 무엇이라고 생각하나요?
- 교사란 학부모에게/학생에게 어떠한 존재여야 하나요?
- 교사가 반드시 지켜야 할 것은 무엇인가요?
- 교사가 절대 해서는 안 되는 것은 무엇일까요?

2) 역기능적 신념이 자신에게 미치는 영향 **활동자료 총론 2-2**

"여러분의 역기능적 신념이 그동안 여러분의 교직 생활 중에 어떻게 작용하였나요? 각 신념을 떠올렸을 때 함께 떠오르는 에피소드나 어려움들이 있으신가요? 혹은 예상되는 어려움이 있으실까요? 이 어려움은 특정 대상과의 갈등일 수도 있고요, 자신의 신념에 의해 참고 참느라 생긴 속병일 수도 있고요. 학교장면이 아닌 일상 생활에서의 에피소드도 괜찮습니다.

예화를 들려드리겠습니다."

> **예화** 김 선생님께서는 '교사는 학교에서 학생에게 일어나는 모든 일에 대해 반드시 알고 있어야 한다'라는 신념을 가지고 계셨습니다. 그러던 어느 날, 반에 박군의 학부모에게 전화가 와서 박군이 친구랑 싸워서 피멍이 들었다는 이야기를 하면서 박군의 친구 어머니와 통화를 하고 싶다고 했습니다. 김 선생님은 자신이 몰랐던 싸움에 대해 이야기를 듣고는 머릿속이 새하얘지고, 마치 죄인이 된 듯한 마음이 들어서 고통스러웠습니다. 결과적으로 박군과 친구가 서로 잘못한 일이었고 일방적인 싸움이 아니어서 원만히 해결이 되었지만, 김 선생님은 이 일로 학교에서 학생들 간에 일어나는 일을 자신이 모르고 있었다는 생각에 스스로 교사의 자질을 의심하면서 이후에는 모든 일에 대해 알고 있으려고 예민하게 학생들에게 묻고 확인하다보니 학생들과도 갈등을 빚는 일이 왕왕 발생하게 되었습니다.

"예화를 들어보시니 어떠세요? 생각나시는 에피소드가 있으신가요? 어떤 분은 자신의 신념으로 인해 실제로 싸우실 수도, 혹은 너무 꾹 참느라 그것 때문에 힘드실 수도 있겠지요. 자주 들을 수 있는 신념은 바로 '교사는 완벽해야 한다'입니다. 이런 높은 기준과 전문적이고 싶은 욕구는 긴장감을 일으키고, 결국 부모 상담 시에 어려움이 되곤 합니다. 활동지 2번을 작성하시면서 여러분 각자의 경험을 떠올려 보시기 바랍니다. 모든 신념에 대해 에피소드를 떠올리실 필요는 없습니다. 떠오르시는 것 위주로 2문항 이상 작성해 보시면 되겠습니다."

❸ 전개 2(15분): 역기능적 신념을 수정 및 적용해보기

1) 역기능적 신념 수정해 보기 **활동자료 총론 2-3**

"그렇다면 여러분의 역기능적 신념을 어떻게 기능적으로 수정할 수 있을까요? 물론 지금 수정해 본다고 해서 여러분의 신념이 하루아침에 바뀌는 것은 아닙니다. 하지만 대안적 사고를 생각해 봄으로써 이전보다는 신념의 지배를 덜 받게 될 수 있으며, 자신도 모르게 하던 반응에 대해 다시 한 번 수정된 사고를 할 수 있게 되지요. 김 선생님의 예를 들어 보자면, '교사는 학교에서 학생에게 일어나는 모든 일에 대해 반드시 알고 있어야 한다'라는 신념에 대해 '교사는 학교에서 학생에게 일어나는 일을 알고 있어야 하지만, 모든 일을 알고 있을 수는 없다' 정도가 되겠지요? 이번 활동을 통해 좀 더 현실적이면서 기능적인 사고의 대안들이 여러분들의 학부모 상담을 유연하게 해 주길 기대합니다.”

“앞서 했던 활동지를 다시 한 번 펼쳐 봅시다. 여러분이 작성한 역기능적 신념의 대안적인 기능적 신념을 생각해보고 적어보도록 하겠습니다.”

2) 이전의 어려움을 겪었던 상황에서 수정된 신념을 적용해보고, 어떻게 달라질 수 있었을지 이야기 나눠 보기 (2인 1조) (10분)

“여러분이 겪었던, 혹은 겪을 수 있는 에피소드가 수정된 신념대로라면 어떻게 달라질 수 있을까요? 또는 자신의 경험이 어떻게 다시 보이시나요? 3번 활동지를 펼쳐 봅시다. 모든 칸을 채우실 필요는 없습니다. 자신에게 중요하다고 생각되는 신념 혹은 사건에 대해서 생각해보고 작성하셔도 됩니다. 그리고 나서 옆에 계신 분과 함께 이야기 나눠 보시겠습니다.”

❹ 정리(5분): 활동 마무리

1) 역기능적 신념이 학부모 상담에서 미치는 영향 재확인

“이제 오늘의 활동을 마무리해 볼까 합니다. 각자 자신의 역기능적 신념이 학부모 상담에서 의외의 갈등 혹은 어려움을 가져올 수 있을 것이라 생각이 들 것입니다. 그러나 누구나 역기능적인 신념을 가질 수 있습니다. 이러한 신념들이 어떨 때는 우리에게 더 나은 성취를 가져다주기도 하지만, 어떤 장면에서는 나에게 도움이 되지 않을 때도 있다는 것을 오늘 이야기를 하면서 살펴보셨으리라 생각됩니다. 나의 역기능적 신념을 알고 다룰 수 있다면 학부모와의 상담에서 좀 더 편안하고 적극적인 태도로 임할 수 있을 것이라 생각됩니다.”

2) 다음 회기 안내

“다음 3회기에서는 교육사각지대의 학습자 학부모들이 구체적으로 어떤 어려움들을 가지고 있을지 알아보는 시간을 갖도록 하겠습니다.”

활동자료 총론 2-1 **역기능적 신념 질문지**

역기능적 신념

◆ 학부모를 만날 때 교사는 어떠해야 하나요?

ex) "학부모를 만날 때 교사는 아이에 대한 파악이 완벽하게 돼 있어야 한다."

◆ 학부모 상담 시 교사의 역할은 무엇이라 생각하나요?

ex) "교사는 반드시 문제의 해결책을 가지고 있어야 한다."

◆ 교사란 학부모에게 어떠한 존재여야 하나요?

ex) "교사는 학부모에게 반드시 의지할 만한 대상이 되어야 한다."

◆ 교사란 학생에게 어떠한 존재여야 하나요?

ex) "교사는 학생의 문제에 대한 해결책을 반드시 알아야 한다."

◆ 교사가 반드시 지켜야 할 것은 무엇일까요?

ex) "교사는 학부모의 질문에 모두 답할 수 있어야 한다."

◆ 교사가 절대 해서는 안되는 것은 무엇일까요?

ex) "학부모가 학교에서 화를 내면 큰일 난다."

◆ 기타

활동자료 총론 2-2 **발생했던/예상되는 어려움**

발생했던/예상되는 어려움

◆ 학부모를 만날 때 교사는 어떠해야 하나요?

◆ 학부모 상담 시 교사의 역할은 무엇이라 생각하나요?

◆ 교사란 학부모에게 어떠한 존재여야 하나요?

◆ 교사란 학생에게 어떠한 존재여야 하나요?

◆ 교사가 반드시 지켜야 할 것은 무엇일까요?

◆ 교사가 해서는 절대 안되는 것은 무엇일까요?

◆ 기타

활동자료 총론 2-3 **대안적/기능적 신념**

대안적/기능적 신념

◆ 학부모를 만날 때 교사는 어때해야 하나요?

◆ 학부모 상담 시 교사의 역할은 무엇이라 생각하나요?

◆ 교사란 학부모에게 어떠한 존재여야 하나요?

◆ 교사란 학생에게 어떠한 존재여야 하나요?

◆ 교사가 반드시 지켜야 할 것은 무엇일까요?

◆ 교사가 해서는 절대 안되는 것은 무엇일까요?

◆ 기타

부록 총론 2-1 **참고자료 (상담학 사전(2016). 김춘경 외. 학지사)(*표시한 것은 교사의 예로 추가한 내용임)**

	역기능적 신념	합리적 신념(rB)
1	• 중요한 타인 모두에게 사랑받고 인정받는 것은 절대적으로 필요하다.	• 모든 이의 사랑과 인정을 받으면 좋겠지만 타인을 사랑하고 인정하는 것이 오히려 바람직하고 생산적이다.
	• 모든 학부모에게 인정받는 것은 절대적으로 필요하다.*	• 모든 학부모에게 인정을 받으면 좋겠지만, 내가 먼저 학부모를 인정하는 것이 오히려 바람직하고 생산적이다.*
2	• 가치 있는 사람으로 인정받으려면 반드시 유능하고 모든 영역에서 완벽하게 일을 성취해야 한다.	• 자신이 인간적인 한계가 있고 실수도 하는 불완전한 존재라는 것을 받아들이는 것이 좋다.
	• 가치 있는 교사로 인정받으려면 반드시 유능하고 모든 영역에서 완벽하게 일을 성취해야 한다.*	• 교사도 인간적인 한계가 있고 실수도 하는 불완전한 존재라는 것을 받아들이는 것이 좋다.*
3	• 사악하고 나쁜 사람은 반드시 비난받고 처벌을 받아야 한다.	• 비윤리적으로 행동하는 사람을 비난하고 처벌하기보다 행동변화를 돕는 것이 좋다.
	• 나쁜 학부모, 나쁜 학생은 반드시 비난받고 처벌 받아야 한다.* • 문제 있는 아이 배후에는 반드시 나쁜 학부모가 있으며 비난 받아야 한다.*	• 비윤리적인 학부모를 비난하기보다 행동변화를 돕는 것이 좋다.* • 문제 있는 아이의 부모라도 그러한 양육이 그의 상황에서 최선이었을 수 있으며, 아이가 잘못되기를 바라고 그렇게 하지는 않는다.*
4	• 일이 뜻대로 되지 않는 것은 끔찍하고 무서운 파멸이다.	• 일이 뜻대로 되면 좋겠지만 원하는 대로 되지 않는다고 해서 끔찍할 것까지는 없다.
	• 학부모 상담이 혹은 아이가 뜻대로 되지 않는 것은 끔찍한 일이다.*	• 학부모 상담이 혹은 아이가 원하는 대로 되지 않는다고 해서 끔찍할 것까지는 없다. 그럴 수도 있는 일이다.*

5	• 불행은 외적 환경 때문에 생기므로 개인은 통제력이 없다.	• 불행은 주로 내부에서 생기고, 외부에서 일어난 사건에 대한 인식변화는 얼마든지 가능하다.
6	• 위험하거나 두려운 일에 대해 항상 걱정하는 것은 당연하다.	• 걱정한다고 해서 일이 없어지는 것은 아니므로 오히려 일 처리에 최선을 다하고, 여의치 않다면 받아들이는 것이 좋다.
	• 위험하거나 두려운 일(적대적인 부모와의 만남, 혹은 문제 있는 아이의 훈육 등)에 대해 항상 걱정하는 것은 당연하다.*	• 걱정한다고 해서 그러한 일이 없어지는 것은 아니므로, 오히려 상황을 받아들이고 할 수 있는 만큼만 하는 것이 좋다.*
7	• 인생역경이나 책임의 회피가 직면보다 더 쉽고 현명한 일이다.	• 역경이나 책임의 회피는 궁극적으로 더욱 어려운 방법이다.
	• 책임 회피가 직면보다 더 현명한 일이다.*	• 책임 회피는 궁극적으로는 더 어려운 방법이다. 할 수 있는 만큼 직면하는 것이 더 현명한 일이다.*
8	• 누구나 다른 사람에게 의지해야 하고 의지할 만한 누군가가 반드시 있어야 한다.	• 도와줄 사람을 찾기보다 다른 사람들과 친밀하게 지내고 자신을 믿고 의지하는 것이 바람직하다.
9	• 현재의 행동은 과거의 경험이나 사건에 따라 결정되며, 그 영향에서 벗어날 수 없다.	• 과거에 대한 지각과 영향에 대한 해석의 재평가로 과거의 영향을 극복할 수 있다.
	• 아이의 현재 문제는 과거의 경험이나 사건에 따라 결정된 것이며, 그 영향에서 벗어날 수 없다. *	• 과거의 경험에 대한 해석의 재평가로 아이도 충분히 달라질 수 있다.*
10	• 타인의 문제는 걱정스럽고 혼란스러울 수밖에 없다.	• 다른 사람이 어려움을 겪을 때 도울 수 있으면 좋지만, 반드시 도와야 하거나 돕지 못한다고 큰일이 나는 것은 아니다.
	• 아이의 문제는 걱정스럽고 혼란스러울 수밖에 없다.*	• 아이의 어려움을 도울 수 있으면 좋지만, 반드시 성공적으로 도와야 하거나 돕지 못한다고 큰일이 나는 것은 아니다. 도움의 시도가 반드시 성공으로 이어져야 하는 것은 아니다. 시도 자체만으로도 도움이 된다.*

11	• 모든 문제에는 항상 완전한 해결책이 있어서 이를 발견하지 못하면 파멸이다.	• 세상은 불확실한 세계이므로 삶을 즐기기 위해서는 보장이 없더라도 스스로 결정하고 위험을 무릅쓰는 것이 낫다.
	• 아이에 대한 모든 문제에는 항상 완전한 해결책이 존재하며 이를 발견하지 못하면 파멸이다.*	• 모든 문제에 완벽한 해결책은 존재하지 않으며, 어떤 방식도 도움이 되는 구석이 있으므로 무엇이든 시도하지 않는 것보다는 낫다.*
12	• 세상은 반드시 공평해야 하며 정의는 반드시 승리해야 한다.	• 세상에는 불공평한 경우가 발생하는데, 불만보다는 시정하려는 노력이 더 낫다.
13	• 나는 항상 고통 없이 편안해야 한다.	• 고통 없이 얻을 수 있는 것은 없다. 좋아하지 않아도 불편을 참아내고 견딜 수 있다.
	• 나는 항상 고통 없이 편안해야 한다(학부모와의 관계, 학생과의 관계 등).*	• 고통 없이 얻을 수 있는 것은 없다. 고통을 좋아하지 않을 수 있지만, 참고 견딜 수는 있다.*
14	• 나는 미쳐 가고 있는지도 모른다. 그러나 미쳐서는 안 된다. 왜냐하면 그것을 견딜 수 없기 때문이다.	• 정서적 곤궁은 즐거운 일은 아니지만 참을 수는 있다.

총론 3회기

학부모는 어떤 마음일까?

-학부모의 입장과 어려움 이해하기-

Ⅰ. 개관

❶ 회기 소개

이번 회기에서는 교육사각지대 학부모와의 관계에서 교사로서 어떤 생각이나 기대를 하고 있었는지 확인해보고, 학부모들이 자녀양육에서 겪을 수 있는 어려움과 교사와의 상담에서 교사에게 원하는 기대를 알아보고자 한다. 이를 통해 학부모와의 만남에서 교사 자신이 원하는 것과 학부모가 원하는 것이 무엇인지에 대한 이해를 높임으로써 서로의 입장을 오해하여 생기는 갈등의 소지를 줄이고 효과적인 소통에 도움이 될 수 있기를 기대한다.

❷ 목표

- 교사가 교육사각지대 학부모와의 관계에서 원하는 것을 확인하기
- 교육사각지대 학부모들이 느낄 수 있는 자녀양육의 어려움을 이해하기
- 교사와의 만남에서 교육사각지대 학부모들의 입장과 기대 이해하기

Ⅱ. 회기 진행

회기 구조

<table>
<tr><td>회기</td><td>총론 3회기</td><td>제목</td><td colspan="2">학부모는 어떤 마음일까?
-학부모의 입장과 어려움 이해하기-</td></tr>
<tr><td>목표</td><td colspan="4">• 교육사각지대 학부모들에 대한 경험 공유를 통해 교육사각지대의 학부모들이 자녀 양육에서 느끼는 어려움 이해하기
• 교사와의 상담 및 방문에서 학부모들이 느끼는 감정 이해하기
• 교사와의 상담 시 학부모들이 가지는 기대 이해하기</td></tr>
<tr><td>준비물</td><td colspan="2"></td><td>시간</td><td>60분</td></tr>
</table>

<table>
<tr><th>과정</th><th>내용</th><th>시간(분)</th></tr>
<tr><td>도입</td><td>○ 활동명: ADHD, 경계선 지능에 대한 영상 시청 및 강의

○ 활동 목표: ADHD와 경계선 지능을 가진 아이의 사례에 대한 영상 시청을 통해 부모의 어려움을 이해하기

○ 활동 내용:
1) 영상시청
- 오늘 진행할 내용에 대한 간략한 소개
- 학부모들이 느낄 수 있는 어려움과 그로 인해 교사와의 상담 시 어떤 감정을 느낄 수 있으며 어떤 것을 원할 수 있는지에 대한 소개</td><td>10분</td></tr>
<tr><td>전개(1)</td><td>○ 활동명: 교육사각지대 학부모들이 느끼는 자녀양육의 어려움 이해

○ 활동 목표:
- 학부모들이 자녀양육에서 느낄 수 있는 어려움을 이해한다.
- 교육사각지대 학생 유형별로 부모가 느낄 수 있는 어려움을 이해한다.

○ 활동 내용: 강의
1) 교육사각지대 학생 유형별로 부모가 느낄 수 있는 어려움
- 경계선 지능, ADHD, 학습장애, 정서행동</td><td>25분</td></tr>
<tr><td>전개(2)</td><td>○ 활동명: 학부모와의 상담경험 다시 생각해 보기

○ 활동 목표: 강의 내용을 바탕으로 앞의 활동에서 나누었던 학부모와의 상담경험을 다시 생각해 보고, 만일 내가 그 학부모였다면 어떤 느낌이나 생각이 들었을지 나누어 보기.</td><td>20분</td></tr>
</table>

	○ 활동 내용: 1) 내가 ADHD, 경계선 지능, 틱을 가진 학생의 학부모였다면 어땠을지 생각과 감정에 대해서 나누어 보기(4인 그룹활동 15분) - 만일 내가 그 학부모였다면 어떤 생각과 느낌이었을까? - 만일 내가 그 학부모였다면 학교가 어떤 것을 해 주기를 원했을까?	
정리	○ 활동명: 활동 마무리 ○ 활동 목표: 학부모로서의 어려움과 상담 시 기대하는 바를 다시 정리하며 마무리 ○ 활동 내용: 1) 학부모의 입장과 어려움을 확인하고 상담 시 원하는 것 재확인 2) 다음 회기 안내	5분

❶ 도입(5분): ADHD, 경계선 지능, 틱장애 영상 시청

"ADHD, 경계선 지능, 틱 관련 영상을 보시겠습니다."

- https://www.youtube.com/watch?v=-ihyY6thesc ADHD
- https://youtu.be/lLdh_or_tZs 경계선 지능
- https://www.youtube.com/watch?v=4y4CxSlHowY 틱

"ADHD와 경계선 지능에 대한 영상을 보았는데요 지금부터 ADHD, 경계선 지능, 틱장애에 대해 알아보도록 하겠습니다."

❷ 전개 1(20분): 교육사각지대 학부모들이 느끼는 자녀양육의 어려움

"이제 교육사각지대 학생이 어떤 특성들을 가졌는지 확인해 보고 그런 학생들의 특성에 따라 학부모들이 자녀양육에 있어 어떤 어려움을 느낄 수 있는지 알아보도록 하겠습니다."

1) 교육사각지대 학생의 특성 및 자녀양육에 미칠 수 있는 영향

(1) 경계선 지능

강의자료-교수자용

■ **특성**

경계선 지능은 표준화된 지능검사 결과에서 70-85점 사이에 속하는 것을 의미한다(강옥려, 2016). 2015년 '느린 학습자 지원법' 발의가 되었지만 관련 지원이 거의 없는 실정이며 관련 연구 또한 미비한 실정이다. 하지만 이들은 학교에서 이해가 느리고 위축되어 있는 경우가 많고, 제한된 학업성취를 보이며 저하된 자신감, 낮은 학습동기, 느리고 서투른 움직임이나 협응력이 부족한 특성으로 인해 학급에서 놀림받을 가능성이 높다(Chauhan, 2011). 이렇듯 여러 학업, 인지, 정서 행동적인 면 등 여러 방면에서 어려움을 겪을 가능성이 높으며 특히 학년이 오를수록 학업적인 어려움이 더 심각해질 수 있다(김근하, 김동일, 2007). 하지만 법, 제도, 프로그램 등의 지원이 거의 없는 상황이다.

■ **부모가 느낄 수 있는 어려움**

1) 느린 이해, 위축된 모습, 낮은 자신감 및 학습동기, 느리고 서투른 움직으로 인해 자녀가 자신의 요구나 지시에 잘 따라오지 못하는 답답함을 느낄 수 있으며, 자녀가 말을 안 듣고 소극적으로 반항하는 것으로 보여 자녀에 화나 있을 수 있다.
2) 자녀가 학업의 어려움으로 인해 심리적으로 위축되어 있지만, 학부모는 자녀가 경계선 지능이라는 것을 알기 어렵다는 점에서 부모가 자녀에게 더 열심히 하도록 요구하며 조바심을 느낄 수 있다.
3) 검사를 통해 자녀의 경계선 지능이 확인이 된다 해도 자녀가 경계선 지능이라는 것을 표면적으로나 내면적으로나 잘 받아들이기 어려울 수 있다. 학부모가 상황을 받아들이고 도움을 구하려 해도 실질적인 지원 및 활용할 수 있는 자원이 없다는 점에서 부모로서 무력감을 느낄 수 있다.

출처: 강옥려 (2016). 경계선급 지능 아동의 교육: 과제와 해결 방안. **한국초등교육, 27**(1), 361-378.
김근하, 김동일 (2007). **경계선급 지능 초등학생의 학년별 학업 성취 변화: 초등학교 저학년을 중심으로.** 2007년도 한국특수교육학회 추계학술대회 자료집(pp. 73-97).
Chauhan, S. (2011). Slow learners: Their psychology and educational programmes. *International Journal of Multidisciplinary Research, 1*(8), 279-289.

(2) ADHD

강의자료-교수자용

■ **특성**

✔ ADHD는 산만함, 충동성, 과잉행동의 증상을 보이며, 이런 증상으로 인해 정서적, 인지적, 대인관계적, 학업적 어려움을 갖는 정신질환이다. ADHD의 진단 수는 계속 늘고 있는 추세이며 진단 수와 진단 수의 증가 비율이 아동보다 중고등학생이 더 높게 나오는 추세로 바뀌었다(국민건강보험공단, 2010). ADHD는 관계적인 측면에서 특성상 성인, 특히 부모와 선생님 등의 권위자와 갈등이 있을 확률이 매우 높으며 반항적이고 말을 듣지 않는 아동, 혹은 청소년으로 분류되기 쉽다. 또한 학업적인 측면에서도 산만함으로 인해 수업이나 학습에 장시간 집중하는 것이 어려우며 충동성과 과잉행동으로 인해 과제 수행이나 학습 지시사항을 따르는 것에 어려움을 느낄 가능성이 높다. 또한 ADHD의 경우 우울, 불안과 같은 정서적인 어려움 뿐만 아니라 품행장해와 반항장애가 동반되는 경우가 많다(김현영, 최은영, 2012).

■ **부모가 느낄 수 있는 어려움**

✔ 끈기가 없어 보이며 자기 통제가 안 되고 부모의 말을 듣지 않고 행동이 통제가 안 되어 반항적인 모습으로 인해 부모로서의 자존감 하락 및 자녀에 대한 원망이 있을 수 있다.

✔ 아동 스스로도 자신의 특성으로 인해 심리적 고통을 받고 있는 상태이지만 자신의 행동이나 반응으로 인해 부모에게 부정적인 반응을 얻게 되고 사춘기의 특성과 더불어 부모와의 관계가 서로 부정적인 피드백을 주는 악순환이 반복되고 있어 감정적인 소모가 심하고 정서적으로 예민하게 될 수 있다.

✔ 악순환이 반복될 경우 부모는 자녀에 대한 분노, 실망과 더불어 자녀를 바꿀 수 없다는 생각에 자포자기한 감정을 느끼고 있을 수 있다.

출처: 김현영, 최은영 (2012). 국내 ADHD 청소년에 대한 연구 동향 및 중재 방향. **정서·행동장애연구, 28**(3), 101-123.

(3) 학습장애

강의자료-교수자용

■ **특성**

✔ 학습장애는 전반적으로 읽기, 쓰기, 말하기, 듣기, 셈하기, 추론 등에서 어려움을 겪고 있으며 이에 따라 학습된 무기력을 느끼고 있고, 평균이나 그 이상의 지능을 가지고 있지만 특정 인지처리 능력의 부족이나 결함으로 기대되는 능력에 비해 저조한 성취를 보이는 것을 말한다(김동일, 이일화, 2004). 학습장애 판별 아동의 수는 계속 줄어드는 추세에 있으나, 실제 학습장애 아동이 주는 것이 아닌 판별의 어려움과 모호함으로 인해 실제 판별되는 수가 줄어든 것으로 실제 어려움을 겪고 있는 학생들의 수는 적어도 유지되거나 증가했을 가능성이 있다(변찬석, 권미영, 문경아, 2018). 학습장애 학생의 경우 대표적으로 낮은 작업기억 능력과 주의집중에 어려움을 보이며 시각-동작 협응능력이 낮으며 이외에도 여러 다양한 증상과 특성을 가지고 있다. 이런 특성에 더불어 학습장애의 경우 한 가지의 특성을 보이기보다 여러 특성을 복합적으로 보이는 경우가 많아 우선 학습장애일지도 모른다는 생각을 하기가 어려우며, 의심이 된다 하더라도 판별이 어렵다는 난점이 존재한다.

■ **부모가 느낄 수 있는 어려움**

✔ 자녀가 전반적으로나 특정 부분에 있어 낮은 학업성취를 보이지만 다른 부분에서는 큰 어려움이 보이지 않아 잘 모르고 있어 어떻게 접근을 해야 할지 혼란을 느끼고 있을 수 있다.

✔ 자녀가 학습장애에 해당하는 사례이지만 어떻게 개입해야 할지 몰라 곤란함과 무력감을 느낄 수 있다.

출처: 김동일, 이일화 (2004). 현장 교사가 지각하는 학습장애 정의 요소. **학습장애연구**, 1, 45-62.
권미영, 문경아, 변찬석 (2018). 학습장애 진단기준 변경 전 · 후 실태. **특수교육재활과학연구**, 57(2), 221-242.

(4) 정서행동 문제: 우울

강의자료-교수자용

■ **특성**

✔ 청소년의 우울은 성인과는 그 형태가 많이 다른 것이 특징이다. 주요 증상으로는 짜증, 흥미감소, 불안증상, 대인기피증, 두통 및 복통 같은 신체화 증상을 호소하는 경우가 많다. 이러한 증상은 일견 별것 아닌 것으로 보일 수 있으나 우울증은 자살 위험을 증가시키고 기분장애와 관련이 높기 때문에 주의가 필요하다(Rapp-Paglicci, Dulmus, Wodarski, 2013). 또한 우울증이 방치되었을 경우 학교적응, 또래관계 및 가족관계에 심각한 영향을 줄 가능성이 있지만, 한국의 청소년이 보고한 우울 증상은 부모가 인지하고 있는 증상의 9배에 달하는 것으로 나타나는 것으로 봤을 때 청소년의 우울증이 중재 없이 방치되어 관계적인 문제, 특히 가족과의 관계에서 어려움이 있을 것으로 예상할 수 있다(김동영, 박기정, 김효원, 2015). 특히 가족기능에 장애가 있는 가정이나, 부모의 돌봄이 너무 적거나 과보호가 심할 경우 청소년의 우울감이 더 높은 것으로 나타났다. 또한 부모와 친밀감이 낮고, 부모가 엄하고, 비일관적이고, 처벌을 하며 과대한 기대를 가지고 있을 경우 우울감이 더 높은 것으로 나타났다.

■ **부모가 느낄 수 있는 어려움**

✔ 자녀가 시키는대로 안 하고 의욕도 없어 보이면서 짜증을 잘 내는 것

✔ 시키면 하지만 의욕도 없어 보이고 매번 몸이 아프다고 핑계를 대며 잘 안 하는 것

✔ 부모에게 친근하게 대하지 않고 정서적으로 너무 동떨어져 보이는 것

출처: 김동영, 박기정, 김효원 (2015). 한국 청소년의 우울증상과 부모자녀관계. **소아청소년정신의학,** 26(2), 120-128.

Rapp-Paglicci, Dulmus, Wodarski. Handbook of preventive interventions for children and adolescents. 오인수 역(2013). 아동 청소년을 위한 예방적 개입 서울: 학지사[2004].

❸ 전개 2(15분): 학부모와의 상담 경험 다시 생각 해 보고 만일 내가 그 학부모였다면 어땠을지 나누어 보기

"이제 아까 같은 조였던 분들과 다시 모여 주시기 바랍니다. 아까 학부모와 만났던 경험에 대한 생각을 나누어 보았는데요 지금 강의를 듣고 나니 예전에 했던 경험이 어떻게 느껴지시나요? 이번에는 내가 그 학부모의 자녀가 내 자녀였다고 생각해 봅시다. 만일 내가 그 학부모였다면 양육하면서 어떤 생각과 감

정이 들었을까요? 그리고 학교에는 어떤 것을 원했을까요? 내가 학부모였다면 어떤 느낌이었을지 서로 나눠보도록 하겠습니다."

1) 내가 그 학부모였다면 아이를 기르며 어떤 생각과 감정이 들었을까?
2) 내가 그 학부모였다면 학교에서 어떻게 해 주기를 원했을까?

❹ 정리(5분): 활동 마무리

1) 학부모가 가질 수 있는 어려움 재확인

"오늘은 학부모가 느낄 수 있는 어려움과 그 입장에 대해서 이야기를 해 봤는데요, 교육사각지대 관련 학생들의 특성과 학생들이 겪는 어려움을 생각해 보면 참 힘들 수밖에 없겠다는 생각이 들고 부모의 입장에서 그런 자녀들을 보살피고 양육하는 데 있어 많은 어려움과 마음고생이 심할 수밖에 없을 것 같습니다. 이런 상황에서 교육에 대한 전문가인 교사, 선생님 여러분들에게 학부모가 기대하는 바는 클 수밖에 없을 것 같습니다. 전문적인 교육 지식을 요구하고 싶을 때도 있을 것이며, 정서적인 어려움을 직접적으로 호소하지 못하고 여러 다른 표현, 거친 방법으로 표현하기도 하고 너무 지치고 힘들어서 교사에게 모든 문제를 떠 넘기고 싶을 때도 있을 듯 합니다. 여러 사정으로 인해 여유가 없는 학부모는 본인이 원하는 바를 정확히 요청하지 못하고 감정적으로 반응하실 수도 있습니다. 이러한 학부모들과 상담을 하고 결과적으로 학생, 학부모, 교사 모두에게 건설적인 방향으로 대화를 이끄는 것은 매우 힘든 일입니다. 이후 배우게 될 여러 상담적 기법을 통해 학부모와 대화하는 구체적인 방법을 더 배우겠지만 오늘 이야기한, 이러한 학부모들 또한 어려움을 겪고 있다는 것을 아는 것이 그 구체적인 대화 방법의 시작이라고 말씀 드리고자 합니다."

2) 다음 회기 안내

"다음 4회기에서는 학부모상담 기법에서 학부모의 마음을 여는 기법에 대해 알아보는 시간을 갖도록 하겠습니다."

활동자료 총론 3-1 **학부모 마음 이해하기 실습 활동지**

내가 그 학부모였다면 어땠을까?

- 지금까지 교육사각지대 학생의 학부모가 느끼고 있을 수 있는 어려움에 대해서 배워 보았습니다.
- 4명으로 조를 짜서, 방금 보았던 영상의 학부모가 나 자신이었다고 생각을 해 봅시다.
- 만일 내 자녀가 그러한 어려움을 겪고 있다면 자녀를 기르며 어떤 생각과 느낌이 들까요?
- 생각을 마쳤으면 들었던 느낌이나 생각을 조원들과 나눠보겠습니다.
- 들었던 느낌이나 생각을 자연스럽게 나눠도 좋고, 다음과 같은 주제로 이야기를 나눠봐도 좋습니다.

  1) 만일 내 자녀였다면 자녀를 기르며 어떤 생각과 느낌이 들었을까?

  2) 만일 내 자녀였다면 학교나 담임선생님이 어떻게 해주기를 원했을까?

◆ 만일 내 자녀였다면 자녀를 기르며 어떤 생각과 느낌이 들었을까?

◆ 만일 내 자녀였다면 학교나 담임선생님이 어떻게 해주기를 원했을까?

◆ 기타

총론 4회기

마음을 여는 기법

Ⅰ. 개관

❶ 회기 소개

이번 회기에서는 교사가 학부모를 만날 때 가장 중요하다고 할 수 있는 라포 형성을 위해 필요한 기법들을 다룬다. 교육사각지대 학습자 학부모는 긍정적인 동기로 교사를 만나는 상황이 아니므로 교사는 이러한 점을 염두하고 학부모를 만날 필요가 있다. 학부모의 마음을 이해하고 반영하면서 상담에 임한다면 학부모를 교육 협력자가 되도록 하는 일이 가속화 될 수 있다.

❷ 목표

- 교사와 학부모의 상호협력적 관계에 대한 중요성을 이해하기
- 교사의 공감적 태도가 학부모와의 상호작용 촉진에 미치는 중요성을 이해하기
- 공감을 배우고 공감과 관련된 상담기법(주의집중, 경청, 재진술, 감정반영)을 이해하고 적용해보기

Ⅱ. 회기 진행

회기 구조

회기	총론 4회기	제목	마음을 여는 기법	
목표	• 교사와 학부모의 상호협력적 관계에 대한 중요성을 이해하기 • 교사의 공감적 태도가 학부모와의 상호작용 촉진에 미치는 중요성을 이해하기 • 공감을 배우고 공감과 관련된 상담기법(주의집중, 경청, 재진술, 감정반영)을 이해하고 적용해보기			
준비물	PPT, 프린트물(워크시트)		시간	60분

과정	내용	시간(분)
도입	○ 활동명: 학부모의 마음을 여는 공감 ○ 활동 목표: 상호협력적 관계 촉진을 위한 공감에 대해 이해하기 ○ 활동 내용 1) 강의 - 상호협력적인 교사와 학부모 관계 설명하기 - 교사의 공감적 태도가 학부모와의 상호작용 촉진과 협력적 관계 형성에 미치는 영향을 설명하기	5분
전개(1)	○ 활동명: 공감, 주의집중과 경청, 재진술, 감정반응에 대해 이해하기 ○ 활동 목표: 공감 및 그와 관련된 상담기법(주의집중과 경청, 재진술, 감정반영)을 이해하고, 사용할 줄 안다. ○ 활동 내용: 1) 공감에 대해 이해하기 2) 상담기법 중 '주의집중과 경청'을 이해하기 - '주의집중과 경청'의 의미, 목적, 방법에 대한 강의(사례 제시) 3) 상담기법 중 '재진술'을 이해하고, 연습하기 - '재진술'의 의미, 목적, 방법에 대한 강의(사례 제시) - 2인 1조가 되어 해당 기법을 연습하기 4) 상담기법 중 '감정반영'을 이해하고, 연습하기 - '감정반영'의 의미, 목적, 방법에 대한 강의(사례 제시) - 2인 1조가 되어 해당 기법을 연습하기	30분

전개(2)	○ 활동명: 질문하기, 조언하기, 정보제공하기, 격려하기 ○ 활동 목표: 상담기법(질문하기, 조언하기, 정보제공하기와 격려에 필요한 여러 기법)을 이해하고, 사용할 줄 안다. ○ 활동 내용: 1) 상담기법 중 '질문하기'를 이해하고, 연습하기 - '질문하기'의 의미, 목적, 유형, 목적, 방법에 대한 강의 (사례 제시) - 2인 1조가 되어 해당 기법을 연습하기 2) 상담기법 중 '조언하기/정보제공하기'를 이해하고, 연습하기 - '조언하기/정보제공하기'의 의미, 목적, 방법에 대한 강의	20분
정리	○ 활동명: 마무리 ○ 활동 목표: 4회기를 마무리하고 5회기에 대해 안내한다. ○ 활동 내용: 1) 학습목표 확인하고 정리하기 2) 5회기 마무리 및 다음 회기에 대한 안내	5분

❶ 도입(5분): 학부모의 마음을 여는 공감

"마음을 여는 것은 상담의 첫 시작입니다. 편안히 자신의 마음을 열고 이야기하는 학부모도 있지만, 그렇지 않은 분들도 많습니다. 우리는 오늘 '어떻게 학부모의 마음을 열 수 있을까?'란 중요한 질문에 대한 답을 중심으로 진행할 것입니다."

1) 상호 협력적인 교사와 학부모 관계 설명하기 / 교사의 공감적 태도가 학부모와의 상호작용 촉진과 협력적 관계 형성에 미치는 영향을 설명하기

"상호 협력적인 관계는 어떤 관계일까요? 결혼하신 분도 아닌 분도 계실테고, 결혼을 하셔도 아이가 없으신 분도 있으시겠지만, 상호협력을 잘 이해할 수 있는 관계는 아이를 양육하고 있는 부부관계가 아닐까 합니다. 부부의 상호협력은 무엇일까요? 단순히 공동목표가 있다는 것이 상호협력일까요? 예를 들어봅시다. 육아의 비중이 높은 배우자가 그렇지 않은 배우자에게 자녀에 대해 이야기 할 때 조언만 한다거나 공감해주지 않으면 왠지 모르게 화가 나고 더 이야기 하고 싶지 않게 됩니다. 이 때 상대방도 마찬가지의 태도를 취하게 된다면? 이 관계의 상호협력은 무너지게 됩니다. 하지만 태도를 바꾸어 귀 기울이고 마음을 알아주고 자신이 해야 할 영역을 찾아 수행하고 함께 육아를 할 수 있는 방향으로 간다면? 상호협력은 서로의 이야기를 귀담아 듣고 자신이 할 수 있고 해야만 하는 영역을 실천하면서 함께 공동의 목표를 달성해 가는 관계일 것입니다. 상호협력에서 가장 중요한 시작점이 이제 무엇인지 아시겠나요?

아이를 더 많이 돌보아 왔고, 알아 온 학부모의 이야기를 들을 때 우리는 어떻게 해야 양질의 상호협력이 이루어질까요? 짧다면 짧을 수 있는 1년이라는 시간 동안 학부모와 어떻게 관계를 맺어야 상호작용의 촉진과 협력적 관계 형성의 시간을 단축할 수 있을까요? 여러 답이 있겠지만 오늘 우리가 배우게 될 내용에도 답이 있습니다. 바로 핵심은 '공감'입니다. 오늘 우리는 공감을 하기 위한 태도이자 표현하기 위한 방법으로서 주의집중, 경청을 배우고, 상호작용 속에서 언어적으로 사용할 수 있는 기법인 재진술과 감정반영, 그리고 재진술, 조언하기를 배워보도록 하겠습니다."

❷ 전개(40분): 공감, 주의집중, 경청, 재진술, 감정반영에 대해 이해하기 (Egan(제석봉 역), 1999; Hill(주은선 역), 2002)

1) '공감' 이해하기

(1) 공감에 대한 강의

"공감이 무엇일까요? 사전적으로는 '함께 느낀다. 남의 생각이나 의견, 감정에 나도 그러하다고 느낌(동아 국어사전, 1994)'이라는 의미입니다. 인본주의 상담의 창시자인 Rogers(1980)는 '다른 사람의 내적 준거체계를 마치 자신이 그 사람인 것처럼 정서적 요소 및 의미와 함께 정확하게 인식하는 것'이라고 정의하였고, 김계현(1995)은 '누군가와 같은 입장이 되거나 그 사람이 느끼고 생각하는 바를 나도 유사하게 혹은 같게 느끼는 상태'로 좀 더 포괄적으로 정의하였습니다. 영어로 sympathy의 의미인 '동정심, 남의 불행이나 슬픔 따위를 자기 일처럼 생각하며 가슴 아파하고 위로함'과는 다른 의미이죠. 공감은 상담에서도 '작업동맹'을 형성하는데 아주 중요한 요소이면서 상담 전체에서 매우 중요한 부분이라고 할 수 있습니다. 처음 말씀드렸던대로 상대방의 마음을 여는 열쇠이기도 하죠. 이번 시간에는 공감에 대해 배워보도록 하겠습니다."

강의자료-교수자용

① **공감의 효과**

✔ 공감은 상대방과 연결되어 있음을 느끼게 한다.

✔ 상대방이 자신이 있는 그대로 가치있는 존재로 존중받으며 수용된다고 느끼게 한다.

✔ 감정이 정화되고 순화되며 조절될 수 있게 한다.

✔ 화자는 청자에게 이해되고 수용됨으로써 자신의 감정과 경험들을 자기 것으로 인식하고 느끼게 된다.

② **공감의 전달**

✔ 지각된 공감 → 표현된 공감 → 전달된 공감

예 "○○이가 마치 다른 사람이 된 것 같아요. 학교 생활을 포기한 것처럼 행동하면서 내 말을 무시하고 짜증과 화를 내요. 제가 말을 걸면 번번이 그래요. 내가 아이한테 어떤 존재인지... 그럴 때마다 하늘이 무너지는 것 같아요."

- 지각된 공감: 교사 - *"어머니는 ○○이의 달라진 반응에 놀라면서도 비참해하는 것 같아."*
- 표현된 공감: 교사 -*"○○이가 이전과 달라져서 놀라기도 하고 비참하게 느껴지셨겠어요."*
- 전달된 공감: 학부모 - *"네. 스스로 너무 놀라고 당황스러워요. 애가 절 무시할 때마다 너무 비참해져요. 살 의미가 없어지는 것 같아요."*

③ **공감의 방법**

✔ 주의집중 및 경청

✔ 재진술

✔ 감정반영

2) '주의집중과 경청'을 이해하고, 연습하기

(1) '주의집중과 경청'의 의미, 목적, 방법에 대한 강의(사례 제시)

"마음의 문을 열었다는 걸 어떻게 느끼시나요? 표정, 뉘앙스 등의 비언어적 메시지뿐만 아니라 말의 내용에서도 마음 문이 열렸음을 알 수 있을 것입니다. 멀티 태스킹이 잘 되시는 분 계신가요? 친구와 카페에서 대화를 하는데 친구가 내 이야기를 듣고 있는 것 같기는 한데... 핸드폰을 중간 중간 자주 확인하고, 집중해서 듣지 않는다면, 우리는 말문을 닫게 되는 것 같습니다. 상대방이 내가 한 이야길 다 기억하고 있더라도 말이죠. 마음의 문이 닫힌 것입니다.

이처럼 상대의 말에 주의집중하여 잘 듣는 것은 공감의 기초이면서 마음을 여는 핵심 기술이라고 할 수 있습니다."

강의자료-교수자용

① **주의집중**

✔ 주의집중의 의미: 신체적으로 상대방에게 향하는 것. 상대방에게 관심을 가지고 상대의 이야기에 주의를 기울이는 것 = 신체적 + 심리적으로 함께하며 이야기를 잘 듣는 것

✔ 주의집중의 목적 및 효과: 상대방은 '내 이야기가 들을만 한 것이구나'라고 느끼고 상대방을 신뢰하고 마음의 문을 열게 된다.

✔ 주의집중의 기술: SOLER

- Squarely: 상대방을 바로 바라본다.
- Open: 개방적인 자세를 취한다.
- Lean: 이따금 상대방 쪽으로 몸을 기울인다.
- Eye Contact: 눈 마주치기, 좋은 시선의 접촉을 유지한다.
- Relaxed: 편안하고 자연스러운 자세를 취한다.
- 고개 끄덕임, 음(Uhmm) 등의 인정하는 언어, 산만한 행동 피하기, 적절한 공간 사용

✔ 주의집중이 어려울 때: 피로, 다른 생각 / 우울, 감정 전달이 안되고 사실만 기술하는 경우, 지나치게 관념적이고 추상적으로 모호하게 이야기하는 경우

② **경청**

✔ 경청의 의미

- 기울 경: 기울다, 기울어지다, (마음을) 기울이다.
- 들을 청: 듣다. 들어주다. 귀 + 눈 + 마음
  - → 귀: 음성언어를 잘 듣는 것(생각, 사실이나 사건, 감정 또는 정서)
  - → 눈: 비언어적 메시지(의도, 기분(정서), 성격, 숨은 의도)까지 파악하고 이해하는 것
  - → 마음: 상대방이 처해 있는 상황적 맥락 및 상대방이 가진 문제도 이해할 수 있어야 함

✔ 언어적 메시지 경청하기

- 사실이나 사건: 상대방의 경험. 직접 겪은 일, 문제 상황, 어려운 일, 그에 따른 자신의 행동

  예 객관적 사실: 아이가 작년에 집단 따돌림을 당해서 정신과를 데리고 다녔고 그 일로 아이 아빠랑은 자주 싸우는 편이에요.

✔ 내적인 경험: 애가 성적표 들고 올 때마다 울화통이 터질 거 같아요.

✔ 생각과 정서: 사건이나 자신의 행동으로 야기된 생각, 감정, 정서, 슬픔, 우울.

예 기쁘다. 슬프다. 다행이다. 안심된다. 아이한테 화가 난다. 아이가 불쌍하다. 내가 쓸모없는 부모가 된 기분이다. 나만한 부모가 어딨나 등

✔ 비언어적 메시지 경청하기

- 목소리: 톤의 고저/ 강약/ 유창성/ 떨림
- 생리적 반응: 얼굴 빨개짐/ 창백해짐/ 급한 호흡 등
- 몸짓과 동작: 전체 몸의 자세/ 고개, 어깨의 움직임/ 팔다리, 손발의 움직임
- 눈: 시선/눈 깜빡임/눈물 등
- 얼굴표정
- 전반적인 외양: 의복이나 차림새/화장 및 두발상태
- 목소리: 톤의 고저/강약/유창성/떨림
- 침묵의 순기능과 역기능: 주의집중과 경청이 전제된 침묵은 공감을 전달하고 상대에게 말할 시간과 공간을 줄 수 있다. 하지만 주의집중과 경청의 신호 없이 침묵하게 되면 고립감이나 초조함을 느끼게 할 수 있고 교사의 지겨움이나 불안이 표출되어 학부모에게 불신을 줄 수도 있다.

  → 경청은 상대방의 말 속에서 본질적이지만 빠뜨린 경험과 행동, 감정을 채워나갈 수 있음. 이것을 위한 시작이 바로 경청임.

“학부모가 상담 중에 갑자기 말이 느려지고 목소리 톤이 낮아진다던지, 눈을 못맞춘다던지 할 경우에는 자신의 심정을 꺼내는 경우이거나 이야기하기 힘든 부분이 드러나는 경우일 수 있습니다. 이런 경우 교사는 주목할 필요가 있겠지요. 너무 아는 척 하거나 과도하게 관심을 기울이기보다는 교사 또한 잘 듣고 있음을 공감과 경청의 방법을 통해 지속적으로 전달하고 이후에 배우게 될 재진술과 감정반영을 통해 이 부분에서 공감대를 형성할 수가 있겠습니다.”

“주의집중과 경청은 학부모 상담뿐만 아니라 대부분의 인간관계에서 마음을 열 수 있는 기술인 것 같습니다. 아무리 지식이 많고 화려한 기법으로 무장된 사람이라도 기본적인 주의집중과 경청이 결여되어 있다면 효과적이고 상호협력적인 학부모 상담을 기대하기는 어렵습니다.”

3) 상담기법 중 '재진술'을 이해하고, 연습하기

(1) '재진술'의 의미, 목적, 방법에 대한 강의(사례 제시)

"재진술에 대해 배워보겠습니다. 재진술이라는 용어만 들어도 어떤 내용인지 짐작이 가실텐데요. 재진술은 앵무새처럼 말을 따라하는 기술만은 아닙니다. 우리 아이들을 생각해 보면 엄마가 자신의 눈을 보며 자신이 했던 말을 반복해서 이야기 해줄 때 엄마가 내 이야길 듣고 있구나 확인하고 안심하며 더 많은 이야기를 이어나가는 것을 확인할 수 있습니다. 하지만 다른 일을 하면서 앵무새처럼 말만 따라하면 '따라하지마' 하고 화를 낼지도 모릅니다. 우리가 배우는 재진술은 전자의 경우를 의미합니다."

강의자료-교수자용

① **재진술의 종류** - 그대로 말하기(반복), 조금 바꾸어 말하기(환언, 요약)

② **의미**

✔ 반복의 의미: 학부모가 한 말의 일부를 그대로 반복하기

예 학부모: 아이가 집에서 공부 안하고 게임만 하는 모습을 보면 너무 화가 나요.
교　사: 게임하는 모습을 보면 화가 나시는군요.

✔ 환언의 의미: 학부모가 한 말을 교사가 자신의 언어로 다시 이야기하기

✔ 요약의 의미: 학부모의 이야기를 간략하게 묶어서 정리하기

예 학부모: 애가 핸드폰만 하는걸 보면 화가 나서 뭐라 하고 싶은데, 그랬다가 더 공부도 안하고 삐딱하게 나갈까봐 걱정돼요.
교　사: 화를 내고 싶지만 걱정도 되어서 어떻게 해야할지 모르겠다는 말이군요.
학부모: 성적이라도 좋으면 알아서 하겠거니 믿어주겠는데, 이렇게 상담까지 받고 있으니 말 다했죠.
교　사: 성적까지 나쁘니 아이가 알아서 할 거란 믿음이 안가신다는 말이군요.

③ **재진술의 효과**

✔ 교사: 학부모 말을 더 잘 이해, 몰입과 집중, 적극적 역할 수행

✔ 학부모: 지지받기, 이해받기, 명확해지기, 자기 문제의 이해, 생각 확장, 반향판 효과

✔ 교사-학부모 관계: 신뢰관계 형성 촉진, 상호작용의 진전

④ **재진술의 방법**

✔ When?

- 학부모가 전달하는 바가 분명하지 않을 때

• 여러 가지 주제, 상황, 사건 등을 한꺼번에 말하려고 할 때
• 학부모가 너무 오래 말할 때
• 학부모 스스로 무슨 이야기를 하고 있는지 혼돈에 빠져 있을 때
• 교사도 학부모를 잘 이해하고 있는지 확인이 필요할 때
• 학부모의 이야기 중 초점을 맞추어야 할 내용이 나왔을 때

✔ What?

• 모든 말을 재진술하지는 않는다. 핵심적인 내용에 초점이 있다.
  - 학부모가 불확실해 하는 것이나, 아직 탐색하지 않은 것
  - 표면으로 드러나지 않았으나, 중요한 것
  - 사실적인 내용보다, 그에 대한 학부모의 생각이나 감정과 관련된 것

✔ How?

• 다른 사람 생각이 아닌 학부모의 생각에 초점

예 학부모: 애가 무슨 생각을 하고 사는지. 주변에서 애가 멍하다고 그러고, 시댁에서는 애가 왜 이리 숫기가 없냐고 저보고 애 기 죽이느냐 그러고, 남편은 애가 지 할 말도 못한다고 제가 집에서 잘못 키워서 그런다 그러고...

교 사: 시댁도 남편도 어머니 잘못이라는 듯 이야기하셔서 신경이 쓰이시는군요.

• 되도록 짧고 간결하게
• 다양한 형태 사용

"당신의 얘기를 들어보니…"

"…처럼 들리네요."

"…이란 말씀이신가요(의미이신가요)?"

"그래서 …"

⑤ 재진술시 주의사항

• 상대방을 존중하는 태도. 확인하려는 의도
• 상대를 다 안다고 생각하지 말 것
• 재진술이 틀렸을 경우 학부모가 거부할 수 있도록, 조심스럽게
• 상대의 말을 이해하지 못했을 때 이해하는 척 하지 않기. 오히려 다시 말해달라고 하는 것이 낫다.

⑥ 재진술의 효율성

✔ 비효율적: 앵무새 같은 교사에게 불만. 오히려 탐색을 방해함('내가 아까 한 말인데...')

✔ 약간 비효율적/중립적: 거의 다 반복. 학부모는 무슨 이야기가 중요한지 모름

✔ 효과적: 문제의 다른 측면을 이야기하게 되고, 자기 생각을 더 넓고 구체적으로 말함

(2) 2인 1조가 되어 해당 기법을 연습하기(활동지 활용)

"재진술에 대해 이해가 되셨나요? 함께 연습해 보는 시간을 갖겠습니다. 활동지를 보시면서 번갈아가며 반응을 연습해 봅시다. 활동지 5번 문항은 여러분이 겪으신 상황을 예시로 들어 직접 학부모 반응을 만들어 보고 연습해 보시면 되겠습니다. 연습이 끝나고 나면 참고할 수 있는 가능한 반응을 알려드리도록 하겠습니다."

4) 상담기법 중 '감정반영'을 이해하고, 연습하기

(1) '감정반영'의 의미, 목적, 방법에 대한 강의(사례 제시)

"공감을 가장 잘 표현할 수 있는 기법은 아무래도 감정반영일 것 같습니다. 공감은 감정반영을 조건으로 활용되어야 하는 상담기법이기 때문입니다. 정확하게 전달된 감정반영은 공감의 표현이 될 수 있습니다. 다만, 공감의 언어적 개입이라고 볼 수 있을 것입니다. 이번 시간에는 공감을 가장 효과적으로 표현하는 방법인 감정반영에 대해 배워보도록 하겠습니다."

강의자료-교수자용

① **감정반영의 의미** - 내담자의 감정을 강조하며 진술을 반복하거나 부연설명하는 것

② **효과**

✔ 감정을 표시함으로써 교사는 그 감정을 두려워하지 않음, 감정이 친숙함 등을 전달하여 학부모가 자신의 감정에 상관없이 수용 가능하다는 것을 암시함

✔ 교사가 학부모에게 자신의 이해를 보여줄 기회를 제공함

✔ 교사-학부모의 라포 형성에 도움

✔ 반영 시 정화적 안도감이 일어남

✔ 자신의 감정을 접촉하게 될 때 자신의 문제를 가장 잘 해결할 수 있음(학부모 문제를 깨닫게 하는 좋은 방법. 그러나 깨닫게 하기 위해 의도적으로 기법을 사용하면 오히려 거부감을 형성하므로 주의)

✔ 학부모가 자신의 내적 경험으로 들어가게 함으로써 자기를 더 잘 이해하게 함

③ **감정의 파악**

✔ 학부모의 표현을 통해 "아이 성적표를 보고 너무 속상했어요."

✔ 학부모의 언어적 내용: "아이를 다그치고 싶어 방으로 불렀어요. 그런데 제 말을 들은 척도 안하더군요."

✔ 비언어적 행동: 침착한 표정을 짓지만 눈시울이 붉어짐

✔ 교사의 감정투사: '내 아이가 ~했다면 나는 ~했을 것 같다.'

④ **감정반영 공식**

✔ "~을 느끼시는군요"

- "어머니(아버지)는 ~한 것 같군요."
- "아마도 어머니(아버지)는 ~한 것일 수도 있겠네요."
- "어머니(아버지)는 지금 ~을 느끼는 것처럼 들립니다."
- "어머니(아버지)는 ~한 것처럼 보여요."

예1 학부모: 애 성적을 생각하면 너무 짜증나요.

교 사: **짜증이 났군요.**

예2 학부모: 아이가 문을 쾅 닫고 들어가면 내가 무시당하는 것 같애서 비참한 마음이 듭니다.

교 사: **정말 비참함이 느껴지네요.**

예3 학부모: 그때 그러지 말걸 싶어요. 너무 바빠서 관심을 별로 못써줬거든요. 돈이 뭐 그리 중요하다고.

교 사: 어머니(아버지)는 지금 후회하시는 것처럼 들리네요.

예4 학부모: 지금 ○○이 지능검사 결과 기다리는 중이에요. 평균이 안될거 같긴 한데... 너무 낮으면 어떡하죠?

교 사: **지금 불안해 보이시네요.**

✔ ~ 때문에(~할 때)	~을 느끼시는군요.
특정 감정을 느끼게 한 경험 (행동, 상황, 생각 등)	학부모의 감정
해석적 요소: 느낌의 원인, 이유에 대한 교사의 가설 → 학부모의 감정의 원인에 대한 탐색 촉진	**해석적 요소:** 학부모가 아직 자각하거나 표현하지 못한 느낌 → 학부모 자신의 감정 상태 자체에 대한 탐색 촉진

예1 학부모: 애 성적을 생각하면 너무 짜증나요.

교 사: **아이 성적 때문에 짜증이 났군요.**

예2 학부모: 아이가 문을 쾅 닫고 들어가면 내가 무시당하는 것 같아서 비참한 마음이 듭니다.

교 사: **무시당한다고 생각하면, 정말 비참함이 느껴질 것 같아요.**

예3 학부모: 아이의 지능검사 결과가 너무 낮아요. 그 이후로 아무도 만나기 싫고 밥 먹기도 싫네요.

교 사: 아이 지능검사 결과 때문에 우울하고 슬프군요.

✔ 감정반영 팁

- 모든 감정이 아닌 가장 현저한 감정만
- 과거보다는 현재 감정에
- 내담자의 명료화를 위해 가설적으로 가정 표현: 너무 확고한 표현은 더 탐색할 필요를 못 느껴서 탐색을 가로막을 수 있음
- 감정의 강도 맞추기: 짜증-분노-격분 등 감정에는 강도가 있음
- 하나의 감정만 있지 않을 수 있음. 상충된 여러 감정을 가질 수 있음
- 부정적 감정(분노, 슬픔, 두려움, 고통, 상처 등)에 대해서 주목하기

(2) 2인 1조가 되어 해당 기법을 연습하기

"감정반영에 대해 이해가 되셨나요? 함께 연습해 보는 시간을 갖겠습니다. 활동지를 보시면서 번갈아가며 반응을 연습해 봅시다. 활동지 5번 문항은 여러분이 겪으신 상황을 예시로 들어 직접 학부모 반응을 만들어 보고 연습해 보시면 되겠습니다. 연습이 끝나고 나면 참고할 수 있는 가능한 반응을 알려드리도록 하겠습니다."

❸ 전개 2(20분): 질문하기, 조언/정보제공하기에 대해 이해하기 (Egan(제석봉 역), 1999; Hill(주은선 역), 2002)

1) '질문하기'를 이해하고 연습하기

(1) '질문하기'의 의미, 목적, 방법에 대한 강의(사례 제시)

"우리는 일상에서도 질문을 많이 사용합니다. 상담 장면에서와 일상 장면에서의 질문과는 어떻게 다를까요? 바로 분명한 의도를 가지고 한다는 점에서 그 차이가 있습니다. 이 질문을 통해 어떤 목적을 이룰 것인지 생각을 하고 질문을 할 필요가 있습니다."

① **질문의 목적**

✔ 경청과 함께 대화를 촉진하며, 대화를 시작하거나 이어감(교사가 학부모에게 오래 말을 했고, 학부모가 상대적으로 수동적인 태도를 보이는 경우와 혹은 한동안 침묵이 흐른 후에 대화를 풀어가기 위해 질문을 사용할 수 있음)

✔ 필요한 정보를 수집, 빠진 정보를 채우거나 구체화함.

✔ 내면의 탐색

✔ 상대의 말을 정확하게 이해했는지 확인함.

✔ 개입의 수단이 됨.

② **질문의 유형**

■ **개방형 질문 VS 폐쇄형 질문**

✔ 개방형 질문

"영수를 떠올리면 어떤 생각이 드시나요?"

- 응답할 수 있는 범위가 넓어 자유로운 응답 가능
- 목적: 감정, 생각의 명료화 및 탐색 촉진, 다양한 반응을 통해 대화를 이어갈 수 있게 함.
- 주의점: 공감적, 이해의 태도를 기반해야 함. 짧고 이해하기 쉬운 형태로 해야 함.

✔ 폐쇄형 질문

"영수를 생각하면 화가 나나요?"

- 응답할 수 있는 범위가 좁아 구체적이고 특정 사실에 대한 답을 얻을 수 있음.
- 정보 및 내용 확인
- 심문당하는 느낌으로 방어적인 태도를 갖게 할 수 있음.

■ **직접 질문 VS 간접 질문**

✔ 직접 질문

"민서 어머니, 그간 어떻게 지내셨나요?

- 의문문 형식으로 물음표로 종결

✔ 간접 질문

"민서 어머니, 그간 어떻게 지내셨는지 궁금하네요."

- 의미는 의문문이나 형태는 평서문임. 완곡한 느낌을 주며, 질문처럼 느껴지지 않게 함.

✔ 왜? 질문

- 사용 시 주의가 필요함.
- 잘못을 지적하거나 비난하려는 의도로 받아들여질 수 있음 → 방어적 태도 유발
- 이유에 근거를 대기 위해 감정보다는 사고에 초점을 맞추게 됨.

- 적절하게 사용방식: 수용적인 태도를 가지고 사실적인 정보를 얻을 때 사용 가능함.
- 대체 형태로 '무엇을', '어떻게'로 시작하거나 "~하려는 이유가 무엇인지 궁금하네요." 등의 간접질문을 사용함.

  예 "왜 안 했어요? 그렇게 중요하다고 해놓고서" → "그랬군요. 그렇게 못한 이유라도 있나요?"

  "왜 화가 났나요?" → "어떤 게 불안하게 만든 걸까요?"

  "왜 민서에게 소리를 지르게 되었나요?" → "민서에게 소리를 지른 데에는 어떤 이유가 있을까요?"

③ 구체적인 탐색

✔ **생　략**: 내용이 생략된 경우 확인하고 질문을 통해 내용을 보충함.

"전 민서에게 잘 못해요." → "민서에게 무엇을 못 한다고 생각하세요?"

✔ **일반화**: 내용이 너무 일반화된 경우 질문하여 구체화 함.

"민서는 집을 싫어하는 거 같아요." → "민서가 누구를 싫어하는 건가요?"

④ 바람직하지 않은 질문 유형

✔ 양자택일형

- 질문 둘 중 하나를 강제로 선택하게 하는 질문으로 제3의 가능성을 차단함.
- "문제가 해결된다면 민서 성적과 관계 중 어떤 것에 더 긍정적인 영향을 줄까요?"
  → 대체 질문의 예: "문제가 해결된다면 어떤 부분에 긍정적인 영향을 줄까요?"

✔ 질문공세

- 답을 하기 전에 질문을 연속적으로 던지는 것은 상대를 압박하고 위축시켜 질문에 반응만 하는 소극적인 자세를 취하게 만들 수 있음.
- "지난주에 민서와의 관계를 회복하기 위해 시도하기로 했던 것은 어떻게 되었나요? 계획대로 잘 진행했나요? 참, 아버님은 오늘 같이 오시기로 했는데 안 오셨네요?"

✔ 지시형: 지시를 가장한 질문

→ "저번 통화에서 마무리 짓지 못했던 이야기부터 시작할까요?"

✔ 제안형: 질문을 가장한 조언

→ "~라고 생각하지 않으세요?", "~하지 않으시겠어요?"

✔ 공격형: 교사의 권위를 강조하려는 질문

→ "그래서 말하려는 게 무엇이죠?"

✔ 억측형: 특정 대답을 기대하는 것 같은 질문

→ "정말 그렇지 않은 거 맞아요?"

(2) 2인 1조가 되어 해당 기법을 연습하기

"옆 사람과 2인 1조가 되어 질문하기를 연습해 보도록 하겠습니다."(워크지 활용)

2) 상담기법 중 '조언하기'를 이해하고, 연습하기

(1) '조언하기'의 의미, 목적, 방법에 대한 강의(사례 제시)

"조언은 많은 선생님들께서 사용하고 있는 기법입니다. 상담에서 조언을 구하는 부모님들이 많으시지요. 학부모 상담에서 교사들이 꼽는 어려움 중 하나는 바로 그 상황에서 내가 조언을 할 수 없다는 것입니다. 왜 조언을 할 수 없을까요? 문제가 너무 커서 내가 말을 할 수 없을 것 같은 느낌이 들기도 합니다. 내가 생각해도 답이 없는 경우 정말 막막합니다. 아이는 문제행동을 일으키고 아버지는 아프고 어머니는 생계를 위해 일을 해야 해서 신경을 쓰기가 어렵습니다. 생계와 병 치료를 중심으로 가족이 움직이고 있기 때문에 아이의 정서에 신경을 쓰기가 너무 힘들다고 합니다. 이 상황에서 누가 뭐라고 멋지게 해결사같은 조언을 할 수 있을까요. 조언을 할 수 없다는 생각은 선생님들에게 교사로서의 전문성이 없는 것이 아닌가 하는 생각까지 들 수도 있습니다. 이제 언제, 무엇을, 어떻게 조언을 해야 하는지 알아보도록 하겠습니다."

강의자료-교수자용

① 효과적인 조언이란?
- ✔ 효과적인 조언의 여부는 그 실행 여부에 따라 결정됨.
- ✔ 조언에 따라 상대가 행동할 때 효과적인 조언임.

② 효과적인 조언에 영향을 주는 요인
- ✔ 호소문제와의 적합성: 호소문제의 특징이 파악 가능한 경우
- ✔ 조언받는 사람의 특징: 조언을 진심으로 원함
- ✔ 조언주기 방식: 상대방의 체면을 지켜주는 방식

③ 효과적인 조언의 시기
- ✔ 상대가 구체적인 조언을 필요로 할 때
- ✔ 구체적이지 않더라도 조언이나 지시에 의해서 문제해결에 도움이 될 거라고 생각될 때

④ **조언의 방법**

✔ 문제를 해결지향적으로 파악하기(다음 회기에 할 내용이라 간단히 소개함)

- 변화시킬 수 있는 부분을 다루기: 가정의 가난, 지능은 변화시키기 어려움.

※ **변화시키기 어려운 것은 어떻게 다룰까?**

교사가 이 문제를 자신이 해결해야 한다고 생각하면 무기력과 무능감을 느낄 수 있다. 이 상황에 어찌할 바를 모르는 부모의 마음에 공감하고, 함께 이를 느껴준다. "아무런 방법이 없다고 느끼시는군요.", "막막하신군요." 등의 지난 시간에 배운 공감적인 반영은 도움이 된다. 만일 이런 상태에서 학부모가 눈물을 보인다면 잠시 침묵하며 감정을 가라앉힐 수 있도록 돕는다. 이후 교사와 학부모와 학생이 할 수 있는 아주 작은 것을 떠올려 본다. 생계유지로 바빠서 아이에게 많은 시간을 들일 수 없는 학부모에게 "일찍 출근하실 때 민서에게 핸드폰으로 학교에 잘 다녀오라고 인사를 하시는 건 어떨까요?", "하루에 10분 정도 민서와 이야기를 하시는 건 어떨까요?"라고 제안한다.

- 직접적/구체적/행동적 측면을 다루기

⑤ **효과적인 조언의 기술과 절차**

✔ 예비절차

- 구체적인 의사결정 또는 지시나 조언을 얻기가 목표임을 명백히 규정하는 것.
- 조언을 주는 것에 대한 상대의 의사를 묻는 것(어떻게 생각하세요?)

✔ 문제를 해결하기 위해 했던 노력/시도/방법/생각을 확인하고 칭찬하기

"어려움을 해결하려고 어떤 노력들을 했나요?"

- 잘 모르겠다고 대답하는 것은 동기 수준이 낮고, 해결가능성에 대한 무력감을 나타내는 경우
- 시도해본 아이디어 자체로 쓸 만한 것이 많고, 실행과정에서 문제가 있었거나 실행에 옮길 용기가 부족했다는 등의 이유가 있는 경우가 많음. 이를 활용하여 조언이 가능함.

✔ 조언에 따를 준비가 되었는지 확인하기

"제가 당신에게 조언을 한다면 받아들일 준비가 되어 있나요? 혹시 듣고 꺼려지는 마음이 있다면 주저하지 말고 이야기해주십시오. 다시 방안을 생각해보지요."

✔ 매우 간단하고 구체적으로 조언하기

✔ 제시한 조언에 대한 상대의 피드백 받기

"저는 그 방법이 좋을 거 같은데, 어떻게 생각하세요?"

3) 상담기법 중 '정보제공하기'를 이해하고, 연습하기

(1) '정보제공하기'의 의미, 목적, 방법에 대한 강의(사례 제시)

"현장에서 구체적인 정보를 전달하는 것은 흔한 일입니다. 짧게는 수업 운영, 성적, 행사 등에 대한 안내가 있을 수 있고, '우리 아이는 어떤가요?' 등의 답에 따라 아이들에 대한 정보를 제공하는 경우도 많습니다. 교육사각지대 학습자인 아이들의 구체적 특징 등의 정보적 측면에 대해서는 뒤에 나오는 주제영역 부분에 해당하며 그때 자세히 나누도록 하겠습니다. 정보제공은 조언과 유사한 게 많아 간단히 다루고 넘어갑니다."

강의자료-교수자용

① **정보제공의 의미와 목적**
- ✔ 특정 자료, 사실, 자원, 질문에 대한 대답을 제공하는 것
- ✔ 행동을 하기 위한 이해와 선택의 폭을 넓혀주도록 교육하기 위한 것

② **정보제공의 내용**
- ✔ 학생들의 신체적, 인지, 사회, 정서적 발달 과정 및 특성에 대한 지식
- ✔ 학생들의 행동의 원인들에 대한 기본적인 지식과 정보를 제공함
- ✔ 학생의 심리적 문제, 가족 문제 등을 해결할 수 있는 전문적 기관에 대한 정보
- ✔ 학생들의 학습, 관계 형성, 일상생활 관리 등에 대한 지식

③ **정보제공의 방법**
- ✔ 전달 시기: 상대방이 정보를 평가하고 받아들일 준비가 되어 있는지 확인하여 적절한 시점에 제공함.
- ✔ 정보 유형: 부모에게 필요하고 유용한 정보를 선별하여 신뢰로운 정보를 순차적으로 제공함.
- ✔ 전달 방법: 간결하게 전달함으로써 정보에 대한 이해를 높이고 관련된 사실(부정적인 정보 포함)을 이야기함. 핵심 내용과 사실을 강조하며 제공함.

"조언, 정보제공하기에 대해 이해가 되셨나요? 함께 연습해 보는 시간을 갖겠습니다."

4) 상담기법 중 '격려하기'를 이해하고, 연습하기

(1) '격려하기'의 의미, 목적, 방법에 대한 강의(사례 제시)

"격려하기는 우리가 지금까지 배운 기법을 설명하면서도 중간중간 나온 것입니다. '지금 강의를 듣는 게 힘드실텐데 잘 하고 계십니다.', '좋은 교사가 되기 위해 지금 열심히 하고 계시는군요. 힘내십시오.' 우리는 교사에게 찾아온 학부모에게 용기나 의욕이 솟아나도록 힘을 북돋아주어야 합니다. 따뜻한 말, 좋은 이야기, 칭찬, 인정하기 등은 힘을 북돋아주는 좋은 방법입니다."

강의자료-교수자용

① **위로하기**

"많이 힘드시지요? 얼마나 속상하겠어요?"

✔ 따뜻한 말이나 행동으로 괴로움을 덜어주거나 슬픔을 달래주는 것

✔ 진심으로 마음을 알아주고 안심시켜 주는 인간적인 위로와 적절한 다독거림 등을 포함

② **피드백하기**

"어렵지만 끝까지 하다니, 끈기가 훌륭해요."

✔ 피드백을 통해 자신이 미처 인식하지 못했던 모습을 보다 명확하게 인식함

✔ 피드백하는 방법

- 먼저 피드백을 하는 목적이나 이유 점검
- 성장과 발전을 위한 경우일 때 바람직함.
- 상대가 피드백을 원하는지 묻거나 비언어적인 표현을 통해 확인
- 솔직하고 구체적이며 관찰 가능한 행동에 초점
- 긍정적인 피드백은 관계를 부드럽게 하며 힘을 북돋음.
- 피드백 내용은 주는 사람의 관점이나 견해일 수 있기 때문에 상대가 동의하지 않을 수 있고 예측하지 못한 반응이 나올 수 있음.

③ **희망 부여하기**

✔ 어려운 순간에도 예상치 못했던 새로운 힘과 길이 펼쳐질 수 있음을 안내함.

✔ 도움이 필요할 때 언제든지 돌봄을 제공하고 가까이에서 힘이 되어줄 자원들을 찾고 확인함.

✔ 실제 성공적인 모델이나 사례들에 대해 알려줌으로써 희망을 불어넣음.

✔ 자기에게 선물하기 등의 구체적인 방법을 실천함으로써 스스로 힘을 북돋울 수 있도록 격려함.

출처: 강진령 (2016). **상담연습: 치료적 의사소통의 기술.** 서울: 학지사.

❹ 정리(5분): 활동 마무리

1) 학습목표 확인하고 정리하기

"이제 오늘의 활동을 마무리해 볼까 합니다. 오늘은 학부모 상담에서 마음을 여는 기법을 배우는 날이었습니다. 처음에 교사와 학부모의 상호협력적 관계에 대한 중요성을 함께 생각해보고 나누어 보았습니다. 그리고 교사의 공감적 태도가 학부모와의 상호작용 촉진에 미치는 영향이 매우 크고 핵심적이라는 사실에 대해서도 학습했습니다. 구체적으로 주의집중과 경청, 재진술, 감정반영 등의 상담 기법을 배웠습니다.

그리고 학부모의 마음과 생각을 탐색하고, 방향을 안내할 수 있는 다른 기법들을 살펴보았습니다. 질문하기를 통해 상대를 탐색하고 구체화할 수 있었습니다. 이를 위해 우린 개방형, 폐쇄형 질문 등의 질문 유형을 배웠습니다. 그리고 조언하기, 정보제공하기를 학습했습니다. 보통은 조언과 정보의 내용적 측면을 아는지 모르는지에 신경이 쓰이게 마련입니다. 그러나 우리는 어떤 상태에서 이것을 어떻게 전달해야 할지에 대해 알게 되었습니다. 마지막으로 격려하기를 통해 낙담한 상태에 있는 학부모의 마음을 위로하는 방법을 알게 되었습니다."

2) 마무리 및 다음 회기 안내

"다음 5회기에서는 해결중심상담에 대해서 배우는 시간을 갖도록 하겠습니다."

활동자료 총론 4-1 **재진술 활동지**

재진술 연습

1. **학부모**: 우리 애는 한 번도 말썽을 일으킨 적이 없어요. 갓난쟁이일 때부터 말이죠. 갑자기 저러는 거예요.

• 교　사 :

2. **학부모**: 학교 갔다오면 컴퓨터부터 켜요. 그러고 잘 때까지 게임하는 거예요. 그렇게 죽.

• 교　사 :

3. **학부모**: 저는 일 하느라 바빠서, 애는 거의 할머니, 할아버지랑 지내고 저는 밤에만 잠깐 만나요.

• 교　사 :

4. **학부모**: 성적이 뭐 대순가요? 행복은 성적순이 아니잖아요? 도대체 왜 이렇게 호들갑이신거죠?

• 교　사 :

5. **학부모**:

• 교　사 :

활동자료 총론 4-2 **재진술 정답예시**

재진술 연습

1. **학부모:** 우리 애는 한 번도 말썽을 일으킨 적이 없어요. 갓난쟁이일 때부터 말이죠. 갑자기 저러는 거예요.

• 교　사 : **○○이가 말썽부린 적이 없는데 갑자기 그러는 거군요.**

---

2. **학부모:** 학교 갔다오면 컴퓨터부터 켜요. 그러고 잘 때까지 게임하는 거예요. 그렇게 죽.

• 교　사 : **컴퓨터 게임을 잠자리에 들 때까지 하는군요.**

---

3. **학부모:** 저는 일 하느라 바빠서, 애는 거의 할머니, 할아버지랑 지내고 저는 밤에만 잠깐 만나요.

• 교　사 : **○○이가 어머니랑 만날 시간이 거의 없군요.**

---

4. **학부모:** 성적이 뭐 대순가요? 행복은 성적순이 아니잖아요? 도대체 왜 이렇게 호들갑이신거죠?

• 교　사 : **성적은 크게 중요하지 않다고 생각하시는군요.**

---

5. **학부모:**

• 교　사 :

활동자료 총론 4-3 **감정반영 활동지**

감정반영 연습

1. **학부모:** 선생님 무슨 일이시죠? 우리 애가 무슨 문제가 있나요? 전화 받고 걱정돼서 잠이 안오더라구요.

• 교 사:

2. **학부모:** 우리 애는 똑똑해요. 이 성적표는 믿을 수 없어요. 주변에 친구를 잘못 만나서 그래요. 공부 못하는 애들이랑 놀더라니.

• 교 사:

3. **학부모:** 아이가 이제는 엄마 아빠랑 이야기도 안하려고 하고, 달라져도 너무 달라졌어요. 그렇게 서운할 수가 없어요.

• 교 사:

4. **학부모:** 성적이 뭐 대순가요? 행복은 성적순이 아니잖아요? 도대체 왜 이렇게 호들갑이신거죠?

• 교 사:

5. **학부모:**

• 교 사:

활동자료 총론 4-4 **감정반영 정답예시**

감정반영 연습

1. **학부모:** 선생님 무슨 일이시죠? 우리 애가 무슨 문제가 있나요? 전화 받고 걱정돼서 잠이 안오더라구요.

• 교　사 : **갑작스런 상담요청에 걱정이 되셨군요.**

---

2. **학부모:** 우리 애는 똑똑해요. 이 성적표는 믿을 수 없어요. 주변에 친구를 잘못 만나서 그래요. 공부 못하는 애들이랑 놀더라니.

• 교　사 : **믿었던 ○○이의 성적이 기대에 못미치니 놀라셨나봐요.**

---

3. **학부모:** 아이가 이제는 엄마 아빠랑 이야기도 안하려고 하고, 달라져도 너무 달라졌어요. 그렇게 서운할 수가 없어요.

• 교　사 : **○○이가 달라진 모습에 많이 서운하시군요.**

---

4. **학부모:** 성적이 뭐 대순가요? 행복은 성적순이 아니잖아요? 도대체 왜 이렇게 호들갑이신거죠?

• 교　사 : **성적 때문에 뵙자고 해서 마음이 불편하셨군요.**

---

5. **학부모:**

• 교　사 :

활동자료 총론 4-5 **질문하기 연습 활동지**

생략된 부분을 질문하기

1. 학부모: 아무 의미가 없는 거 같아요.

• 교　사:

---

2. 학부모: 아이를 잘 키워야 해요.

• 교　사:

---

3. 학부모: 민서는 저를 싫어하는 게 분명해요.

• 교　사:

일반화된 부분을 질문하기

4. 학부모: 민서를 키우는 모든 게 다 버거워요.

• 교　사:

---

5. 학부모: 엄마들은 다 저처럼 할 거예요.

• 교　사:

부록 총론 4-1 **감정단어목록표**

〈욕구 충족 감정어휘 모음〉

감격하다	감동하다	감사하다	감탄하다	고맙다
고무되다	관심을 가지다	궁금하다	근심없다	기대하다
기분이 들뜨다	기뻐 날뛰다	기뻐하다	기쁨에 넘치다	긴장을 풀다
깊은 애정	낙관하다	낙천적이다	놀라다	더없이 행복하다
득의양양한	들뜨다	따뜻하다	마음에 흡족하다	마음이 넓다
마음이 놓이다	마음이 열리다	만족스럽다	매우 기뻐하다	멋지다
명랑하다	반갑다	사랑스럽다	상냥하다	상쾌하다
생기가 나다	숨가쁘다	신뢰하다	안도하다	안정되다
열광적이다	열렬하다	열정이 넘치다	열정적이다	열중하다
영감을 받다	영광스럽다	용기를 얻다	유쾌하다	의기양양하다
자신만만하다	자신에 차다	자유롭다	좋아하다	정신이 바짝들다
즐겁다	짜릿하다	차분하다	찬란하다	충족되다
친근하다	침착하다	쾌활하다	편안하다	평온하다
평화롭다	행복하다	호기심 나다	환희	활기에 차다
활발하다	황홀하다	훌륭하다	흡족하다	흥미를 가지다
흥분되다	희망에 차다	희열에 넘치다.		

〈욕구 좌절 감정어휘 모음〉

가책을 느끼다	갑갑하다	걱정되다	겁나다	겁에 질리다
격노하다	격분하다	격앙되다	경계하다	격정에 압도되다
고독하다	고민스럽다	고통스럽다	곤란하다	골치 아프다
관심이 없다	괴로워하다	기가 죽다	기분이 언짢다	기운 없다
기운을 잃다	긴장되다	긴장하다	깜짝 놀라다	나태하다
낙담하다	낙심하다	냉담하다	냉정하다	노하다
녹초가 되다	놀라다	답답하다	당황하다	두렵다
뒤숭숭하다	마음 상하다	맥 풀리다	못 마땅하다	마음이 안 놓이다
무감각하다	미지근하다	무관심하다	무기력하다	마음 내키지 않다
무서워하다	무디다	민감하다	민망하다	부끄러워하다
분개하다	불만족스럽다	불안하다	불안정하다	불안하다
불편하다	불행하다	비관적이다	비참하다	상심하다
섭섭하다	성가시다	성나다	슬픔에 잠기다	시무룩하다
시샘하다	시시하다	신경과민	신경 쓰이다	실망하다
심란하다	심술 나다	안달하다	애도하다	안절부절 못하다
억울하다	어쩔 줄 모르다	언짢다	열망하다	외롭다

총론 5회기

해결중심상담의 원리

Ⅰ. 개관

❶ 회기 소개

이번 회기에서는 교육사각지대 학습자의 부모 상담을 위해 알아두면 좋을 상담이론인 해결중심상담에 대해 살펴본다. 학교 장면에서 교사가 부모를 상담할 때는 일반 심리상담처럼 장기적으로 매주 1시간씩 만나서 상담을 하는 경우는 거의 없다. 특히, 교육사각지대 학습자의 부모는 적극적으로 상담에 참여할 정도로 교사에 대해 우호적인 태도를 취하지 않는 경우가 대부분이다. 이러한 상황적 특성을 고려했을 때, 교사는 빠른 시간 내에 효과적으로 상담 효과를 낼 수 있는 방법을 취해야 한다. 이럴 경우에 가장 활용도가 높은 상담이론이 바로 '해결중심상담'이다. 따라서, 이번 회기에서는 이러한 해결중심상담의 필요성과 개념, 목표, 그리고 실질적으로 적용해볼 수 있는 세부적인 기법들을 부모 상담 사례와 연계하여 적용하는 연습을 한다.

❷ 목표

- 교육사각지대 학습자들의 부모를 상담하는 데 해결중심상담의 필요성을 알기
- 해결중심상담의 개념, 목표와 기법을 이해하기

Ⅱ. 회기 진행

회기 구조

회기	총론 5회기	제목	해결중심상담의 원리	
목표	• 교육사각지대 학습자들의 부모를 상담하는 데 해결중심상담의 필요성 알기 • 해결중심상담의 개념, 목표와 기법을 이해하기			
준비물	PPT, 프린트물(워크시트)		시간	60분

과정	내용	시간(분)
도입	○ 활동명: 해결중심상담 이해하기 1) 해결중심상담이란? - 해결중심상담의 정의 알기 - 해결중심상담에 대한 개괄, 치료적 변화에 대한 관점, 평가 학습하기 2) 왜 해결중심상담인가? - 교육사각지대 학습자들의 부모를 교사가 상담하는 데 해결중심상담이 필요한 이유 살펴보기	15분
전개(1)	○ 활동명: 해결중심상담의 목표 ○ 활동 목표: - 해결중심상담의 목표 설정의 원리를 이해한다. - 해결중심상담의 방식으로 부모 상담에서의 목표를 설정한다. ○ 활동 내용: 1) 해결중심상담의 목표는 무엇인가? - 해결중심상담에서 목표는 어떻게 설정해야 하는가? 2) 해결중심상담으로 교육사각지대 학습자의 부모 상담하기 - 해결중심상담으로 교육사각지대 학습자의 부모를 상담할 때, 어떻게 목표설정하는 것이 적절한가?	20분

전개(2)	○ 활동명: 해결중심상담의 기법 ○ 활동 목표: 해결중심상담의 기법을 이해한다. ○ 활동 내용: 1) 해결중심상담의 기법은 무엇인가? - 협력관계 맺기 - 칭찬하기 - 치료 전(pre-therapy) 변화 - 대처 질문 - 기적 질문 - 척도 질문 - 동기의 평가 - 예외 질문 - 첫 회기의 과제 - 메시지	25분
정리	○ 활동명: 회기 마무리 및 다음 회기 안내 ○ 활동 목표 및 내용: - 해결중심상담 개념 확인 문제로 복습 - 다음 회기(총론 6회기) 안내	5분

❶ 도입(10분): 해결중심상담의 필요성

"이번 시간에는 부모 상담에서 활용 가능한 해결중심상담이론에 대해 살펴보려고 합니다. 교육사각지대 학습자의 부모 상담을 할 때, 어려운 점은 무엇인가요? 여러 어려움들이 있겠지만, 우선, 제한된 시간 내에 학생의 부모를 상담해서, 조금이라도 변화를 이끌어 내야 한다는 부담감에 대한 어려움이 있을 것 같습니다. 이번 시간에 배우는 해결중심상담의 이론과 기법을 적용해서 이러한 부담감을 조금이나마 덜 수 있을 것 같은데요. 우선 해결중심상담이 무엇이며, 해결중심상담을 활용하여 치료적 변화를 도모하기 위해서 어떠한 관점을 취해야 하는지, 그리고 해결중심상담을 할 때 내담자의 무엇을, 어떻게 평가하는지에 대해 간단히 살펴보고, 이러한 해결중심상담이 왜 교육사각지대 학습자의 부모 상담을 할 때 알아두면 좋은지 그 필요성에 대해 짚고 넘어가겠습니다."

1) 해결중심상담이란?(강의)

(1) 해결중심상담에 대한 개괄

“이론의 이름에서 알 수 있듯이, 해결중심상담은 문제의 원인이나 이유보다는 해결책을 중요하게 다룹니다. 열쇠와 자물쇠 비유를 통해 설명하자면, 내담자들은 자신의 문제를 마치 열린 적이 없는 문을 잠그고 있는 자물쇠처럼 여기고 있습니다. 이 때, 왜 자물쇠가 있고, 왜 문이 열리지 않는지에 집중하기보다 오히려 그 문을 열 수 있는 열쇠를 찾을 수 있도록 돕는 관점을 취하는 것이 해결중심상담의 관점입니다. 문제의 이유나 원인을 찾으면서 치료가 진전되지 못하는 것을 지양하고, 현재의 불만족이나 불행감을 감소시키는 방법을 찾으려고 하는 시도인데요. 중요한 것은 내담자의 호소 문제를 경청하는 것뿐만 아니라, 변화의 가능성과 해결책에 대해서 내담자가 가지고 있는 기대가 무엇인지에 집중하는 것입니다. 해결중심상담은 대략 5−10회기 정도의 단기치료를 진행하는데, 이 시간 동안 내담자로부터 변화에 대한 기대를 불러일으킴으로써 짧은 기간 안에 효과를 나타낼 수 있습니다.”

(2) 해결중심상담의 치료적 변화에 대한 관점

“그렇다면, 이렇게 짧은 시간 안에 치료적 변화를 이끌어내려면 어떤 관점을 지니고 있어야 하는 것일까요? 크게 두 가지 관점을 제시해 볼 수 있습니다. 첫째는 내담자의 강점에 초점을 두고, 미래에 대한 긍정적 관점을 갖게 할 수 있습니다. 그리고, 두 번째는 내담자가 과거 문제 상황에서 대처했던 방식을 지양하고, 새로운 방법을 시도하게끔 할 수 있습니다. 자세한 설명은 다음과 같습니다.”

강의자료-교수용

■ **치료적 변화에 대한 관점(=어떻게 치료적 변화를 도모하는가?)**

① 내담자의 강점을 바탕으로 내담자가 미래에 대한 긍정적 관점을 갖게 하여 다양한 문제의 해결방법을 찾도록 한다.

- ✔ 해결책은 내담자에 따라 다를 수 있고, 해결책을 찾는 과정에 내담자가 동참하는 것이 중요하다.
- ✔ 내담자는 자신의 문제가 나타나지 않았던 예외 경우를 탐색해나가며 해결책을 찾아간다.
- ✔ 한 번에 하나씩 작은 변화의 경험들을 쌓아감으로써 문제에 대한 부정적인 생각을 갖

지 않도록 하고, 큰 변화를 이루는 씨앗이 되게 한다.

✔ 내담자를 진단하거나 부정적 측면을 탐색하지 않고, 오히려 내담자들이 현재 잘 기능하고 있는 영역이 어디인지, 무엇이 가능한지에 주목한다.

② 내담자가 과거 문제 상황에서 대처했던 방식을 서서히 멈추게 하고 다른 방법을 시도하게 한다.

✔ 해결중심 심리치료에서는 실제적인 실천이 매우 중요하다.

✔ 내담자의 문제에 해결 방법이 있다면 내담자가 그 방법을 사용하고 있는지, 그리고 그 방법을 사용하는 데 보완할 것은 없는지의 여부를 확인한다.

✔ 접근 방법이 효과적이지 않을 것이라고 예상된다면 그 방법을 수정하거나 다른 방법을 선택한다.

(3) 해결중심상담의 평가

"해결중심상담이 문제 발생의 원인, 이유에 초점을 두기보다 가능한 해결책에 초점을 둔다는 것과 해결, 즉 내담자의 변화를 위해 상담자는 어떤 관점을 취하고, 개입의 방향을 잡아야 하는지 알아보았습니다. 그렇다면, 이러한 관점을 취하고, 개입을 해나갈 때 내담자의 무엇을, 어떻게 평가해서 치료적 변화를 불러일으킬 수 있는지 살펴보도록 하겠습니다."

강의자료-교수자용

■ **평가(=해결중심상담에서는 내담자의 무엇을, 어떻게 평가하는가?)**

* 해결중심상담에서는 내담자가 변화에 대해 가지고 있는 생각을 평가한다.

✔ 다른 심리치료 기법들과는 달리, 내담자의 문제를 진단 및 평가하여 범주화하지 않고, 내담자가 변화에 대해 어떤 생각을 가지고 있는지를 평가한다.

✔ 변화가 일어났을 때 내담자가 그것을 인지할 수 있는지, 변화를 이루기 위해서 내담자가 다루어야 할 장애물은 무엇인지, 내담자가 변화할 준비가 되었는지, 내담자가 변화할 방법을 알고 있는지 등을 질문함으로써 내담자가 변화에 대해 어떤 생각을 가지고 있는지 평가한다.

✔ 이러한 질문들은 구체적인 문제에 집중하여 적용하는 데 도움이 될 뿐만 아니라 상담자가 내담자와 함께 해결해야 할 문제들의 우선순위를 정하는 데 있어 매우 중요하다.

✔ 평가는 내담자의 삶에서 긍정적인 변화를 찾는 것에 집중되어 있으며, 작은 변화가 큰 변화로 이어지게 된다는 가정에서 시작된다.

2) 왜 해결중심상담인가?(강의)

“지금까지 해결중심상담에 대한 인트로로 개괄을 해보았습니다. 이제는 이러한 해결중심상담이 왜 교육사각지대 학습자의 부모 상담에 필요한지 생각해봅시다. 왜 필요할까요? 하고 많은 상담 이론들 중에 해결중심상담이 교육사각지대 학습자의 부모 상담에 활용되었을 때 가지는 유용성은 무엇일까요? 학교 장면에서 교사가 부모를 상담할 때는 일반 심리상담처럼 장기적으로 매주 1시간씩 만나서 상담을 하는 경우는 거의 없습니다. 특히, 교육사각지대 학습자의 부모는 적극적으로 상담에 참여할 정도로 교사에 대해 우호적인 태도를 취하지 않는 경우가 대부분인데요. 이러한 상황적 특성을 고려했을 때, 교사는 빠른 시간 내에 효과적으로 상담 효과를 낼 수 있는 방법을 취해야 합니다. 이럴 경우에 가장 활용도가 높은 상담이론이 바로 ‘해결중심상담’이라고 생각됩니다. 또한, 문제의 원인과 이유에 몰두했을 때, 상담에 걸리는 시간과 해결지점이 보이지 않는 막막함을 해결중심상담은 접근 가능한 해결책에 초점을 두면서 해소하고자 합니다. 이러한 해결중심상담의 특징은 왜 교육사각지대 학습자의 부모 상담에 해결중심상담이 유용하게 쓰일 수 있는지 충분한 설명을 제공해줍니다.”

❷ 전개 1(20분): 해결중심상담의 목표와 기법

1) 해결중심상담의 목표

“상담을 시작할 때는 목표를 잡아서 방향성을 명확히 하는 것이 중요한데요. 해결중심상담의 목표는 어떻게 설정하는 것이 좋은지 알아보도록 하겠습니다.”

강의자료-교수용

■ **해결중심상담의 목표는 어떻게 정해야 하나?**

* 명확하고, 구체적으로!

→ 보다 단기간에 달성될 수 있는 쉬운 목표로 구체화하기

1) 예외적 상황에 대한 정보 얻기
2) ‘기적’ 질문하기
3) 자신의 삶에서 달라진 점을 탐색하기
4) 목표의 성취 정도 측정: 0에서 10까지의 척도 제시

5) 목표의 성취에 대해 직접적인 피드백 주는 방법: '메시지' 기법

2) 해결중심상담의 접근으로 교육사각지대 학습자의 부모 상담에서 목표 정하기

"해결중심상담의 목표는 명확하고, 구체적으로 정해야 한다고 배웠습니다. 단기간에 성취될 수 있는 구체적이고 명확한 목표를 정하기 위해 기적 질문, 척도 질문, 예외 질문 등이 활용될 수 있겠는데요. 그렇다면, 교육사각지대 학습자의 부모 상담에서는 해결중심상담의 접근으로 어떤 식의 목표를 설정할 수 있을까요? 기본 틀은 같습니다. 다만, 표면적으로 보이는 일대일 상담에서 더 나아가 교육사각지대 학습자를 보이지 않는 또 다른 내담자로 가정하고 들어간다는 점에서 일반 해결중심상담이랑 다르다고 할 수 있겠는데요. 단순히 생각해본다면 상담목표를 교육사각지대 학습자의 입장에서 어떻게 하면 변화할 수 있을까?로 생각해볼 수 있습니다. 하지만, 중요한 것은 여러분이 상담할 내담자는 아이가 아니라 부모라는 점입니다. 부모의 어려움이 무엇인지 듣고, 부모의 어려움을 해결하기 위해 애써야 한다는 뜻이지요. 이럴 경우에는 목표를 어떻게 설정해야 하는 것일까요?"

강의자료-교수자용

■ **교육사각지대 학습자의 부모 상담에서 해결중심상담의 접근으로 목표 정하기**

(1) 내담자(=부모)에게 중요한 것을 목표로 하기

✔ 상담목표는 누구보다도 내담자 입장에서 중요하다고 생각하는 것을 중심으로 목표를 설정하여야 목표를 성취하기 위하여 훨씬 더 몰두한다. 단지 내담자는 자신의 목표를 정확한 언어로 표현하는 것이 어렵다. 그러므로 상담자의 역할이란 내담자가 자신의 목표를 언어화할 수 있도록 돕는 것이다. 그리고 목표는 구체적이고 행동적이어서 목표의 성취에 관하여 직접 관찰이 가능하고 누구나 인정할 수 있는 것이어야 한다.

✔ 학습자가 아닌 부모에게 중요한 것을 목표로 해야 한다. 물론, 아이의 어려움도 부모가 이해할 수 있도록 해야 한다. 하지만, 우선이 되는 것은 부모의 심정적 어려움과 실제적 어려움이 무엇인지 알고, 부모가 아이와 관련하여 원하는 점, 기대하는 바, 소망이 무엇인지 파악하는 것이다. 이를 바탕으로 목표를 정한다.

(2) 작은 것을 목표로 하기

✔ 상담목표가 작을 때 쉽게 성취할 수 있으며, 이것은 다시 내담자에게 새로운 희망을 갖게 하고, 변화하고자 하는 동기가 강화된다.

(3) 구체적이고 행동적인 것을 목표로 하기

✔ 목표를 명확하게 설명했을 때, 내담자와 상담자는 진행되고 있는 것을 쉽게 평가할 수 있고 내담자의 성공을 즉각적으로 인정할 수 있는 기회가 증가하며, 성취하지 못했을 경우 성취하지 못한 이유를 파악하고 다른 방안을 모색하기가 용이하다. 따라서 성취하지 못한 것에 대한 실패감이나 좌절감보다는 객관적으로 자신의 노력상태를 평가하고, 다른 방법을 재도전할 수 있다.

(4) 없는 것보다는 있는 것에 관심 두기

✔ 사실, 내담자에게 지금 하고 있는 어떤 것을 하지 말라고 하기보다는 새로운 어떤 것을 시작하라고 돕는 것이 실현 가능성이 높다. 따라서, 상담자는 있는 것에 관심을 두고 부정적인 단어를 사용하지 않는 목표가 효과적이라는 것을 알아야 한다. 그러므로 목표는 내담자가 하지 말아야 하는 것 대신에, 해야 하는 것에 관해 긍정적으로 설명되어야 한다.

✔ 부모의 단점이나 약점, 부족한 점보다는 부모의 장점, 강점을 중심으로 부모가 계발하고 보완해야 할 점이 아닌 부모가 이미 지니고 있는 장점과 강점을 더 해나가는 쪽으로 긍정적인 언어로 목표를 설정해야 한다.

(5) 목표를 종식보다 시작으로 간주하기

✔ 대부분의 내담자들은 자신의 문제와 목표에 대하여 알고 있으나 전체적이고, 막연하고, 분명하지 않고, 혼돈되어 있는 것이 특징이다. 그리고 원만한 것, 행복해지는 것, 관계가 좋아지는 것과 같이 완전한 것을 목표로 생각한다. 그러나 내담자들은 현재의 단계에서 구체적으로 무엇을 어떻게 시작해야 좋을지 모른다. 변화는 문제시 되는 행동을 하지 않는 것이 아니고, 아주 작고 긍정적인 것을 시작하는 것이다. 상담자가 완전히 교정하는 것을 요구하지 않고, 비합리적으로 높은 목표를 설정하지 않는 것을 내담자가 일단 인식하게 되면 더욱 열심히 참여하게 된다.

✔ 상담자와 부모 모두 마찬가지로, 한 번의 상담으로 모든 문제가 해결될 거라는 기대를 갖는 것은 지양해야 한다. 목표를 모든 문제의 해결이 아니라 문제 해결의 시작점으로 여긴다면, 목표를 설정하는 것이 보다 더 쉬워질 것이다.

(6) 내담자의 생활에서 현실적이고 성취 가능한 것을 목표로 하기

✔ 과거에 실패한 경험이 있는 내담자들의 많은 경우는 성취하고자 하는 목표가 비현실적이고 취할 수 없다는 것이 공통적이다. 내담자와 상담자에게 중요한 것은 내담자의 생

활환경에서 현실적이고 성취가 가능한 것을 파악하고 목표로 설정하는 것이다. 만일 내담자의 목표가 비현실적이고 성취가 불가능한 것이라면 상담자는 내담자가 실생활에서 실현이 가능한 것을 찾아내도록 돕고, 현실적이고 성취가 가능한 것을 목표로 설정하도록 협상하고 조정하여야 한다.

(7) 목표 수행은 힘든 것이라고 인식하기

✔ 사람들은 불편해도 익숙한 것을 하고, 새로운 행동을 시도하는 것을 주저하며, 실패한 경험이 있는 행동은 다시 시도하는 것이 더욱 어렵기 때문에, 목표가 아무리 작고 현실적이고 성취 가능한 것이라고 하여도 변화를 시작하는 것 자체가 힘든 일인 것을 내담자가 인식하도록 해야 한다. 그리고 만일 목표에 도달하지 못했더라도 이것을 단순히 좀 더 열심히 해야 할 일이 남아 있다는 신호일 뿐으로 생각하게 하여 여유를 줄 수 있다.

✔ 교육사각지대 학습자의 부모로 하여금 목표를 달성하는 일이 쉽지 않은 일일 것이라고 미리 알려주는 것이 중요하다. 목표를 달성하지 못했을 때의 좌절감과 실망감을 경험하는 것이 당연하지만, 목표를 달성하는 것만큼 중요한 것은 목표를 달성하기 위해 부모가 직접 여기에 있고, 노력을 하기 위해 왔다는 사실이다.

출처: 오미성 (2007). 정서 · 행동장애 유아의 부모에 대한 해결중심 단기가족상담 일 연구. 공주대학교 석사학위논문.

❸ 전개 2(30분): 해결중심상담의 기법

1) 해결중심상담의 기법

"상담의 목표를 구체적이고 명확하게 설정하였다면, 본격적으로 상담을 시작할 텐데요. 상담을 할 때, 실제적으로 유용하게 쓰일 수 있는 여러 가지 기법들에 대해 배워보도록 하겠습니다."

강의자료-교수자용

■ 해결중심상담의 기법에는 어떤 것들이 있나?

1) 협력관계 맺기

✔ 경청하기, 감정 반영하기, 목표 설정하기, 현재에 집중하기, 질문하기의 기법을 통해서 내담자를 보다 더 공감하고 존중한다.

2) 칭찬하기

✔ 주로 첫 회기에 유용하게 쓰이는 방법으로, 내담자가 변화에 대해 자신감을 갖도록 격려하는 데 도움이 되는 방법이다.

✔ 칭찬의 세 가지 형태: 직접 칭찬, 간접 칭찬, 자기 칭찬

✔ 직접 칭찬: 내담자의 성공적인 행동을 관찰하는 것에 기초하여 칭찬하는 것으로 내담자로 하여금 그들의 성공적인 행동에 집중하도록 돕는다.

✔ 간접 칭찬: 가족과 친구들의 관점으로 내담자에게 질문하는 방식으로 이루어진다. (예: 어떻게 그렇게 할 수 있었습니까?)

✔ 자기 칭찬: 내담자가 자신의 성공 경험이나 능력에 대한 내용이 담긴 대답을 할 수 있는 질문 방식이다.

✔ 이 때, 주의할 점은 상담자는 평가자의 입장이 아님을 기억하고, 겸손한 태도를 보이도록 해야 한다.

3) 치료 전(pre-therapy) 변화

✔ 상담 약속을 잡은 후 상담실에 오기 전까지 일어난 변화를 탐색한다. 상담 약속을 잡는 행동 자체가 이미 변화를 위한 긍정적인 지표가 되었기 때문이다.

✔ "상담 약속을 잡기 위해서 지난번 전화 통화를 한 이후, 당신의 문제에 있어서 어떤 달라진 점이 있나요?"

✔ 이런 방식으로 내담자에게 상담자가 해결책을 제시해 주기보다는 변화를 가져올 수 있는 내담자의 능력에 집중할 수 있다.

4) 대처 질문

✔ 내담자가 문제에 어떻게 대처하는지를 묻는 질문으로, 이러한 질문을 함으로써 내담자가 어떻게 문제에 대처하는지를 알게 되면 상담자는 내담자의 문제 대처 기술을 보강할 수 있다.

✔ '~할 때'라는 말이 '만약에 ~라면'을 사용하는 것보다 좋다. 왜냐하면 '~할 때'라는 단어는 변화가 반드시 일어날 것이라는 의미를 내포하고 있기 때문이다. 예를 들어, '이 점수를 3점에서 5점으로 올릴 때는...'이라고 질문하는 것이 '만약에 당신이 이 점수를 3점에서 5점으로 올릴 수 있다면...'이라고 질문하는 것보다 효과적이다.

- ‘그 일을 어떻게 하셨습니까?’라는 질문은 내담자가 과거의 어려운 상황을 다루었던 방법과 자원에 대해서 생각해 볼 수 있도록 한다.

5) 기적 질문

- 이 기법은 해결중심 심리치료에서 가장 중요한 기법들 중 하나이다.
- ‘기적 질문’은 내담자가 어떻게 느끼고 생각하는지에 대한 질문이다.
- “상상해봅시다. 당신이 잠든 사이 기적이 일어났습니다. 그리고 우리가 이야기했던 고민들이 사라졌습니다. 당신은 잠을 자고 있었기 때문에 당신은 아직 기적이 일어났다는 사실을 알지 못합니다. 그런데 당신이 잠에서 깨어났을 때, 당신에게 기적이 일어났다면 그걸 알 수 있는 첫 번째 신호는 무엇일까요?”
- 이 질문을 할 때는 내담자에게 질문에 대해서 생각해 보고, 더 나은 미래에 대해서 논의할 시간을 충분히 주어야 한다. 이 질문에 응답하는 것을 통해서 변화 목표를 구조화하게 된다.
- 이 질문에 내담자가 종종 깊이 생각하지 않고 쉽게 대답하는데, 그럴 경우 상담자는 보다 간단한 형태로 다시 질문할 수 있다. “그 밖에 다른 것들이 있다면요?” 이 질문을 통해 내담자는 더 잠재적인 해결책이나 목표에 보다 가까이 다가갈 수 있기 때문이다.

6) 척도 질문

- 해결중심 심리치료의 많은 장면에서 자주 사용된다.
- 척도 질문은 내담자가 목표를 설정하고 진행 정도를 측정하는 데 도움이 된다. 또한, 변화 행동을 실행함에 있어서 우선순위를 정하는 데 유용하다.
  - 예 0에서 10까지의 숫자 중에서 0점은 최저를 의미한다고 할 때 오늘 당신은 어디에 위치하고 있습니까? 당신이 현재 고민하고 있는 문제들로 볼 때 당신이 머물고 있는 점수대가 현재로서 충분히 좋다고 생각하나요? 점수가 아래로 떨어지지 않도록 하기 위해서 당신은 어떤 일을 하거나 혹은 하지 않아야 하나요? 당신의 점수가 높아졌을 때, 당신에게 어떤 일이 일어난 것일까요?
- 척도 질문을 사용하여 내담자의 동기를 이끌어낼 수도 있다. 척도를 통해 내담자의 동기 수준을 수치화하고 내담자가 가진 문제를 해결하기 위해서 실천해야 하는 행동 방안들을 끌어내는 질문을 할 수도 있다.

7) 예외 질문

- 내담자가 어떤 행동을 했을 때 전과 달리 문제가 일어나지 않았던 때가 있었다면 그 상황에 대해서 질문해 보는 것이다.
- 때때로 예외 질문은 기적 질문에 이어서 직접적으로 사용된다. “조금 전에 이야기한 기적 상황이 아주 조금이라도 일어난 적이 있습니까?”, “지금 이야기한 기적이 실제로 일어났던 적에 대해서 말씀해 주실 수 있으십니까?”

8) 첫 회기의 과제

✔ 해결중심 상담자는 변화의 중요성을 강조할 뿐만 아니라, 변화는 반드시 피할 수 없는 것이라는 것을 보여주기를 원한다.

✔ 첫 회기가 끝날 즈음에 내담자의 관심을 현재에서 미래로 전환한다.

✔ "지금부터 한 주간을 관찰한 후에 다음 회기에서 당신의 일상(가족, 삶, 결혼생활, 관계 등)에서 계속 일어나길 원하던 것 중에서 어떤 일이 일어났는지 이야기해 주었으면 합니다."

✔ 여기에는 변화가 반드시 일어날 것이라는 기대가 담겨 있다.

✔ 이러한 질문은 내담자가 자신의 고민에 대해 이야기를 하고 그 상황에 대한 자신의 관점을 표현한 후에 이루어지는 것이 좋다. 이를 통해서 내담자는 변화를 위해 노력하기에 앞서 이해받았다고 느끼기 때문이다.

9) 메시지

✔ 회기에 대한 메시지 형식의 글로 쓴 피드백을 내담자에게 주기 위해서 5-10분 정도 일찍 회기를 마무리한다.

✔ 메시지를 통해서 내담자는 긍정적인 피드백을 받게 되고 이를 통해서 내담자의 목표 달성 정도를 요약하게 된다. 이 과정을 통해 내담자의 변화와 목표들 사이를 연결해주는 가교가 만들어지게 된다.

✔ 또한 메시지를 통해서 내담자에게 과제를 제시하기도 한다. 관찰 과제(observational task; 문제들을 보다 더 잘 다루었을 때나 내담자가 일어나길 바라던 어떤 일이 실제로 일어난 경험 등 긍정적인 변화들에 주목)를 제안하기도 하고 행동 과제(behavioral task; 다르게 행동하기 혹은 마치 문제가 다 해결된 것처럼 행동하기)를 제시하기도 한다.

출처: 천성문, 김진숙, 김창대, 신성만, 유형근, 이동귀, 이동훈, 이영순, 한기백 (2013). **심리치료와 상담이론: 개념 및 사례**. 서울: 센게이지러닝코리아.

"이렇게 현실적이고 성취 가능한 작은 목표를 설정하여 부모의 어려움을 해결해나가는 시작 지점에서 앞에서 배웠던 해결중심상담의 기법들을 다양하게 적용해볼 수 있을 것입니다. 기법은 내담자가 교육사각지대 학습자의 부모로 특정된다고 해서 크게 달라지는 점은 없습니다."

❹ 마무리(2분)

"오늘은 해결중심상담의 필요성, 목표, 기법을 이해하고, 이를 교육사각지대 학습자의 부모 상담에 어떻게 적용해볼 수 있을지에 대해 살펴보았습니다. 어떠셨나요? 해결중심상담이 실제 현장에서 활용된다면 어떻게 활용해 보실 수 있을까요? 다음 시간에는 구체적인 예시와 함께 해결중심상담의 원리를 적용하여 모의 상담을 해보도록 하겠습니다."

총론 6회기
해결중심상담의 적용

Ⅰ. 개관

❶ 회기 소개

이번 회기에서는 교육사각지대 학습자의 부모 상담을 위해 알아두면 좋을 상담이론인 해결중심상담에 대해 살펴본다. 학교 장면에서 교사가 부모를 상담할 때는 일반 심리상담처럼 장기적으로 매주 1시간씩 만나서 상담을 하는 경우는 거의 없다. 특히, 교육사각지대 학습자의 부모는 적극적으로 상담에 참여할 정도로 교사에 대해 우호적인 태도를 취하지 않는 경우가 대부분이다. 이러한 상황적 특성을 고려했을 때, 교사는 빠른 시간 내에 효과적으로 상담 효과를 낼 수 있는 방법을 취해야 한다. 이럴 경우에 가장 활용도가 높은 상담이론이 바로 '해결중심상담'이다. 따라서, 이번 회기에서는 이러한 해결중심상담의 필요성과 개념, 목표, 그리고 실질적으로 적용해볼 수 있는 세부적인 기법들을 부모 상담 사례와 연계하여 적용하는 연습을 한다.

❷ 목표

- 해결중심상담의 원리를 학부모와의 상담에 적용하기

Ⅱ. 회기 진행

회기 구조

회기	총론 6회기	제목	해결중심상담의 이해 2	
목표	• 해결중심상담의 원리를 학부모와의 상담에 적용하기			
준비물	PPT, 프린트물(워크시트)		시간	60분

과정	내용	시간(분)
도입	○ 활동명: 해결중심상담의 목표와 기법 복습하기 ○ 활동 목표: 해결중심상담의 목표와 기법의 원리를 이해한다. ○ 활동 내용: 1) 퀴즈 - 퀴즈를 활용하여 해결중심상담의 원리, 목표, 기법 등을 복습하기	5분
전개(1)	○ 활동명: 해결중심상담의 예시 ○ 활동 목표: - 해결중심상담의 예시를 보면서 어떻게 적용될 수 있는지 이해한다. ○ 활동 내용: 해결중심상담의 예시 읽기	10분
전개(2)	○ 활동명: 해결중심상담의 적용 ○ 활동 목표: 해결중심상담의 개념, 목표와 기법을 교육사각지대 학습자의 부모 상담 사례에 적용해볼 수 있다. ○ 활동 내용: 4명씩 조별로 서로 다른 사례에 적용해보기 - 조별 토론 및 논의 - 조별 발표	40분
정리	○ 활동명: 회기 마무리 및 다음 회기 안내 ○ 활동 목표 및 내용: - 해결중심상담 개념 확인 문제로 복습 - 다음 회기(총론 7회기) 안내	5분

❶ 도입(5분)

"이번 시간에는 저번 시간에 이어 해결중심상담에 대해 살펴보도록 하겠습니다."

"시작하기에 앞서 저번 시간에 배운 내용에 대해 간단히 퀴즈를 풀며 개념들을 되짚어보겠습니다."

강의자료-교수자용

- Q1. 해결중심상담은 문제의 ○○이나 ○○보다는 ○○○을 중요하게 다룬다.
- Q2. 해결중심상담은 내담자의 ○○을 바탕으로 내담자가 미래에 대한 ○○○ 관점을 갖게 하여 다양한 문제의 해결 방법을 갖도록 한다.
- Q3. 해결중심상담은 과거 문제 상황에서 대처했던 방식을 서서히 멈추게 하고 00 방법을 시도하게 한다.
- Q4. 해결중심상담에서는 내담자가 ○○에 대해 가지고 있는 ○○을 평가한다.
- Q5. 해결중심상담의 목표는 ○○하고, ○○적으로 정한다.
- Q6. 다음의 예시문은 어떤 해결중심상담의 기법인가요?

* PPT에서 좀 더 구체적으로 보여줄 예정. PPT 참고.

❷ 전개 1(10분)

"실제 상담에서 어떻게 해결중심상담의 내용이 적용이 되는지 예시를 보면서 이해해보도록 하겠습니다."

"먼저 예시를 보기 전에 실질적으로 교육사각지대 학생의 부모를 상담할 때 어떤 유용한 질문들이 있는지 살펴보도록 하겠습니다."

강의자료-교수자용

■ **교육사각지대 학생의 부모를 상담할 때 무엇을 질문할 것인가?(유용하게 사용할 수 있는 몇 가지 질문 사례들)**

✔ 예외 상황을 세밀하게 탐색하는 질문: 어머니/아버지는 그러한 상황에서 자녀에게 어떤 반응을 보이나요?

✔ 그러한 반응은 즉흥적인 것인가요, 아니면 신중한 고려를 통해 내려진 의도적인 것인가요?
✔ 이러한 예외 상황과 관련하여 부모님의 입장에서 볼 때 어떤 것이 가장 유익한 것이라고 보시나요?
✔ 다른 가족구성원들이 미치는 영향은 무엇인가요? 그들이 어떻게 도움이 되나요?
✔ 조부모님을 포함한 다른 가족은 어떤 것이 가족에게 가장 도움이 될 것이라 말씀하시나요?
✔ 가장 친한 친구들은 부모님이 가족을 위해 행하는 것 중에서 어떤 것이 가장 도움이 될 것이라고 말하나요?
✔ 자녀로 하여금 완벽한 10점의 상태에 도달하도록 가르치려는 부모님의 결단은 어느 정도인가요?
✔ 부모님은 어떻게 자녀를 놀라게 할 수 있나요?
✔ 부모님은 자녀와 함께 공공장소에 나타나는 것을 좋아하나요?

출처: Insoo Kim Berg & Therese Steiner 공저. 유재성 · 장은진 공역 (2009). **아동과 청소년을 위한 해결중심 상담**. 서울: 학지사.

"이제 이러한 해결중심접근의 질문들과 지금까지 배웠던 해결중심상담이론의 원리 및 기법을 적용하여 실제로 어떻게 상담이 이루어질 수 있는지 교사와 부모의 상담장면을 살펴보도록 하겠습니다."

강의자료-교수자용

■ **목표 설정 초기**

- 상담자: 여기에 와서 저와 대화를 나눈 것이 도움이 되었다고 말하려면 오늘 어떤 일이 일어날 필요가 있을까요?
- 어머니: ○○이는 아주 힘든 심각한 문제를 갖고 있어요. 어렸을 때부터 힘든 아이였어요. 사소한 것에도 감정이 폭발하곤 했는데, 저를 더 힘들게 하는 것은 커가면서 그런 특성이 나아지기보다 더 악화되는 것 같다는 거예요. 크면 좀 나아지려니 했는데 오히려 더 악화된 것 같아요. 학교에서도 아시다시피 다른 아이들을 때리고 밀치고 물기까지 해요.
- 상담자: 정말 ○○이에 대해 걱정이 많으시겠어요. 그러면 ○○이가 다른 아이들을 밀치고, 때리고, 발로 차고, 물고, 감정을 폭발시키는 대신 무엇을 하면 좋으시겠어요?
- 어머니: 어쩌면 타고난 것일지도 모르겠어요. ○○이의 아빠도 그랬거든요. 정말 성격이 급하고 인내심도 바닥이예요.

• 상담자: ○○이가 무엇을 하는 것을 보면 이런 타고난 것처럼 보이는 문제가 조금 나아지고 있다고 말할 수 있을지 궁금하네요.

• 어머니: 저는 이 아이가 "아니요."라고 하는 대답을 받아들이고 다른 아이들에게 잘 대할 수 있으면 좋겠어요. 하도 공격적이다보니 다른 아이들이 쉬는 시간에 함께 놀기를 원하지 않아요.

• 상담자: 그러니까 ○○이가 다른 아이들과 잘 놀고, 친구도 더 많이 사귀고, 규칙도 잘 따르는 아이가 되기를 원하시는 것 같네요.

• 어머니: 맞아요. ○○이는 어디를 가든지 거기에는 지켜야 할 규칙들이 있다는 것을 알아야 해요. 다른 아이들이나 어른들이랑 잘 어울리고, 사람들의 말에 귀 기울이는 것을 배워야 해요.

• 상담자: 네, ○○이가 지금 8살이라고 하셨는데 충분히 그러한 요구를 할 수 있다고 생각돼요. 그러면 좀 더 구체적으로 아이가 무엇을 하는 것을 보면 ○○이가 지금 다른 아이들이나 어른들과 잘 어울리는 법을 배우고, "아니요."라는 대답을 수용할 줄 알며, "어른들의 말에 귀 기울일 줄 아는구나."라고 말할 수 있을까요?

• 어머니: 나는 ○○이가 항상 성인의 말에 귀를 기울일 것을 기대하는 것은 아니에요. 그렇지만 그런 일이 일어난다면, 가끔 한 번씩은 선생님의 말에 귀를 기울이겠죠. 저와 할머니의 말씀에도 그렇고요. 그리고 항상 무엇이든지 자기 맘대로 하려고 하지 않겠죠.

✔ 이 대화가 보여 주는 것처럼, 어머니는 점점 더 확고하고 구체적으로 멜로디의 해결 상황을 묘사하기 시작한다. 이처럼 일관성 있게 해결 상황을 탐색하면서 우리는 두 가지 유익을 얻을 수 있다. 첫째, 보다 현실적인 목표를 세우기 시작한다. '항상' 성인의 말에 귀를 기울이는 것이 아니라 '가끔 한 번씩' 그렇게 되기를 기대하는 것이다. 둘째, 좀 더 분명하고 확고하게 된다. 일단 해결적인 차원에서 기대하는 ○○이의 행동을 언급한 어머니는 ○○이가 그런 노력을 보이거나 그런 방향으로 나아지는 모습을 볼 수 있는 가능성이 커진다. 그래서 ○○이가 어머니를 기쁘게 하려고 노력하는 모습이 보이기 시작하면 이들의 관계는 더 개선되기 쉽고, 이는 다시 ○○이로 하여금 더 나은 행동을 하도록 동기부여를 하는 요소가 될 수 있다.

■ 아이의 문제 이면에 있는 이유 '이해하기'

• 어머니: 저는 ○○이가 왜 그렇게 고집이 세고 항상 자기 마음대로 하려고 하는지 그 이유를 알고 싶어요. 다른 형제들은 그렇지 않은데요.

• 상담자: 네, ○○이가 왜 그러는지 알고 싶으신 것이 당연하지요. 그런데 그냥 그 이유를 이해하고 싶으신 건가요, 아니면 ○○이가 그 문제에 대해 무언가 좀 달라진 행동을 하길 원하시는 건가요?

- 어머니: 좋은 질문이시네요. ○○이가 좀 달라졌으면 좋겠어요. 제 삶이 좀 수월해지면 좋겠구요. 저는 ○○이와 잘 지내고 싶어요. 아이가 해야 할 일들 때문에 지금처럼 사사건건 싸우는 일이 없으면 좋겠어요. 늘 잔소리하고 싸우다 보면 너무 힘들고 지쳐요.
- 상담자: 자, 그러면 ○○이가 사사건건 어머니와 싸우지 않고 자신이 해야 할 일들이 있다는 것을 인정하고 수용할 줄 알게 된다고 가정해봅시다. 이 상황에서 ○○이는 이전에 하던 행동 대신에 어떤 일을 할 것이라고 생각하시나요?
- 어머니: 글쎄요, 먼저 역겨운 표정을 하면서 크게 한숨 쉬지 않을 것이고, 눈을 이리저리 굴리며 딴청을 하지 않겠죠. 그럴 때면 정말 뺨이라도 때려주고 싶어요. 하지만 그렇게 하지 않으려고 대개 제가 그 자리를 피해 버리고 말죠.
- 상담자: 그러면, ○○이는 이전에 보인 태도나 행동 대신 무엇을 할 것이라고 생각하세요?
- 어머니: 얼굴이 좀 펴지겠죠. 그냥 그렇게 하면 되잖아요. 어쩌면 이것도 너무 많은 요구일지 모르겠어요. 하지만 ○○이는 왜 다른 아이들처럼 되지 못하는 거죠?
- 상담자: ○○이가 그렇게 얼굴을 펴고 다닌다고 가정해 봅시다. 어떻게 그런 일이 일어날지는 모르겠어요. 하지만 일단 그렇다고 상상해보세요. 그러면 어머니와 ○○이 사이에 어떤 변화가 일어날까요?
- 어머니: 그러면 저도 평소에 ○○이한테 했던 방식에서 벗어나 아이를 위해 더 많은 것을 해 주고 싶겠죠. 예를 들면, ○○이가 좋아하는 저녁을 해 주고, 친구와 함께 자고 올 수 있도록 허락할 수도 있을 거예요. ○○이가 하고 싶은 것을 하도록 해 주는 거죠.

✔ 이 대화에서 보듯이, ○○이의 어머니는 비교적 짧은 시간에 상황이 조금 더 나아졌다고 볼 수 있는 행동 지표들을 찾아냈을 뿐만 아니라, 자신을 그 해결 과정에 참여시킬 수 있었다. 어머니가 ○○이뿐만 아니라 자신도 어떻게 변화될 수 있을지 탐색하게 된다면 치료 기간은 훨씬 짧아질 것이다. ○○이를 대하는 어머니의 행동이 긍정적으로 변화되면 ○○이 또한 어머니의 기대에 긍정적으로 반응할 가능성이 높아지기 때문이다.

■ 자녀가 먼저 변화되기를 원하는 부모

- 상담자: 자, 그러면 우리가 이야기한 것처럼 어머니가 원하시는 대로 ○○이가 그 모든 것들을 한다고 가정해 봅시다. 그러면 ○○이는 어머니가 어떻게 달라질 것이라고 말할까요?
- 어머니: 정곡을 찌르셨네요. 사실 저는 제 아이를 얼마나 알고 있는지 모르겠어요. 아이의 머릿속에서 어떤 일이 진행되고 있는지 도대체 알 수가 없어요. 그러나 상상해 보면, 제가 좀 차분해지고, 자기에게 기분 좋게 말을 건네며, 아침에는 자신을 보며 "좋은 아침!" 하며 아침 인사를 나눌 것이라고 말할 것 같아요. 그

렇지만 그렇게 하기는 정말 힘들어요. 아이는 아침에 일어나면서부터 밤에 잠들 때까지 저를 너무 힘들게 하거든요.

- 상담자: 아침에 어머니가 ○○이에게 “좋은 아침!” 하고 말을 건네면 따님은 무엇을 하겠다고 말할까요?
- 어머니: 제 딸에게 그렇게 말해 본 지도 꽤 오래되었네요. 그렇게 말을 건네면 ‘엄마가 오늘 아침에 뭘 잘못 먹었나.’라고 생각할 것 같아요.
- 상담자: ○○이가 엄마가 진심으로 그렇게 이야기했다는 사실을 알게 되면, 오늘 아침에 하지 않은 어떤 다른 행동을 할 것이라고 보시나요?
- 어머니: 그러면 마음이 차분해지고 기분도 좋아지겠죠. 가족에게 말을 툭툭 내뱉으며 다니지도 않고요. 그리고 제가 잔소리하지 않아도 아침식사를 하고 스스로 알아서 학교 갈 준비를 하겠죠.

✔ 이처럼 내담자와 대화를 나눌 때 치료자는 목표 설정을 위한 포인트를 찾아내기 위해 상대방의 말을 선택적으로 듣는 법을 배워야 한다. 앞의 사례에서, 상담자는 자꾸 문제 중심의 대화로 돌아가는 어머니를 해결의 구체적인 상황에 대해 이야기하도록 유연하게 인도하고 있다. 우리가 현장 경험을 통해 발견한 사실에 따르면, 문제 중심의 대화에 오래 젖은 내담자일수록 문제 대신 개인적인 바람에 대해 생각하고 이야기하기까지 더 오랜 시간이 걸린다는 것이다.

출처: Insoo Kim Berg & Therese Steiner 공저. 유재성 · 장은진 공역 (2009). **아동과 청소년을 위한 해결중심 상담**. 서울: 학지사.

❸ 전개 2(30분): 해결중심상담의 적용(4인, 그룹활동)

“지금까지 배웠던 해결중심상담의 개념, 목표, 기법들을 활용하여 교육사각지대 학습자의 부모 상담 장면에 모의로 적용해봅시다. 조별로 서로 다른 상황을 드릴테니 상담자, 내담자 시나리오를 작성하여, 발표해봅시다.”

강의자료-교수자용

✔ 상황1: 전반적으로 수업에 집중을 못하고, 학습태도가 비협조적인 아이 & 자녀에게 지나친 집착과 관심을 보이는 부모
✔ 상황2: 무기력하고 우울한 아이 & 자녀에게 무관심한 부모
✔ 상황3: 규칙준수, 생활습관 형성이 안 되는 아이 & 교사를 불신하고 부정적인 태도를 보이는 부모
✔ 상황4: 또래관계에 어려움을 보이는 아이 & 교사에게 지나치게 친근하게 다가서는 부모

❹ 마무리(5분)

"오늘은 해결중심상담을 교육사각지대 학습자의 부모 상담에 어떻게 적용해 볼 수 있을지에 대해 살펴보았습니다. 어떠셨나요? 해결중심상담이 실제 현장에서 활용된다면 어떻게 활용해 보실 수 있을까요? 다음 시간에는 상담 상황별 상담 기법에 대한 첫 번째 시간으로 전화 상담과 문자 상담에 대해 알아보겠습니다."

활동자료 총론 6-1

시나리오 써보기

◆ 조별로 주어진 상황별로 상담자, 내담자가 말을 주고받는 시나리오를 작성해봅시다.

- 상황1: 전반적으로 수업에 집중을 못하고, 학습태도가 비협조적인 아이 & 자녀에게 지나친 집착과 관심을 보이는 부모
- 상황2: 무기력하고 우울한 아이 & 자녀에게 무관심한 부모
- 상황3: 규칙준수, 생활습관 형성이 안 되는 아이 & 교사를 불신하고 부정적인 태도를 보이는 부모
- 상황4: 또래관계에 어려움을 보이는 아이 & 교사에게 지나치게 친근하게 다가서는 부모

- 상담자 :
- 내담자 :

- 상담자 :
- 내담자 :

- 상담자 :
- 내담자 :

- 상담자 :
- 내담자 :

- 상담자 :
- 내담자 :

- 상담자 :
- 내담자 :

- 상담자 :
- 내담자 :

- 상담자 :
- 내담자 :

- 상담자 :
- 내담자 :

- 상담자 :
- 내담자 :

총론 7회기

상담 상황별 상담 기법 1

Ⅰ. 개관

❶ 회기 소개

이번 회기에서는 교사가 가장 흔하게 접하게 되는 학부모 상담 장면을 다루게 된다. 학교 현장에 있다 보면 학부모와 직접 만나서 상담을 하는 경우도 많지만, 전화로 상담하게 되는 경우가 더 많으며, 이메일 상담을 하게 되는 경우도 있다. 대면하여 말로 소통하는 것이 아니라 전화상으로 소통하거나 글로 서로의 입장을 전하고 상호작용하는 경우이다 보니 오해나 갈등이 더 쉽게 발생하기도 한다. 그러나 학생을 교육함에 있어 학부모와 교사의 소통은 필수불가결할 뿐 아니라 교육사각지대 학생이라면 더욱 그러하다. 이번 회기에서 교사와 학부모의 협력을 위하여 전화와 이메일 상담을 이해하고 연습해 보도록 한다.

❷ 목표

- 교육사각지대 학부모 상담으로서 전화 상담과 이메일 상담이 이뤄지는 상황을 이해하기
- 전화 상담과 이메일 상담 과정의 유의점과 도움이 되는 상담적 요소 알기

Ⅱ. 회기 진행

회기 구조

회기	총론 7회기	제목	상담 상황별 상담 기법 1	
목표	• 교육사각지대 학부모 상담으로서 전화 상담과 이메일 상담이 이뤄지는 상황을 이해하기 • 전화상담과 이메일 상담 과정의 유의점과 도움이 되는 상담적 요소 알기			
준비물	PPT, 프린트물(워크시트)		시간	60분

과정	내용	시간(분)
도입	○ 오늘의 활동목표 소개	5분
전개(1)	○ 활동명: 전화 상담의 이해 ○ 활동 목표 - 전화 상담이 이루어지는 상황과 공식적인 관리, 대응 매뉴얼을 알게 된다. - 매뉴얼의 절차 과정 중 유의해야 할 사항과 도움이 되는 상담적 요소를 이해한다. ○ 활동 내용 1) 전화 상담이 이루어지는 상황 - 학생의 결석에 의해: 교육부 관리 대응 매뉴얼 소개 - 교사의 필요 시: 상담을 요청하게 되는 상황, 학부모가 느낄 수 있는 정서와 태도 - 학부모의 요청 시: 상담을 요청하게 되는 상황, 학부모가 느낄 수 있는 정서와 태도 2) 유의점 및 도움이 되는 상담의 요소 - 상담 시 제공되어야 할 내용 - 학생에 대한 관심 드러내기, 학부모의 어려움 알아주기, 학생의 어려움 전달하기, 지도 방법 및 교사 입장 전달하기, 구체적인 요구사항 혹은 방법 전달하기 - 상담적 개입: 라포 형성하기(주의집중, 경청, 감정반영, 재진술) - 개입의 목적 - 전화 상담 시 진술 방식 - 유의점: 방어적 태도, 비난, 간접적인 접근법 3) 상담 적용 연습(그룹 활동, 10분)	40분

전개(2)	○ 활동명: 이메일 상담의 이해 ○ 활동 목표: - 이메일 상담이 이루어지는 상황을 이해한다. - 유의해야 할 사항과 도움이 되는 상담적 요소를 이해한다. ○ 활동 내용: 1) 이메일 상담이 이루어지는 상황 - 연계지도 및 상황연락을 위해 부모에게 연락하는 경우 - 학생의 가정(부모)과 연락이 잘 안되는 경우 2) 유의점 및 도움이 되는 상담적 요소 - 일방적으로 전달하는 경향이 있어서 주의가 필요 - 도움이 되는 상담적 요소: 정보제공하기, 경계설정하기	10분
정리	○ 활동명: 마무리 ○ 활동 목표: 7회기를 마무리하고 8회기를 안내한다. ○ 활동 내용: 1) 학습 목표에 대하여 확인하고 정리하기 2) 8회기 안내	5분

❶ 도입(5분): 오늘의 활동목표 소개

“이번 시간에는 여러분께서 가장 흔하게 접하게 되는 학부모 상담 장면에 대해 직접 이야기해 보도록 하겠습니다. 학교 현장에 있다 보면 학부모와 직접 만나서 상담을 하는 경우보다 전화 혹은 이메일 상담을 접하게 되는 경우가 더 많지요. 그러나 대면하여 말로 소통하는 것이 아니라 글로 서로의 입장을 전하고 상호작용하다 보니 오해나 갈등이 더 쉽게 발생하기도 합니다. 그러나 아동을 교육함에 있어 학부모와 교사의 소통은 매우 효과적인 방법이 될 수 있습니다. 부모에게 아동의 객관적 상황을 알림으로써 학교에서 교사의 노력이 가정으로 연계되어 비교적 일관성 있는 중재를 가능하게 하기 때문입니다. 이 과정에서 보다 효과적으로 학부모를 상담할 수 있는 방법을 지금 이 시간 알아보도록 하겠습니다.”

❷ 전개 1(25분): 전화상담의 이해

1) 전화상담이 이루어지는 상황

(1) 학생의 결석에 의해: 교육부 관리 대응 매뉴얼 소개(교육부, 2019)

"교육부 관리 대응 매뉴얼에 따르면 초등학교, 중학교의 미입학, 무단 결석, 전학 후 무단결석 등의 경우 1-2일 경과하였을 때 교사가 학부모에게 유선 연락을 취하여 출석을 독려하도록 하고 있습니다. 그럼에도 3-5일까지 이어질 경우 앞선 회기에서 살펴보았듯이 가정 방문을 실시하게 되지요. 아동 결석 시에 학부모에게 학교 전화로 유선 연락을 취하여 상황을 확인하되, 연락이 닿지 않을 때에는 학교번호로 문자를 남기는 것이 좋습니다. 개인 휴대전화 번호로 문자를 남길 시에는 학부모에게 문자 연락에 대한 허용으로 비춰질 수 있기 때문이지요. 문자 상담은 전화 상담보다 접근성이 쉬워서 때로는 교사의 근무 외 시간에도 연락이 오가게 되는 등 사생활 침해의 우려가 있으므로 가급적 문자는 활용하지 않되, 불가피한 경우에는 학교 내선 번호로 문자를 남겨 회신을 요청하는 것이 좋습니다."

(2) 교사의 필요 시 / 학부모의 요청 시(강의자료 참고)
: 상담을 요청하게 되는 상황 / 학부모가 느낄 수 있는 정서와 태도

"다음으로 교사 여러분께서 필요에 의해 전화를 하시는 경우와 학부모가 직접 학교로 연락을 취하는 경우가 있습니다. 전자의 경우는 학생의 학교에서의 상황을 전달할 필요가 있거나 가정 내 상황을 알아야 하는 경우가 되겠지요. 먼저 전화해 보신 분 계신가요? (한두 사람 정도의 경험 듣기) 네, 나눠 주셔서 감사합니다. 먼저 전화를 할 때는 많은 고민 끝에 수화기를 드실 텐데요, 아마 긴장되는 마음이 없지 않을 것 같네요. 이런 경우, 교사의 연락을 받게 되는 학부모의 마음이 어떨지에 대해 반드시 고려되어야 할 것입니다. 한편, 후자의 경우 학부모들이 교사의 연락을 받을 때 염려를 느끼듯 교사분들도 마찬가지라는 생각이 드네요. 학부모의 연락을 받아보신 분들이 있으신가요? (한두 사람 정도의 경험 듣기) 네, 나눠 주셔서 감사합니다. 다른 분들도 비슷한 경험이 있으실 수도 없으실 수도 있는데요, 처음 전화가 왔을 때는 가슴이 철렁할 수도 있지만, 한편으로 학부모가 직접 전화한 경우는 적극적인 학부모로서 상담을 통한 변화를 이끌어 내기에 유리할 수도 있습니다.

오늘 함께 전화 상담의 경우 걱정스럽고 조급한 부모의 마음을 잘 알아주시면서 학교에서의 아동의 상황에 대해 전달하고, 교사의 입장 및 지도현황을 알리며 학부모에게 구체적인 요구사항 혹은 지도 방법을 전달하는 과정을 확인해 보도록 하겠습니다"

2) 유의점 및 도움이 되는 상담의 요소(강의자료 참고)

"전화상담 상황에 대해 조금 더 자세히 살펴보도록 하겠습니다. 전화 상담은 앞서 언급했던 교사가 요청하는 경우, 혹은 학부모가 요청했을 경우 이뤄지게 될 텐데요, 각각의 경우가 발생하는 상황과 학부모가 느낄 수 있는 정서와 태도, 상담 시 제공되어야 할 내용 및 목적을 살펴보겠습니다. 그리고 이 때 상담의 요소가 어떻게 적용될 수 있는지 구체적인 예를 들어 알아봅시다."

강의자료-교수자용

■ **전화상담이 이루어지는 상황**

① **학생의 결석에 의해: 교육부 관리 대응 매뉴얼 소개(교육부, 2019)**

② **교사의 필요시**

✔ **상담을 요청하게 되는 상황**(최수미, 유인화, 김동일, 박애실, 2018)

- 학교생활에서 문제가 발생했을 시에 상담을 요청하게 됨: **학습 및 인지적 차원**(학업동기가 낮고 학습능력이 떨어지는 아이들, 전반적으로 수업에 집중을 못하고 학습태도가 비협조적인 경우, 학습 성취도가 이전에 비해 현격히 낮아진 경우), **정서행동 차원**(무기력 및 우울한 아이들, 행동문제가 있는 아이들), **관계 차원**(또래 관계가 어려운 아이들), **일상생활 차원 및 환경적 차원**(규칙준수, 생활습관 형성이 안 되는 아이들, 아이의 태도가 갑작스럽게 변했을 경우)

✔ **학부모가 느낄 수 있는 정서와 태도**: 교사의 상담 요청에 부모는 먼저 당황스러워하고 놀랄 수 있음. 걱정, 염려 혹은 자신을 탓하는 것으로 느껴서 수치심이나 죄책감, 혹은 분노를 느낄 수도 있음. 부모 유형에 따른 연습은 주제영역에서 다루게 됨.

③ **학부모의 요청 시**

✔ **상담을 요청하게 되는 상황**

- 가정에서 문제가 발생했을 시에 상담을 요청하게 됨: 학교에 가고 싶어 하지 않는 경우, 학교 공부에 대한 강한 거부감을 보이는 경우, 성적이 과도하게 기대 이하이거나

갑자기 나빠진 경우, 학교에 대한 갑작스러운 태도 변화를 보이는 경우, 무기력하고 우울한 아이인 경우, 부모에게 지나치게 폭력적이거나 부모에게 대드는 경우, 또래 관계에 어려움을 보이는 경우. 심하게는 왕따 등의 학교 폭력 문제

✔ **학부모가 느낄 수 있는 정서와 태도**

- 걱정, 염려, 두려움, 막막함, 무력감, 양육에 대한 낮아진 자존감, 기대고 싶은 마음, 해결책을 찾고 싶은 답답함, 분노 등

■ **유의점 및 도움이 되는 상담의 요소**

① **상담 시 제공되어야 할 내용**

✔ 교사는 부모의 당황스러운 마음을 알아주고 상담의 목적이 학교-가정의 협력관계 형성이며 궁극적으로는 자녀를 돕는 데에 있음을 분명히 해야 함.

✔ 학생에 대한 관심 드러내기, 학부모의 어려움 알아주기, 학생의 어려움 전달하기, 지도 방법 및 교사 입장 전달하기, 구체적인 요구사항 혹은 방법 전달하기가 이루어져야 함.

✔ **학생에 대한 관심 드러내기**

- 학교에서 보이는 모습을 토대로 아동에 대한 관심 전달하기. 칭찬의 형태라면 학부모의 마음을 안심하게 하는 데 유용할 수 있음.

  예 "○○이가 학교에서 이런 모습을 보이더라구요. 어찌나 대견하던지요."

✔ **학부모의 어려움 알아주기**

- 학생을 양육하며 겪는 어려움에 대해 충분히 공감, 타당화 하기. 학부모의 입에서 나오는 아동에 대한 설명, 혹은 집에서의 모습에 대해 포착하고 그 부분에 대해 애쓰고 있는 모습을 알아주기: 학부모가 수치심을 느낌으로 인해 나타낼 수 있는 방어적 태도를 예방할 수 있음.
- 초기에 이 과정은 짧게 진행하되, 상담을 진행하면서 과정 곳곳에서 이루어져야 함. 순간 순간 드러나는 학부모의 어려움의 경험에 대한 공감과 타당화는 학부모의 조력을 증진할 수 있음.

  예 "날마다 애를 많이 쓰고 계셨군요."
  "노력해도 변화가 없었으면 얼마나 힘이 빠지실까요."
  "포기하셨다고 하시지만 계속 애써주고 계시네요. 부모기에 가능한 일이죠." 등

✔ **학생의 어려움을 전달하기**

- 학생이 학교에서 보이는 모습을 최대한 객관화하여 전달하되, 문제시하거나 학부모를 비난하는 뉘앙스 주지 않기. 주제영역에서 이야기하게 될 어려움 유형을 기준으로 학교에서 보이는 모습을 전달하면 좋음.
- 어려움 유형: 학습 및 인지적 차원(학업 동기가 낮고 학습능력이 떨어지는 아이들), 정서행동 차원(우울한 아이들, 행동문제가 있는 아이들), 관계 차원(또래 관계가 어려운 아이들), 일상생활 차원 및 환경적 차원(규칙준수, 생활습관 형성이 안 되는 아이들) 등

예 "○○이가 학교 공부에 어려움을 느끼는 것 같습니다", "○○이가 **과목에서는 평균 이상인 반면, 다른 과목들에서는 평균을 밑돌고 있습니다", "○○이가 종종 규칙을 잘 지키지 않을 때가 있습니다", "○○이가 학교에 늦게 등교하는 날이 일주일에 4일 정도 됩니다", "○○이가 학교에서 혼자 있는 시간이 많은 것 같습니다", "○○이가 얼마 전 우울검사에서 점수가 높게 나왔습니다" 등.

- 처음 어려움을 전달할 때는 교사의 평가, 판단의 무게는 줄임으로써 부모가 듣고 자녀에 대해 판단할 수 있도록 돕기. 이 과정에서 다시 한 번 학부모의 어려움을 알아주는 것은 대화를 협조적으로 이어가도록 하는 데 도움이 됨.
- 학부모의 입장을 충분히 들은 이후 교사가 염려하는 부분, 지도사항, 더 나아질 수 있다고 생각되는 가능성 등은 "지도방법 및 교사의 입장 전달하기"에서 전달하기.

✔ 지도방법 및 교사 입장 전달하기

- 교사가 어떻게 지도하고 있으며 경과는 어떠하였는지, 어떤 부분에서 변화가 있지만 어떤 부분에서는 변화가 없는지 전달하기. 변화가 없거나 학생이 비협조적인 태도를 보이는 부분에 대해 부모의 의견을 묻기. 가정에서 어떠한지에 대해 묻고 파악하기. 부모에게 구체적인 요구사항을 전달하기 위해 필요함.

✔ 부모가 궁금해 하는 부분, 도움받고 싶은 부분, 어려워하는 부분에 대해 충분히 물어보고 듣기. 부모의 입에서 나오는 말들을 경청하는 것은 학생을 돕는 실마리를 얻을 수 있을 뿐만 아니라, 부모를 조력자로서 여긴다는 것을 전달할 수 있는 효과적인 방법임.

✔ 구체적인 요구사항 혹은 방법 전달하기

- 교사가 판단한 부모가 해야 하는 역할에 대해 전달하기. 학교-가정의 협력에 대해 터놓고 대화하고 방안을 모색하기. 필요한 부모교육의 내용 전달하기.
- 자녀에 대한 부모의 바람을 확인하기. 이를 통해 교사의 요청과 부모교육 내용에 대한 당위성이 발생하며, 부모 스스로 의지를 다질 수 있음.
- 단, 이 과정에서 부모가 평가받거나 비난 받는다는 느낌이 들지 않도록, 부모를 조력자로서 대하며 정보를 전달해야 함.

  예 "어머니의 바람처럼 저도 ○○이가 ~하게 되길 바라요. 저와 같은 마음이시네요."
  "저는 학교에서, 어머니는 댁에서 함께 ○○이에게 ~할 수 있다면 ○○이가 변화하는데 도움이 많이 될 것 같아요.

✔ 상담적 개입: 라포 형성하기(주의집중, 경청, 감정반영, 재진술)

- 전화 상담의 특성상 대면하지 않기 때문에 라포 형성하기는 매우 중요함. 앞서 언급한 내용들을 다루면서 학부모의 의견이나 생각에 대해 재진술하고, 아이에 대해 느끼는 학부모의 다양한 감정들을 교사가 반영하여 돌려주는 것만으로도 학부모는 교사에

게 공감대를 형성하여 조력자로 느낄 수 있음.

- 전화의 특성상 주의집중을 시각적으로 표현할 수는 없으나, '음, 아' 등의 반응과 감정반영, 재진술을 통해 주의집중하고 있음을 드러낼 수 있음. 교사가 자신의 이야기를 듣고 있다는 사실은 평가적이지 않은 분위기를 형성하는 데 도움이 됨.

  예 감정반영 – "어머니, 그럴 땐 많이 힘드셨겠어요(걱정되셨겠어요, 실망하셨겠어요)"
  재진술 – 학부모: "○○이가 초등학교 때부터 그랬어요"
  교　사: "초등학교 때부터 그랬군요."

② **유의점: 방어적 태도, 비난, 간접적인 접근법**

✔ 학부모는 교사가 하는 자녀에 대한 말들을 통해 자신이 평가받거나 비난 받는다고 느낌으로써 수치심, 죄책감을 느끼거나 혹은 분노, 적대감으로 인해 방어적 태도를 가질 수 있음. 그러므로 교사는 이 부분에 대해 유의해야 함.

✔ 교사도 학부모도 학생의 어려움에 대하여 서로가 방어적으로 대할 수 있음. 그러므로 교사가 학부모를 대할 때에 학생이 보이는 어려움에 대해 교사와 학부모가 누군가의 책임 소재로 잘잘못을 따지려는 대화가 되지 않도록 주의해야 함. 이를 위해서는 어려움에 대해 있는 그대로 이야기하고, 평가적인 대화보다는 사실적이고 객관적으로 어려움을 다룰 필요가 있음.

✔ 교사 자신이 먼저 학부모에 대해 비난하는 마음이 없는지 살펴 보아야 함. 문제의 원인을 가정에 상정하고 학부모를 대할 때 이러한 태도를 보인다면 학부모는 비난받는 기분으로 인해 방어적이거나 되려 교사를 비난하는 태도를 보일 수 있음. 학부모와의 협력을 위해서는 학생이 보이는 어려움의 귀책을 대화의 소재로 삼지 않는 것이 도움이 됨.

✔ 학부모가 먼저 자신의 죄책감, 혹은 가정에서 잘못했던 부분에 대해 이야기한다면 충분히 대화의 소재로 삼고 부모교육으로 이어갈 수 있음.

✔ 아이의 어려움에 대해 말하기 조심스러워서 지나치게 간접적으로 말하거나 돌려 말할 경우 되려 학부모는 답답해할 수 있고, 서로의 진솔한 마음이 숨겨질 수 있음. 그러므로 대화 초기 라포 형성을 위해서는 조심스러움을 가지고 대화할 수 있으나, 학생의 어려움 또는 아이에 대한 이야기를 이어갈 때는 지나친 간접적 대화를 지양해야 함.

3) 상담 적용 연습(10분, 활동지 작성)

"위에서 언급한 전화 상담이 이루어지는 상황에 대해 활동지를 작성해 보도록 하겠습니다."

❸ 전개 2(10분): 이메일 상담의 이해

1) 이메일 상담이 이루어지는 상황

(1) 연계지도 및 상황연락을 위해 부모에게 연락하는 경우

“가정에서 이어 연계지도할 내용이 있을 때, 보다 자세한 내용을 안내하기 위하여 이메일을 활용할 수 있습니다. 문자정보는 언어정보보다 더 전문적이고 다양한 정보를 전달할 수 있으므로 이메일을 활용하여 연계지도를 요청하는 것은 학부모의 폭넓은 협조를 요청할 수 있다는 점에서 장점이 있습니다.”

(2) 학생의 가정(부모)과 연락이 잘 안되는 경우

“다음으로 학생의 부모와 연락이 잘 닿지 않는 경우 이메일 상담을 시도할 수 있습니다. 이메일은 일방적 의사소통의 형식으로 이루어지는 경우가 많으므로 이메일로 연락할 때 안내하고 소통하기 원한다는 메시지가 결여된다면 학부모는 일종의 ‘통보’의 느낌으로 이메일을 확인할 수 있습니다. 그러므로 이메일로 상황을 알릴 경우 앞서 보았던 전화 상담에서 전달할 내용을 싣되, 학부모를 조력자로서 존중하는 메시지가 반드시 포함되어야 할 것입니다. 또한 교사와 전화 통화 혹은 방문을 통해 꼭 대화할 수 있도록 메일상에서 요청할 필요가 있습니다. 부모와 직접 상호작용하는 것은 아동의 가정 여건을 파악하는 데에 도움이 되고, 부모 또한 교사를 신뢰하고 조력하는 데에 도움이 되기 때문입니다. 메일은 문자를 통하여 기록으로 남는 부분이 있으므로 모든 내용을 상담한다기보다는 간략히 상황을 알리고 전화나 대면상담을 요청하는 도구로 사용하는 것이 좋을 것입니다.”

2) 유의점 및 도움이 되는 상담의 요소

- **일방적으로 전달되는 경향이 있어서 주의가 필요**
- **도움이 되는 상담의 요소: 정보전달하기, 경계설정하기**

“이메일 상의 전달은 자칫 오해의 소지가 있으므로 최대한 객관화 하여 전달할 필요가 있습니다. 학부모에게 보내게 되는 이메일은 빠른 시간 내에 주고받는 대화형식이 되기보다는 서로가 일방적으로 자신의 입장을 밝히는 형식이 되기 쉽기 때문입니다. 연구에 의하면 사이버 상담의 경우 **관계형성, 정보획득, 감정정리, 자기이해**의 요인에 의해 성과가 결정된다고 합니다(임은미, 김지은, 이영선, 2001). 교사가 학부모와 한두 번의 이메일을 주고받는다고 했을 때 **관계형성과 정보획득**이 주 성과요인이 될 수 있을 것으로 보입니다. 즉, 이메일 상담에 대한 현실적인 기대수준을 가지고 임해야 할 것입니다."

(1) 일방적으로 전달되는 경향이 있어서 주의가 필요

"이메일 상담은 앞서 언급했듯 직접적 상호작용이 아닌 **일방적 전달 방식**이므로, **상대에 대한 섣부른 추측이나 비판적 태도를 지양**하고, **사실 정보에 입각한 객관적 정보전달**이 필요합니다. 동시에, 필요한 정보를 요청할 때에도 **질문의 의도를 분명히** 할 필요가 있습니다.

무엇보다 **최대한의 예의를 갖추어** 학부모로 하여금 방어나 저항을 불러일으키지 않도록 주의하고, 관계형성을 통해 향후 조력이 가능할 수 있도록 하는 것이 필요합니다. 이를 위하여 **학생에 대한 교사의 관심을 전달**함으로써 **메일을 보내는 목적이 부모와 공조하여 학생을 돕고자 함임**을 드러낼 수 있습니다.

이메일 상담은 이후의 **전화 상담이나 대면상담을 위한 도구**로서의 기능도 할 수 있습니다. 이메일상으로 학부모와 통화 혹은 만나서 학생에 대해 함께 논의하고 방향을 설정할 것을 요청하여 이후 지속적인 공조가 가능하도록 할 필요가 있습니다."

(2) 도움이 되는 상담의 요소: 정보전달하기, 경계설정하기

"이메일 상담을 활용할 때에는 정보전달하기와 경계설정이 도움이 될 수 있습니다.

먼저 이메일 상담을 통해 정보 전달이 가능합니다. 특히 가정에서의 연계지도를 위하여 필요한 지도방식을 알리거나 활동지 및 과제를 전달할 때 이러한 지도와 활동의 목적 및 도움이 되는 이유를 전달할 수 있습니다.

다음으로 경계설정입니다. 단회 이메일 상담의 효과를 위한 상담기법에 관한 연구에 따르면(김시업, 2001), 문제의 서술을 간략히 함으로써 문제를 초점화시키고 상담을 통해 너무 많은 것을 한꺼번에 해결할 것이라는 비현실적 기대를 없앨 수 있다고 합니다. 이를 우리의 상황에 가져오자면, 학생의 어려움을 장황하게 설명하기보다는 간략히 함으로써 교사의 판단이나 원인에 대한 추측이 언급될 가능성을 차단하고 학부모에게 메일을 보내는 의도를 명확히 할 수 있을 것입니다. 또한 동시에 이러한 상황에서 학부모와 교사가 함께 조력할 수 있는 방향을 찾고자 함을 전달함으로써 이메일을 통해 아동 전체를 바꾸고자 한다는 비현실적 목표가 아닌 특정 부분에 대한 조력을 시작하고자 한다는 현실적 목표를 전달할 수 있습니다."

❹ 정리(5분): 활동 마무리

1) 학습목표에 대하여 확인하고 정리

"오늘은 전화 상담과 이메일 상담에 관하여 알아보았습니다. 먼저 전화 상담이 이루어지는 상황과 전달되어야 되는 내용들에 대해 이야기하고 연습해 보았습니다. 전화 상담은 아마도 여러분께서 가장 흔하게 많이 접하는 상담이지 않을까 생각됩니다. 그래서 잘 이루어진다면 학생을 더 잘 도울 수 있는 유용한 도구가 될 수 있을 것입니다. 다음으로 이메일 상담의 경우는 전화상의 소통이 되지 않는 학부모의 경우 활용할 수 있는 방법으로서 전화 상담, 대면상담으로의 다리 역할을 할 수 있었지요. 한편으로는 일방적 소통이 될 수 있어서 유의해야 할 부분도 있었습니다. 오늘 이야기 나누어 본 전화 상담, 이메일 상담 그리고 다음 시간 이어지는 대면상담의 내용들은 상담의 방법별로 내용을 다루게 되지만 실제 현장에서는 해당 방법에 국한되지 않고 다른 방법들에서도 충분히 활용될 수 있는 내용들입니다. 먼저 각각 방식에 대한 내용들을 숙지하시고 어떤 방식의 상담에서든 유연하게 잘 활용할 수 있으시길 바랍니다."

2) 마무리 및 8회기 안내

"다음 시간에는 대면하여 학부모를 만나는 대면상담에 대해 알아보도록 하겠습니다. 단회 대면상담을 하게 되는 경우에 대해 알아보고, 이전에 배웠던 해결중심상담 기법들을 실제 상담 장면에서 활용하는 연습을 해보는 시간을 가질 것입니다. 말씀드렸듯이 해결중심상담 기법을 단회 대면상담에서 연습한다고 해서 꼭 대면상담에서만 활용할 수 있는 기법인 것은 아닙니다. 전화 상담에서도 충분히 활용하실 수 있습니다. 염두하시면서 다음 시간에 만나도록 하겠습니다."

활동자료 총론 7-1 **상담 적용 연습 활동지**

상담 적용 연습

- **학습 및 인지적 차원**(학업 동기가 낮고 학습능력이 떨어지는 아이들, 전반적으로 수업에 집중을 못하고 학습태도가 비협조적인 경우, 학습 성취도가 이전에 비해 현격히 낮아진 경우)
- **정서행동차원**(무기력 및 우울한 아이들, 행동문제가 있는 아이들)
- **관계차원**(또래 관계가 어려운 아이들)
- **일상생활 차원 및 환경적 차원**(규칙준수, 생활습관 형성이 안 되는 아이들, 아이의 태도가 갑작스럽게 변했을 경우)

위의 상황들 중 자신이 담당하는 학생에게 해당하는 상황에 대하여 재진술, 감정반영 등의 라포 형성을 위한 상담기법을 염두하면서 학부모와의 전화상담을 연습해 봅시다.

1. 학생에 대한 관심 드러내기

- 교 사 1:
- 학부모 1:
- 교 사 2:
- 학부모 2:
- 교 사 3:
- 학부모 3:

2. 학부모의 어려움 알아주기

- 교 사 1:
- 학부모 1:
- 교 사 2:
- 학부모 2:
- 교 사 3:
- 학부모 3:

3. 학생의 어려움을 전달하기

- 교　사 1:
- 학부모 1:
- 교　사 2:
- 학부모 2:
- 교　사 3:
- 학부모 3:

4. 지도방법 및 교사 입장 전달하기

- 교　사 1:
- 학부모 1:
- 교　사 2:
- 학부모 2:
- 교　사 3:
- 학부모 3:

5. 구체적인 요구사항 혹은 방법 전달하기

- 교　사 1:
- 학부모 1:
- 교　사 2:
- 학부모 2:
- 교　사 3:
- 학부모 3:

총론 8회기

상담 상황별 상담 기법 2

Ⅰ. 개관

❶ 회기 소개

이번 회기에서는 교사가 학부모를 직접 대면하여 이뤄지는 상담의 상황을 다루게 된다. 대면상담이 여러 번 이루어질 수 있다면 더 좋겠지만 대부분 1회성에 그치게 된다. 본 장에서는 이러한 점을 고려하여 단회 대면상담의 상황을 이해하고, 앞서 다룬 해결중심상담의 이론을 기초로 교사가 효과적으로 상담할 수 있는 방법을 이야기하고자 한다. 한 번의 짧은 만남을 더 효율적이고 효과적으로 진행할 수 있게 된다면 교사, 학부모, 학생의 협력관계가 더욱 증진되고 궁극적으로 학생을 더 잘 도와줄 수 있게 되리라 기대한다.

❷ 목표

- 교육사각지대 학부모 상담으로서 단회 대면상담이 이뤄지는 상황을 이해하기
- 단회 대면상담에서 해결중심상담의 원리와 기법을 적용하기

Ⅱ. 회기 진행

회기 구조

회기	총론 7회기	제목	상담 상황별 상담 기법 2
목표	• 교육사각지대 학부모 상담으로서 단회 대면상담이 이뤄지는 상황을 이해하기 • 단회 대면상담에서 해결중심상담의 원리와 기법을 적용하기		
준비물	PPT, 프린트물(워크시트)	시간	60분

과정	내용	시간(분)
도입	○ 오늘의 활동목표 소개	5
전개(1)	○ 활동명: 단회 대면상담의 이해 ○ 활동 목표: - 단회 대면상담이 이루어지는 상황(교사의 가정방문상담, 학부모의 학교 방문 상담)을 이해한다. - 단회 대면상담에서 해결중심상담의 원리와 기법을 적용한다. ○ 활동 내용 1) 단회 대면상담이 이루어지는 상황(5분-언급) ① 교사의 가정방문 상담 - 교사의 재량에 의해: 사례 제시(“한 번의 가정방문이 열 번의 상담보다 효과적” 경향신문 2013.04.15.) - 학생의 결석에 의해: 교육부 관리 대응 매뉴얼 소개 ② 학부모의 학교 방문 상담 - 학기 초 공식 학부모 면담(3월, 9월 1년에 두 번 정도 진행) - 교사의 필요 시 / 부모의 요청 시 - 장기결석에 의한 학부모의 학교 방문: 교사 단독 면담이 아닌 의무교육학생관리위원회가 개최되어 면담이 진행 2) 1)-②의 두 번째 사례의 유의점 및 도움이 되는 해결중심상담의 요소 ① 교사의 필요 시 - 상담을 요청하게 되는 상황 / 학부모가 느낄 수 있는 정서와 태도 / 상담 시 제공되어야 할 내용 ② 부모의 요청 시 - 상담을 요청하게 되는 상황 / 학부모가 느낄 수 있는 정서와 태도 / 상담 시 제공되어야 할 내용	50

	③ 상황별 도움이 되는 해결중심상담의 요소 - 협력관계 맺기-경청, 감정반영, 목표 설정, 현재에 집중, 질문하기-학부모에 대한 공감 및 존중의 표현 - 칭찬하기 - 대처질문 - 기적질문 - 예외질문 - 척도질문	
전개(2)	○ 활동명: 마무리 ○ 활동 목표: 8회기를 마무리하고 9회기를 안내한다. ○ 활동 내용: 1) 학습 목표에 대하여 확인하고 정리 2) 마무리 및 9회기 안내	5
정리	○ 활동명: 회기 마무리 및 다음 회기 안내 ○ 활동 목표: 총론 1회기를 정리하고, 전체 프로그램을 이해한다. ○ 활동 내용(강의 및 논의) - 전반적 내용 복습 및 오늘 학습 소감 나누기 - 프로그램 전체 목표와 전체 프로그램 구성의 유기적 관계 이해하기 - 다음 회기 안내	5분

❶ 도입(5분): 오늘의 활동목표 소개

"지난 시간에는 여러분들이 주로 활용하시는 전화 상담, 이메일 상담에 대해서 연습하셨지요. 이번 시간에는 학부모와 만나서 상담하게 되는 상황을 연습해 보겠습니다. 우리는 이러한 상담을 대면상담이라고 부르게 될 텐데요, 이러한 방식의 상담이 여러 번 이루어진다면 좋겠지만 대부분의 경우 1회성에 그치게 되지요. 이 한 번의 상담을 효과적으로 할 수 있다면 참 좋을 것 같습니다. 대면상담은 직접 얼굴을 맞대는 특성상 상담의 파워가 더 강력할 수 있기 때문이지요. 그래서 오늘은 교육사각지대 학생의 학부모와 단회 대면상담을 하게 되는 상황들을 소개할 것입니다. 이 상황들 중 여러분께서 맞이하게 될 가능성이 높은 상담의 경우를 기본으로 하여 앞서 배웠던 해결중심상담을 토대로 연습해보고자 합니다."

❷ 전개(50분): 단회 대면상담의 이해

1) 단회 대면상담이 이루어지는 상황(5분)

(1) 교사의 가정방문 상담

① 교사의 재량에 의해: 사례 제시("한 번의 가정방문이 열 번의 상담보다 효과적" 경향신문 2013.04.15)

② 학생의 결석에 의해: 교육부 관리 대응 매뉴얼 소개(교육부, 2016)

"단회 대면상담이 이루어지는 경우는 다양합니다. 먼저 교사가 직접 학생의 가정을 방문하는 경우를 들 수 있습니다. 이 경우는 또 두 가지로 나뉘는데요, 교사의 재량에 의한 가정방문과, 다양한 유형의 결석이 있는 경우 교육부 관리 대응 매뉴얼 절차에 따른 가정방문이 그것입니다. 전자의 경우는 교사가 학생을 더 깊이 이해하기 위한 방법 중 하나로 가정방문을 하는 경우입니다. 그 예로 '좋은 교사 운동 본부' 소속의 인천의 한 교사는 매년 개학 후 한 달 동안 학부모에게 편지를 보내어 가정방문을 요청하고 이에 동의한 학생의 가정에 일일이 방문한다고 합니다. 아이를 더 알 수 있고 이해하게 되고 학부모도 교사를 신뢰하게 되는 효과가 있다고 하네요. 하지만 안타깝게도 이러한 긍정적인 가정방문보다는 후자의 경우가 더 많이 이루어질 수 있습니다. 학생들은 다양한 이유로 결석하게 되는데요, 가정방문이 이루어지는 결석의 유형으로는 초등학교, 중학교의 미입학, 무단 결석, 전학 후 무단결석이 있습니다. 교육부 관리 대응 매뉴얼에 따르면 각 경우 모두 1-2일 사이에는 유선 연락으로 출석을 독려하지만, 3-5일까지 이어질 경우 가정 방문을 실시하게 됩니다. 가정 방문 시에는 학교 교직원과 사회복지 전담 직원으로 구성된 2인이 함께 실시하게 됩니다."

(2) 학부모의 학교 방문 상담

① 학기 초 공식 학부모 면담(3월, 9월로 1년에 두 번 정도 시행)

② 교사의 필요 시 / 부모의 요청 시

③ 장기결석에 의한 학부모의 학교 방문: 교사 단독 면담이 아닌 의무교육학생관리위원회가 개최되어 면담이 진행)(교육부, 2016)

"다음으로 학부모가 학교에 방문하는 경우가 있습니다. 먼저 1학기와 2학기 초인 3월과 9월에 **공식적으로 이루어지는 학부모 면담**이 있습니다. 이 때 교사는 학부모를 통하여 가정에서의 아이의 모습을 듣고, 학부모가 궁금해 하는 아이의 학교 생활에 대해 답해 주는 것이 주를 이룬다고 볼 수 있습니다. 이 때는 교사와 학부모가 함께 아이에 대한 이해를 높이고 가정과 학교의 협력을 위한 지도 방향성을 나누는 시간이 될 수 있겠지요.

다음으로 **교사가 상담이 필요하다고 여겨 부모의 학교 방문을 요청하거나, 부모가 필요에 의해 상담을 요청하는 경우**를 들 수 있습니다. 이 경우가 바로 여러분이 가장 어려워하는 상담이라고 생각됩니다. 또한 오늘 우리가 집중적으로 살펴볼 경우이기도 하구요. 우리가 지금 학부모 상담을 공부하는 이유는 학습장애 진단은 받지 않았지만 교육사각지대에 있다고 고려되는 아이들, 즉 학교 학업성적이 부진한데 특정한 이유를 발견하지 못한 아이들의 학부모를 만나서 이 아이들에 대한 이해를 잘 전달하고 또 잘 듣고, 학부모와 함께 좋은 협력관계를 이루기 위함입니다. 그러나 안타깝게도 교육사각지대에 있는 아이들의 경우 가정에서도 어려움을 겪고 있는 경우가 있을 수 있어서 때로는 학부모가 잘 협력해 주지 않거나 되려 교육이 필요한 경우가 있을 수 있습니다. 더군다나 교사의 요청에 의해 학교에 방문했을 경우 학부모는 걱정, 염려, 두려운 마음을 안고 올 수 있기 때문에 학부모의 긍정적 자원을 끌어내고 협력관계 조성을 이룬다는 것은 쉬운 일이 결코 아닐 것입니다. 이러한 경우 우리가 어떻게 학부모를 만나 효율적으로 상담하고 원하는 협력 관계를 이룰 수 있을지 앞으로 더 자세히 이야기 나눠보도록 하겠습니다.

마지막으로 앞서 설명했던 다양한 유형의 결석의 경우, 교사와 사회복지사의 방문 이후에도 **결석이 이어진다면** 학부모는 학교에 방문할 것을 요청받게 되고, 이 때는 학교 차원에서 의무교육학생관리위원회가 개최되어 다수가 함께 면담을 진행하게 됩니다. 이런 경우도 있음을 알아두시고 필요 시 매뉴얼에 제시된 절차대로 수행해 주시면 되겠습니다.”

2) 1)-②의 두 번째 사례의 유의점 및 도움이 되는 해결중심 상담의 요소(45분)(천성문, 김진숙, 김창대, 신성만, 유형근, 이동귀, 이동훈, 이영순, 한기백, 2013; Kim Berg. I. S., & Steiner. T.(유재성, 장은진 공역), 2009)

"우리가 주로 마주하게 될 학부모의 방문상담 상황에 대해 조금 더 자세히 살펴보도록 하겠습니다. 이러한 단회 대면상담은 앞서 언급했던 교사가 필요해서 요청하거나 학부모가 필요해서 요청하였을 경우 이뤄지게 될 텐데요, 각각의 경우가 발생하는 상황과 학부모가 느낄 수 있는 정서와 태도, 상담 시 제공되어야 할 내용 및 목적을 살펴보겠습니다. 그리고 각 상황에서 해결중심상담의 요소가 어떻게 적용될 수 있는지 구체적인 예를 들어 알아봅시다.

① 교사의 요청 시(강의자료 참고)

- 상담을 요청하게 되는 상황 / 학부모가 느낄 수 있는 정서와 태도 / 상담 시 제공되어야 할 내용

② 부모의 요청 시(강의자료 참고)

- 상담을 요청하게 되는 상황 / 학부모가 느낄 수 있는 정서와 태도 / 상담 시 제공되어야 할 내용

강의자료-교수자용

① 교사의 필요 시

✔ 상담을 요청하게 되는 상황

- 학교생활에서 문제가 발생했을 시에 상담을 요청하게 됨 - 전반적으로 수업에 집중을 못하고 학습태도가 비협조적인 경우, 무기력하고 우울한 경우, 규칙준수나 생활습관 형성이 안 되는 경우, 또래관계에 어려움을 보이는 경우, 아이의 태도가 갑작스럽게 변했을 경우, 학습 성취도가 이전에 비해 현격히 낮아진 경우, 혹은 성적이 너무 부진한 경우

✔ **만나게 되는 학부모의 유형**: 교사에 대한 신뢰도와 자녀에 대한 관심도를 기준으로 네 유형 정도로 나뉠 수 있음.

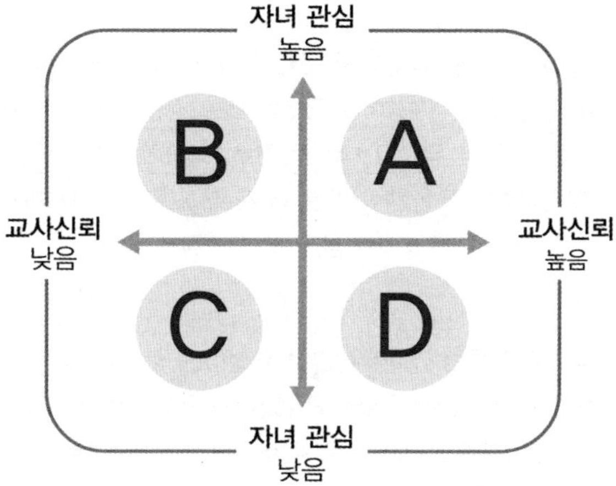

✔ 학부모가 느낄 수 있는 정서와 태도: 교사의 상담 요청에 모든 유형의 부모가 당황스러워하고 놀랄 수 있음

- A: 당황, 놀람, 죄책감, 걱정, 염려, 불안
- B: 당황, 놀람, 수치심, 모욕감, 염려, 분노, 불안, 자녀 입장만 생각함, 자녀에 대한 비현실적 기대 및 신뢰
- C: 당황, 대수롭지 않음, 미지근한 반응, 비협조적, 분노
- D: 당황, 놀람, 죄책감, 교사 입장만 생각함, 교사에 대한 비현실적 기대 및 신뢰

✔ 상담 시 제공되어야 할 내용

- 교사는 부모의 당황스러운 마음을 알아주고 상담의 목적이 학교-가정의 협력관계 형성이며 궁극적으로는 자녀를 돕는 데에 있음을 분명히 해야 함.
- 부모의 유형 파악. 각 유형에 따라 비중 있게 다룰 정보의 내용이 다를 수 있음. 해결중심상담의 적용에서 다룸.
- 학부모가 파악하는 학생의 모습 파악: 모든 유형의 부모에게 공통적으로 학부모가 파악하는 자녀의 모습에 대해 존중하면서, 새로운 모습이었다면 "○○이에게 그런 면도 있구나" 하며 수용해주고, 학교에서 보이던 모습이라면 "○○이가 집에서도 그렇군요" 하며 공감해 주기
- 학생을 양육하며 겪는 어려움에 대해 충분히 공감, 타당화하기
- 학교에서 보이는 학생의 모습에 대해 최대한 객관화하여 정보 전달하기(교사의 평가, 판단의 무게는 줄임으로써 부모가 듣고 자녀에 대해 판단할 수 있도록 돕기)
- 부모가 궁금해 하는 부분, 도움받고 싶은 부분, 어려워하는 부분에 대해 충분히 듣기.

② **학부모의 요청 시**

✔ **상담을 요청하게 되는 상황**: 가정에서 문제가 발생했을 시에 상담을 요청하게 됨 – 학교에 가고 싶어 하지 않는 경우, 학교 공부에 대한 강한 거부감을 보이는 경우, 성적이 과도하게 기대 이하이거나 갑자기 나빠진 경우, 학교에 대한 갑작스러운 태도 변화를 보이는 경우, 무기력하고 우울한 아이인 경우, 부모에게 지나치게 폭력적이거나 부모에게 대드는 경우, 또래 관계에 어려움을 보이는 경우. 심하게는 왕따 등의 학교 폭력 문제

✔ **만나게 되는 학부모의 유형**: 교사가 먼저 요청하는 경우와 달리 학부모의 유형이 덜 다양할 수 있음. 학교에 먼저 상담을 요청한다는 것은 자녀에 대한 관심이 있음을 시사함. 교사를 매우 신뢰 혹은 교사를 매우 불신하는 경우로 나뉠 수 있음. 앞서 그래프의 A, B 유형일 수 있음

✔ 학부모가 느낄 수 있는 정서와 태도

- 교사 신뢰도가 높은 부모(A) – 걱정, 염려, 두려움, 막막함, 무력감, 양육에 대한 낮아진 자존감, 기대고 싶은 마음, 해결책을 찾고 싶은 답답함 등
- 교사 신뢰도가 낮은 부모(B) – 걱정, 염려, 분노, 의심스러움, 원망하는 마음, 따지고 싶은 마음 등

✔ 상담 시 제공되어야 할 내용

- 부모를 존중하고 위로하고자 하는 태도, 아이에 대해 알고자 하는 태도를 기본으로 할 것. 먼저 연락을 준 경우이므로 학생에 대한 부모의 관심이 있다고 가정할 수 있음. 그러므로 부모가 전달하는 학생의 정보(성장과정, 학생의 경험 히스토리 등)에 대해 교사가 알고 싶어 하는 태도로 귀 기울여야 함.
- 먼저 연락하기까지의 부모의 심정에 대한 공감 및 타당화.
- 자녀에 대한 부모의 이해도 파악, 가정에서 보이는 모습과 학교에서 보이는 모습 간의 차이
- 학교에서 보이는 모습에 대한 객관적 정보의 전달 – 이를 듣고 내리는 부모의 평가를 듣고 현재 부모가 가지고 있는 자녀에 대한 태도나 염려, 근심을 알 수 있음.
- 부모가 궁금한 점, 교사에게 원하는 점 등에 대해 충분히 듣기. 충분히 들어주는 것만으로도 부모 염려의 상당 부분이 해결될 수 있음.
- 실제로 문제가 있는 학생의 학부모라면 자녀에 대한 관심이 있는 경우이므로 학교-가정의 협력에 대해 터놓고 대화하고 방안을 모색하기

③ 상황별 도움이 되는 해결중심상담의 요소(강의)

"여러분과 만나게 되는 학부모의 입장이 조금은 더 잘 이해되셨길 바랍니다. 학부모를 만날 때 우리도 마찬가지겠지만, 쉬운 마음으로 만나는 부모는 없으리라 생각이 됩니다. 불안하기도 할거구요, 긴장이 되기도 하겠지요. 하지만 교사와 학부모는 **학생이라는 공동의 목표를 둔 협력자**여야 합니다. 교사가 자신의 자녀를 돕는 자의 입장에서 **학부모 자신과 같은 방향을 향해 있다는 것을 알게 된다면** 학부모의 마음과 태도도 많이 달라질 수 있을 것입니다. 그런 점에서 앞서 배웠던 해결중심상담 이론은 학부모 상담에서 유익할 수 있습니다. 학부모의 강점을 발견하고 좋은 협력관계를 형성하는 등 교사가 학부모를 조금 더 유연하고 효율적으로 상담함으로써 단회 대면상담의 '한 번'이라는 아까운 기회를 최대한 활용할 수 있도록 도와줄 수 있습니다."

강의자료-교수자용

✔ **협력관계 맺기**-경청 및 주의집중, 감정반영, 현재에 집중, 학부모 반응에 대한 교사의 공감적 자기개방-학부모에 대한 공감 및 존중의 표현이 될 수 있다.

- 학부모 상담의 가장 기본으로서 긴장과 불안으로 인해 경직되어 있는 학부모의 마음을 유연하게 하고 학부모 상담 장면이 자녀의 문제를 확인하고 수치심을 느끼는 자리가 아니라 자녀에 대하여 교사가 돕는 입장에서 학부모 자신과 같은 방향에 서 있음을 확인할 수 있도록 해 주는 기법이다.
- 경청과 주의집중은 비언어적 요소로써 나타날 수 있다. 적절한 소리 반응과 끄덕임으로 잘 듣고 있음을 표현하고, 약간 기울인 자세를 통해 마음을 상대에게 기울이고 있음을 표현할 수 있다.
- 학부모의 발화에서 감정적 요소를 반영하여 이 자리에 오기까지 어떤 마음이었을지, 통화할 때 수화기 너머의 목소리에서 느껴졌던 마음이 어땠는지 등을 전달함으로써 학부모와의 라포를 형성할 수 있다.

- 학부모(학)1: 안녕하세요... (나즈막히)
- 교사(교)1: 안녕하세요 ○○이 어머니. 기운이 없어 보이시네요.
- 학2: 뭐 애가 문제 있어 불려온건데 기운 있을 턱이 있나요.
- 교2: ○○이가 문제가 있다고 생각하니 기운이 빠지셨겠어요. (-감정반영)
- 학3: 하루 이틀 일이 아니어서... 그렇다고 손을 놓을 수도 없고...

- 교3: ○○이 일로 걱정하신 지가 오래되셨군요. 좀 지치신거 같아요. (-감정반영)
- 학4: 낯부끄럽죠 뭐. 이렇게 학교에 불려다니기나 해야 하고. 솔직히 애한테 화도 많이 나요. 제가 무슨 죄에요.
- 교4: 아이 문제로 만나는 일로 아이에게 화가 나시는군요. (-감정반영)
- 학5: 솔직히 오고 싶지 않았어요. 와 봐야 뭐 해결되는 것도 없고. 또 죄송합니다 죄송합니다 하고 와야 되나 하는 생각하면서 왔어요.
- 교5: 이전에도 학교에 오신 적이 있으신가봐요. 해결될 수 없다고 생각하셨으면 상담에 오고 싶지 않으셨을텐데... 와 주셔서 감사하고 반갑네요. (- 감정반영 및 교사의 자기개방)
- 학6: 뭐 고맙긴요. 그래도 작년이랑은 다르겠다는 생각도 드네요. 오늘 무슨 말씀하려고 부르셨죠?

✔ **칭찬하기** - 학부모가 자신감을 갖도록 격려하는 데 도움이 되는 방법. 특히 양육에 대한 회의감, 죄책감이 큰 학부모의 경우에 유용. 직접 칭찬, 간접 칭찬, 자기 칭찬 세 유형이 있음

- 직접 칭찬: 학부모의 성공적인 행동을 관찰하는 것에 기초하여 칭찬하는 것으로, 학부모로 하여금 그들의 성공적인 행동에 집중하도록 돕는다.
- 간접 칭찬: 타인의 관점으로 학부모에게 질문하는 방식으로 이루어진다.
- 자기 칭찬: 학부모가 자신의 성공 경험이나 능력에 대한 내용이 담긴 대답을 할 수 있는 질문 방식이다.
- 간접 칭찬과 자기 칭찬은 대처질문과 유사하다.

- 학부모(학)1: 우리 애가 언제부터 이렇게 된건지... 예전엔 안 그랬었거든요. 말 안듣기 시작할 때 처음엔 내 말도 곧잘 듣더니...
- 교사(교)1: 어머니께서 ○○이 훈육하려고 시도하셨던 게 효과가 있었네요~ (-직접칭찬)
- 학2: 그 땐 그랬지요. 그런데 이제 친구가 더 중요해지니까...
- 교2: 그렇죠. 중학교 시기는 친구가 가족보다 중요해지는 시기죠. (-재진술)
- 학3: 아무래도 그러니까 친구 영향을 너무 많이 받더라구요. 그래서 혼내던 것도 관뒀죠.
- 교3: 어머니께서 훈육을 바꾸셨네요. 강하게 하셨으면 바꾸기 쉽지 않으셨을텐데. 어떻게 바꾸신 거예요? (-자기칭찬)
- 학4: 효과도 없는걸요. 뭐 고집해서 뭐해요. 제가 그래도 상황파악은 좀 해요.
- 교4: 네에. 바꾸신건 일단 너무 잘하신 일인 것 같아요. (-직접칭찬) ○○이가 어떤

친구들이랑 어울리는지 아세요?

- 학5: 음, 제가 알기로 A, B, C요. 세 명이랑 친한 거 같더라구요.
- 교5: 어머니가 ○○이의 친구관계를 알고 계시네요. ○○이에 대해서 어머니께서도 관심이 있으시네요. (-직접칭찬)
- 학6: 관심은 뭘요. 매일 몰려다니니 보이더라구요.

✔ **대처질문** - 학부모가 문제에 어떻게 대처하는지를 묻는 질문으로, 이러한 질문을 함으로써 학부모가 어떻게 문제에 대처하는지를 알게 되면 교사는 학부모의 양육에 대해 파악하고 학생을 더 잘 이해할 수 있다.

- '~할 때'라는 말이 '만약에 ~라면'을 사용하는 것보다 좋다. 왜냐하면 '~할 때'라는 단어는 반드시 일어날 것이라는 의미를 내포하고 있기 때문이다. 예를 들어, '○○이가 시험 성적을 낮게 받아올 때는...'이라고 질문하는 것이 '만약에 ○○이가 시험 점수를 낮게 받아 온다면...'이라고 질문하는 것보다 효과적이다.
- '그 일을 어떻게 하셨습니까?'라는 질문은 학부모가 과거의 어려운 상황을 다루었던 방법과 자원에 대해서 생각해 볼 수 있도록 한다. 이를테면 상담 중 과거 학생과 겪었던 갈등상황이나 학생의 히스토리(사고, 가정불화, 가까운 사람의 상실 등)를 알게 되었다면 대처질문을 통해 당시의 상황을 더 구체화할 수 있다.

- 학부모(학)1: 작년에도 똑같이 그랬었어요. 그 때도 시험기간에 컴퓨터 게임만 하고.
- 교사(교)1: 언제부터 컴퓨터 게임을 많이 하게 되었나요?
- 학2: 이사 오기 전에도 많이 했었고. 아마 초등학교 고학년쯤인거 같은데. 애들이랑 피씨방 다니고 그러면서.
- 교2: ○○이가 컴퓨터 게임을 오래할 때 어머니는 주로 어떻게 반응하세요? (-대처질문)
- 학3: 일단 혼내죠. 컴퓨터 확 꺼보기도 하고. 못하게 하려고 그렇게 애를 쓰는데 씨알도 안 먹히네요. 되려 소리지르고 지가 뭘 잘했다고.
- 교3: 효과가 없었나봐요. ○○이가 소리지를 때 어떻게 하세요? (-대처질문)
- 학4: 같이 소리 질러요 그냥. 나도 힘든걸 뭐. 그래 싸우자 이거죠. 안 그래도 남편이 ○○이가 니 친구냐 그래요. 허허.
- 교4: 웃으시지만 웃음 소리가 씁쓸하네요. (-감정반영)
- 학5: 좋은 일은 아니죠 뭐. 애가 엄마 만만하게 본다는데 이게 뭐 자랑은 아니니까.
- 교5: 만만하게 보는 것 같으시구나. (-재진술) ○○이가 엄마를 친구 대하듯이 대하나요?
- 학6: 그렇죠. 친구보다 못하겠죠? 지 친구들한테는 얼마나 잘하는데요.
- 교6: 엄마로서 참 많이 속상하시겠어요. (-감정반영)

✔ **기적질문** - 기적 질문은 학부모가 어떻게 느끼고 생각하는지에 대한 질문이다.

- "내일 아침 기적이 일어나서 어머님(아버님)이 원하는대로 될 수 있다고 한다면, 어떻게 되면 좋으시겠어요?" "마법의 지팡이를 드릴게요. 이제 ○○이와 관련해서 무엇이든 하실 수 있습니다. 어떤 마법을 부리시겠어요?"
- 이 질문을 통해 학부모가 자녀에 대해, 자신에 대해 바라는 바람을 확인할 수 있다. 이는 학부모의 기대를 확인하고 학생에 대한 교사와 학부모의 공동 목표를 수립할 수 있도록 도움이 되는 질문이다.
- 이 질문에 학부모가 깊이 생각하지 않고 쉽게 대답한다면 보다 간단한 형태로 다시 질문할 수 있다. "그 밖에 다른 것들이 있다면요?" - 이를 통해 더 잠재적인 해결책이나 목표에 보다 가까이 다가갈 수 있기 때문이다.

- 학부모(학)1: 이젠 포기할까봐요. 제가 할 수 있는 게 없는 거 같아서요.
- 교사(교)1: 할 수 있는게 없다고 느껴지셔서 너무 막막하시겠어요. 지금 제가 마법의 지팡이를 드린다고 상상해 볼게요. 이제 ○○이랑 관련해서 무엇이든 하실 수 있어요. 어떤 마법을 부리고 싶으세요? (-척도질문)
- 학2: 음... ○○이가 한 4살쯤으로 돌아가면 좋겠어요. 그럼 다시 잘 키워보고 싶어요.
- 교2: 다시 잘 키워보고 싶으시다는 말씀은 어떤 부분이 후회되는 게 있으신가봐요. (-감정반영)
- 학3: 제가 너무 일만 하느라 애를 방치했던거 같아서요.
- 교3: 아, 일하시느라 ○○이를 돌봐줄 시간이 부족하셨나 봐요.
- 학4: 먹고 사느라 뭐... 지금 이러는 게 나 때문인거 같아서 미안하고, 그런데 돌이키기엔 너무 늦은거 같고...
- 교4: 미안한 마음, 너무 늦은 거 같은 마음. 어머니 심경이 너무 힘드실 거 같아요. (-감정반영) 어머니가 방치하지 않고 돌볼 수 있었다면 어떻게 더 돌보아 주셨을 거 같으세요? (-예외질문)
- 학5: 아무래도 더 신경 써주고, 밥도 더 챙겨주고, 함께하는 시간이 더 있었겠죠.
- 교5: 함께하는 시간이 더 있었으면 상황이 나아졌겠다 생각하시는군요. 지금은 그렇게 하기 어려우신가요?
- 학6: 지금은 그렇게 해 줘도 거부할 거 같아서요.
- 교6: ○○이가 거부할까봐 걱정되시는군요. 혹시 ○○이랑 함께하는 시간을 늘려본 적이 있으세요? (-예외질문)

✔ **예외질문** - 학부모가 어떤 행동을 했을 때 전과 달리 문제가 일어나지 않았거나 학생이 다르게 반응했을 때가 있었다면 그 상황에 대해서 질문해 보는 것이다.

- 부모-자녀 관계가 갈등관계에 있다면 아이와 마음이 통했던 적이 있거나, 부모에게 조금 더 긍정적인 반응을 보였던 상황에 대한 질문을 할 수 있다.
- 학업과 관련해서 이전에 더 나았던 적이 있거나, 혹은 스스로 공부를 더 잘 하고 싶어하면서 공부했던 상황이 있었는지에 대해 질문할 수 있다.

- 학부모(학)1: 오래된 문제에요. 안 그랬던 적이 없는 거 같아요. 답이 없는 아이같아요.
- 교사(교)1: 오랫동안 그래왔으면 어머니도 막막하시겠어요. 혹시 ○○이가 지금보다 조금이라도 나았던 적이 있나요? (-예외질문)
- 학2: 공부 잘 했던 적은 한 번도 없죠.
- 교2: 그렇군요. 결과는 늘 좋지 않았나 보네요. 지금은 아예 공부를 안하려고 하는 것 같은데... 이전에 공부를 스스로 하려고 했던 적은 있나요? (-예외질문)
- 학3: 그래도 중1 막 올라왔을 땐 하려고 했던거 같아요. 그 땐 시험 전날엔 그래도 책상 앞에 앉아 있더라구요.
- 교3: 중1 초엔 공부를 하려고 시도했었군요. (-재진술) 어떤 점이 ○○이를 책상 앞에 앉게 했던 것 같아요? (-대처질문)
- 학4: 새로운 환경이니까 뭐 잘 하고 싶긴 했나 보죠.
- 교4: ○○이도 잘 하고 싶은 마음이 있는 아이군요. ○○이가 잘 해내고 싶은 마음이 없는 아이는 아니란 말씀이시죠. (-재진술)
- 학5: 걔가 그래도 초등학교 때까지는 못하진 않았어요. 중1때도 공부했을 땐 성적이 곧잘 나왔어요.
- 교5: ○○이가 하면 할 수 있는 아이라고 말씀하시는 것 같은데... 어머님이 ○○이 능력을 믿고 계신 거 같아요. 지금과 그 때의 다른 점은 무엇일까요? 그 때 ○○이가 어떻게 공부를 할 수 있었던 거 같으세요? (-대처질문)
- 학6: ○○이 친구가 문제인 거도 같고. 중1 말부터 어울리는 친구들이 좀 달라진 거 같아요.
- 교6: ○○이가 새로운 친구들과 어울리면서 달라졌단 말씀이네요. (-재진술)

✔ **척도질문** - 척도질문은 행동, 목표, 기대, 상태 등에 대해 수치화하여 질문하는 방법이다.

- 목표설정 및 변화 행동을 실행함에 있어서 우선순위를 정하는 데 유용하다.
- 이 질문을 통해 학부모의 변화의 동기를 이끌어 낼 수도 있다.
- 이 질문을 통해 학부모의 동기 수준을 수치화하고 학부모가 가진 문제를 해결하기 위해 실천할 행동 방안을 끌어내는 질문을 할 수도 있다.

- "0에서 10까지의 숫자 중에서 0점은 최저를 의미한다고 할 때 지금 ○○이와 어머님(아버님)의 관계는 어느 정도일까요?", "현재의 점수가 충분히 좋다고 생각하시나요? 점수가 낮아지지 않으려면 어머님(아버님)은 어떤 일을 하거나 혹은 하지 않아야 하나요?", "점수가 높아졌을 때, 어머님(아버님)께 어떤 일이 일어난 것일까요? ○○이에게 어떤 일이 일어난 것일까요?"

- 학부모(학)1: ○○이랑 아빠랑 관계는 최악이에요 최악.
- 교사(교)1: 두 사람 관계가 많이 안좋은가봐요. 0점이 최악, 10점이 최상의 관계라고 할 때 몇 점 정도 되는거 같으세요? (-척도질문)
- 학2: 음, 한 1점?
- 교2: 1점. 0점을 주지 않은 이유가 있나요?
- 학3: 원래부터 그렇게 나쁜 건 아니었으니까. 옛 정?
- 교3: 아, 그렇군요. 과거에는 지금보다는 사이가 좋았나봐요? 언제쯤이죠?
- 학4: 아주 어릴 땐 애도 뭘 모르고 무조건 아빠 따르고 좋아했죠. 초등학교 때까지만 해도 그래도 아빠랑 낚시도 가고...
- 교4: 초등학교 고학년 때 관계는 몇 점 정도 되는거 같으세요? (-척도질문)
- 학5: 한 7점?
- 교5: 지금보다는 많이 높네요. 그런데 왜 10점은 아닌가요?
- 학6: 그 즈음부터 갈등이 있었던거 같애요. 아빠한테 반항도 많이 하고.
- 교6: 그렇군요. 점수가 높아지려면 어떤 변화가 있어야 한다고 생각하세요? (-행동방안 끌어내기)

3) 상황별 상담 적용 연습(10분, 2인 1조)

"활동지를 보면서 위에서 언급한 A, B, C, D 각 상황에 대해 배운 것을 적용하여 반응을 적어봅시다. 그리고 옆 사람과 함께 역할극을 해보도록 하겠습니다."

❸ 정리(5분): 활동 마무리

1) 학습목표에 대하여 확인하고 정리

"이제 오늘의 활동을 마무리해 볼까 합니다. 오늘은 대면상담이 이루어지는 상황들을 살펴보고 학부모들이 교사를 만날 때 어떤 마음일지에 대해 생각해 보았습니다. 그리고 앞서 배웠던 해결중심상담을 토대로 적용해 보았습니다. 어떤 기법보다도 교사의 마음이 제일 중요한 것 같습니다. 인간적으로 나 또한 누군가 나를 평가하고 정죄하려고 할 때 마음이 열리지 않는 것처럼 여러분을 만나러 오는 학부모도 마찬가지일 거 같습니다. 선생님들이 함께 하면서 힘든 학생이라면 그 아이를 키우는 학부모는 얼마나 힘들지 생각하면서 위로와 격려를 아끼지 않는 학부모 상담이 되었으면 합니다."

2) 마무리 및 9회기 안내

"다음 9회기는 구체적으로 교육사각지대 학습자란 누구이며, 그들의 부모들은 어떠한 상황일지 알아보는 시간을 갖도록 하겠습니다."

활동자료 총론 8-1 상황별 상담기법 연습 활동지

상황별 상담기법 연습

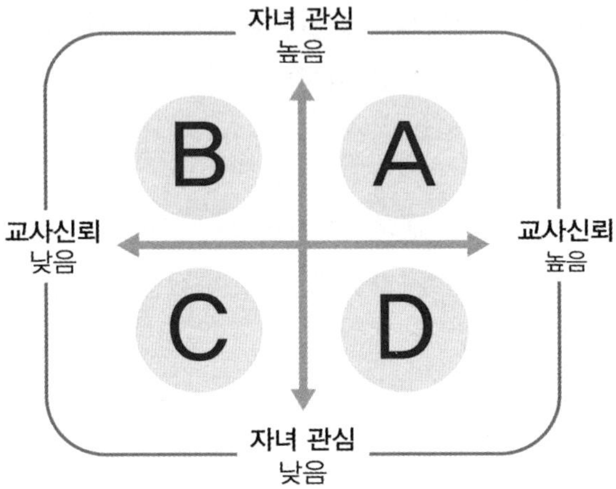

1. 교사에 대한 신뢰가 높고 자녀에 대한 관심이 높은 경우

- 학부모(학)1 : 선생님 우리 애가 원래 그러던 애가 아닌데... 죄송해요...
- 교사(교)1 :
- 학부모 2:
- 교 사 2:
- 학부모 3:
- 교 사 3:

2. 교사에 대한 신뢰가 낮고 자녀에 대한 관심이 높은 경우

- 학부모(학)1 : 도대체 학교가 뭐하는 데죠? 학교에서 애들이 매일 노는가봐요? 성적이 어떻게 이래요. 애가?
- 교사(교)1 :
- 학부모 2:
- 교 사 2:
- 학부모 3:
- 교 사 3:

3. 교사에 대한 신뢰가 낮고 자녀에 대한 관심이 낮은 경우

- 학부모(학)1 : 오라니까 오긴 왔는데, 뭐 별 수 있나요. 학교는 그냥 졸업만 하면 되는 거고.
- 교사(교)1 :
- 학부모 2:
- 교　사 2:
- 학부모 3:
- 교　사 3:

4. 교사에 대한 신뢰가 높고 자녀에 대한 관심이 낮은 경우

- 학부모(학)1 : 선생님 많이 힘들고 바쁘시죠~ 쉬엄쉬엄 하세요. 애들이 다 저러면서 크는 거죠. 선생님도 우리 애 같은 애들 챙기느라 수고하시네요.
- 교사(교)1 :
- 학부모 2:
- 교　사 2:
- 학부모 3:
- 교　사 3:

부록 총론 8-1 신문기사 "한 번의 가정방문이 열 번의 상담보다 효과적"(송현숙 기자. 경향신문. 2013.04.15.)

경향신문

"한 번의 가정방문이 열 번의 상담보다 효과적"

송현숙 기자 song@kyunghyang.com
입력 : 2013.04.15 20:19

> **우연히 시작된 담임교사의 가정방문, 학생들 서로 이해하는 계기로**
> **'좋은교사운동'은 13년째 방문 이어가 ...가정과 학교간의 소통은 덤**

인천 신흥중 3학년 1반 한성준 담임교사(36)는 개학 후 눈코 뜰 새 없이 한 달을 보냈다. 모든 교사들이 바쁜 새 학기지만 그의 스케줄엔 '특별한' 한 가지가 더 들어 있다. 바로 가정방문이다.

한 교사는 매년 3월 첫날 학부모들에게 편지를 보낸다. 담임과 학급운영 원칙을 소개하는데, 이 가운데 빼놓지 않는 것이 가정방문 안내다.

"학기 초에 학생들을 웬만큼 파악한 후 3월 말이나 4월 초에서 중순까지 가정방문을 실시하고자 합니다. 요즘 가정방문이 없어진 지가 언제인데 가정방문이냐고 하실지 모르겠지만 제가 없는 시간을 쪼개어 가정방문을 하고자 하는 이유는 가정방문을 통하여 우리반 아이들과 함께 지내면서 그들을 많이 이해하며 또한 그들을 많이 도와주길 원하기 때문입니다..."

올해는 36명 중 15가정에서 신청했다. 학부모들의 시간과 동선에 맞춰 3월25일부터 4월4일까지 수업이 끝난 오후 6시부터 9시, 9시30분까지의 강행군이 이어졌다. 누가 시킨 것도 아닌데 한 교사는 이 고생을 매년 자처한다.

올해 교직 10년째인 한 교사의 가정방문은 우연히 시작됐다. 교사가 된 첫해, 학급의 한 아이가 결석을 너무 자주 하고 교우관계에도 문제가 많았다. '대체 이 아이는 어떤 애길래 이러나'라는 생각에 주소지를 들고 무작정 집을 찾아나섰다. 아이의 집에 들어서며 받았던 충격을 한 교사는 잊을 수 없다. 일어서면 천장에 머리가 닿는 방, 몇 가지 되지 않는 음식물마저 썩어가고 있는 냉장고... 아이는 공동화장실을 쓰는 쪽방촌에 살고 있었다.

아버지와 할머니는 주민등록등본상에만 존재할 뿐 이 중학교 2학년생은 거의 혼자 방치된 채 살고 있었다. 아침에 눈을 떠 기분이 좋으면 학교에 가고, 가기 싫으면 다시 자는 하루하루를 보내고 있었다. 분명 학교생활을 제대로 할 수 없는 상황이었다. 가정방문을 하지 않았다면 1년간 몰랐을 일이다. 교무실에서 아이를 이해한다는 것이 얼마나 큰 한계를 갖고 있는지 깨닫게 된 한 교사에게 아이들을 먼저 알아야 한다는 것은 교사생활의 '제1원칙'이 됐다.

올해 가정방문에선 성적이 좋아 당연히 대학진학 관련 상담을 할 줄로 생각했던 한 학생의 집에서 아이와 부모 모두 특성화고 진학을 원한다는 것을 알고 적절한 정보를 주고 있다. 부모의 이혼 후 조부모와 사는 아이에 대해선 할아버지와 한 교사가 손을 맞잡고 자꾸만 비뚤어지려는 아이의 마음을 붙들 수 있는 길을 함께 고민하기 시작했다.

한 교사는 "아이들이 갈수록 언어와 행동에서 폭력적이 되고 상대방에 대한 배려나 감수성이 약해져 걱정"이라고 했다. 그가 가정방문 후 반 아이들에게 친구들에 대해 긍정적으로 얘기해주며 아이들을 서로 연결해주려고 하는 이유다.

"○○가 지금은 우람하지만 어렸을 때 태권도복 입은 사진을 보니 아주 깜찍하더라." "○○네 집엔 컴퓨터가 거실에 있고 부모님이 책을 좋아하시는지 책도 아주 많더라." "○○는 마이스터고를 준비하는데 관심 있는 사람 있으면 선생님한테 얘기해. 함께 준비하자."

아이들은 이런 얘기를 들으면서 자연스럽게 서로를 이해하게 된다. 내가 소중하듯 다른 아이도 모두 소중하다는 생각도 은연중 하게 된다. 학부모와 아이들이 "선생님은 내편"이라는 것을 믿는 순간 이미 학급운영의 절반은 성공이다.

때때로 교사로서도 도와줄 수 없는 상황의 아이들을 만날 때 한 교사는 가장 힘들다. 부모는 이혼하고 아버지는 알코올중독자에 폭력을 일삼는 가정의 아이들을 보면서 한 교사는 할 수 있는 일이 없어 너무 답답하다고 했다. 그래도 집에 불러 밥이나 먹이자고 생각하곤 자주 초대해 저녁식사를 함께한다. '내가 힘들어하는 부분을 담임이 알고 있다'는 사실만으로도 아이들에겐 큰 힘이 된다는 걸 알기 때문이다.

한 교사의 가정방문은 올해 학교에서도 확산됐다. 지난해엔 교사 2명만 가정방문을 했는데, 올해는 17개 학급 중 7개 학급 교사들이 동참했다. 3학년은 6개 학급 중 5개 반이 가정방문을 하고 있다. 교장선생님도 출장비를 지원해주는 등 적극적으로 돕고 있다.

정말 의미 있는 일을 한다는 칭찬에 한 교사는 "야간자율학습 끝나고 아이들을 한 명 한 명 집에 태워다주며 밤 10시에 진학지도를 겸한 가정방문을 하는 고3 선생님, 가정방문 후 '선생님 집에도 오라'고 4~5명씩 반 아이들 모두를 초대하는 선생님도 있다"며 손사래를 쳤다.

기독교 교사들의 단체인 좋은교사운동의 가정방문은 2001년부터 시작돼 13년째 이어지고 있다. 담임교사가 학생들의 집을 방문해 아이들의 삶을 더 잘 이해하고 가정과 학교의 소통에 힘쓰자는 취지다. 한 교사도 이 단체에 속해 있다. 좋은교사운동은 "열 번 상담보다 한 번 가정방문을 하는 것이 더 효과적"이라고 말한다. 예전 '가정방문'의 부작용을 최소화하기 위해 사전에 자세한 취지 설명과 함께 어떤 음식도 준비하지 말라고 당부하고, 부모들이 편한 시간에 맞춰 최대한 학부모들이 부담을 갖지 않도록 진행된다. 좋은교사운동의 가정방문은 가

PART

2

주제영역

주제 1회기

학업 동기가 낮고 학습능력이 떨어지는 아이들과 학부모 상담

Ⅰ. 개관

❶ 회기 소개

일반 학교 현장에서는 특수교육대상자들처럼 심각한 것은 아니지만 학습 및 교육적 지원을 필요로 하는 학습자들이 있다. 이들처럼 일반교육 현장에서 획일화된 일반 교육 커리큘럼 하에 특수교육과 일반교육의 사각지대에 놓여 있어 다양한 학습 및 교육적 요구에 대한 지원을 충분히 받지 못하는 다양한 유형의 위기 학습자를 '교육사각지대 학습자'라고 한다(최수미 외, 2018). 교육사각지대 학습자의 특징은 크게 학습 및 인지적 차원, 정서행동 차원, 관계적 차원, 환경적 차원, 일상생활 차원으로 나눌 수 있다. 이번 회기는 주제의 첫 번째 파트로, 교육사각지대에 놓여있는 아이들의 다섯 가지 하위유형 중 학업 동기가 낮고 학습능력이 떨어지는 아이들의 특징 등에 대해 알아보고, 이러한 아이들에 대한 교사로서의 전문가적인 이해를 학부모에게 어떻게 전달할지에 대해 실습한다.

❷ 목표

- 교육사각지대에 있는 학습자의 다섯 가지 하위유형에 대해 이해하기
- 학습 및 인지적 차원의 어려움을 겪는 아이들에 대해 이해하기
- 학습 및 인지적 차원의 어려움을 가진 아이들에 대한 이해를 학부모에게 전달하기

Ⅱ. 회기 진행

회기 구조

회기	주제 1회기	제목	학업 동기가 낮고 학습능력이 떨어지는 아이들과 학부모 상담	
목표	• 교육사각지대에 있는 학습자의 5가지 하위유형에 대해 이해하기 • 학습 및 인지적 차원의 어려움을 겪는 아이들에 대해 이해하기 • 학습 및 인지적 차원의 어려움을 가진 아이들에 대한 이해를 부모에게 전달하기			
준비물	PPT, 프린트물(워크시트)		시간	60분

과정	내용	시간(분)
도입	○ 활동명: 교육사각지대에 대한 개괄 ○ 활동 목표: 교육사각지대에 대한 전반적 이해 ○ 활동 내용: 1) 교육사각지대에 대한 강의 - 교육사각지대의 의미 및 중요성 - 교육사각지대 학습자의 5가지 하위유형 이해	10분
전개(1)	○ 활동명: 학습 및 인지적 차원의 어려움을 가진 아이들에 대해 이해하기 ○ 활동 목표: - 학습 및 인지적 차원의 어려움을 가진 아이들의 특징을 이해할 수 있다. - 학습 및 인지적 차원의 어려움을 가진 아이들의 심리사회적 특성과 원인을 이해할 수 있다. ○ 활동 내용: 1) 학습 및 인지적 차원의 어려움이란? - 학습 및 인지적 차원의 어려움을 유형별로 구분하기 ① 낮은 학업동기 및 태도 ② 기초학습능력 부족 ③ 낮은 인지 및 이해능력 부족 ④ 학습 인지적 전략 부족 ⑤ 낮은 학업성취 2) 학습/인지적 차원의 어려움을 가진 아이들의 특징, 원인, 그리고 심리적 상태와 징후는 어떠한가? - 각각 유형별로 어떤 심리사회적 특성과 원인이 있는지 이해하기	20분

전개(2)	○ 활동명: 학습 및 인지적 차원의 어려움을 가진 아이들에 대한 이해 전달하기 ○ 활동 목표: 학습 및 인지적 차원의 어려움을 가진 아이들에 대한 이해를 부모에게 효과적으로 전달할 수 있다. ○ 활동 내용: 1) 학습 및 인지적 차원의 어려움을 가진 아이들의 학부모에게 아이들에 대한 전반적 이해를 전달하기 - 학습 및 인지적 차원의 교육사각지대 학습자 사례 제시 - 조별 실습 - 조별 실습을 하면서 알게 된 점, 어려웠던 점, 보완할 점 나누기	20분
정리	○ 활동명: 회기 마무리 및 다음 회기 안내 ○ 활동 목표 및 내용: - 전반적 내용 복습 및 오늘 학습 소감 나누기 - 다음 회기(주제 2회기) 안내	10분

❶ 도입(10분): 교육사각지대에 대한 개괄

"안녕하세요. 이번 시간에는 학업 동기가 낮고 학습능력이 떨어지는 아이들에 대해 살펴볼 텐데요. 그 전에 우선, 총론 첫 회기에서 다루었던 교육사각지대 학습자의 의미와 중요성에 대해 간단히 복습을 하고, 교육사각지대 학습자의 다섯 가지 하위유형에 대해 알아보겠습니다."

1) 교육사각지대의 의미 및 중요성(복습)

"교육사각지대 학습자는 장애진단의 목적보다는 실질적인 교육적 지원에 초점을 둔 개념입니다. 즉 현재의 교육과정에서 학습부진 등 다양한 학습문제를 보이는 위기 학습자를 포괄하는 개념으로, 일반교육현장에서 특수교육과 일반교육의 사각지대에 놓여 있음으로 인해 다양한 학습 및 교육적 요구에 대한 지원이 적절하게 제공되지 않은 위기학습자를 정의합니다(최수미 외, 2018)."

"이러한 교육사각지대 학습자는 분명 우리의 일선 학교현장에서 많이 볼 수 있습니다. '공부하는 데 어려움을 겪고 있구나, 학교생활에 적응하기가 어렵겠구나'라고 교사로서도 분명하게 학생들의 어려움이 인지가 되나, 정작 제공할만한 교육적 지원이 특수교육대상자처럼 있지는 못합니다. 최근 특수교육 분야에서도 '장애'보다는 '지원'에 초점을 두는 방향으로 개념이 변하고 있습니다(순승현, 이예다나, 2017; 김동일, 고혜정, 2018에서 재인용). 우리는 명백히 학습에 어려움을 가지고 있고 지원이 필요하지만 지원의 사각지대에 있는 학생들이 어떠한 학생들인지에 대해 명확하게 인지할 필요가 있습니다. 구체적으로 교육사각지대 학습자들이 어떤 특성을 가지고 있는지 초, 중, 고등학교의 현장에 있는 다양한 연령대와 지역의 교사들을 대상으로 탐색했을 때 다음과 같이 다섯 가지 차원으로 정리할 수 있었습니다."

2) 교육사각지대 학습자의 다섯 가지 유형

"교육사각지대 학습자는 크게 다섯 가지 유형으로 구분될 수 있습니다. 다섯 가지 유형은 다음과 같습니다."

강의자료-교수자용

■ 학습 및 인지적 차원: 학업동기가 낮고 학습능력이 떨어지는 아이들

- ✔ 낮은 학업 동기 및 태도
- ✔ 기초학습능력 부족
- ✔ 낮은 인지 및 이해력
- ✔ 학습 인지적 전략 부족
- ✔ 낮은 학업 성취

■ 정서행동적 차원: 우울한 아이들 & 행동문제가 있는 아이들

- ✔ 외현화 행동 문제
- ✔ 내재화 심리정서 문제/부정적 자기개념
- ✔ 일탈행동

■ 관계적 차원: 또래 관계가 어려운 아이들

- ✔ 대인관계 소통 및 기술 부족
- ✔ 학교폭력 피해경험

■ 환경적 차원: 규칙준수, 생활습관 형성이 안 되는 아이들

- ✔ 가족구조 및 기능
- ✔ 낮은 사회경제적 지위

✔ 역기능적인 가족관계

■ **일상 생활적 차원: 어려운 가정환경 속의 아이들**
- ✔ 학교 내 규범 등 미준수
- ✔ 위생 및 생활습관 문제

출처: 최수미, 유인화, 김동일, 박애실 (2018). 일반교사가 지각하는 교육사각지대 학습자 특성의 구성개념 탐색. **교육심리연구**, 32(3), 421-442.

❷ 전개 1(20분): 학습 및 인지적 차원의 어려움을 가진 아이들

1) 학습 및 인지적 차원의 어려움이란?

"'학습 및 인지적 차원'은 교육사각지대 학습자의 다섯 가지 유형 중 가장 많은 비율을 차지하는 영역입니다. '학습 및 인지적 차원'의 하위 다섯 가지 유형은 앞에서 간단히 살펴보았던 것처럼 낮은 학업동기 및 태도, 기초학습능력 부족, 낮은 인지 및 이해능력, 학습인지적 전략 부족, 낮은 학업성취가 포함되어 있습니다. 각각을 자세히 살펴보면 다음과 같습니다."

강의자료-교수용

■ **낮은 학업동기 및 태도**

✔ 학습 및 인지적 차원 중에 가장 많은 부분을 차지한다. '낮은 학업동기 및 태도'는 학습하려는 의지, 기대, 욕구 등이 낮고 수업에 참여하지 않거나 방해하는 등 수업에 비협조적인 태도를 나타내는 것을 의미한다.

예 수업을 들으려는 노력이나 의지가 없기 때문에 수업시간이 지루할 수밖에 없는 경우 / 학교에서 대부분의 시간 동안 소극적이고 비자발적인 태도를 보임. 예를 들어, 수업시간에 잠을 자거나 거의 말을 하지 않는 경우

■ **기초학습능력 부족**

✔ '기초학습능력 부족'은 읽기, 쓰기, 산수 등 기초학습능력에 문제를 나타내거나 누적된 기초학습능력 부족으로 고학년으로 갈수록 해당 학년의 학습에 어려움을 겪거나 수업을 따라오지 못하는 것을 의미한다.

예 학습부진이 축적되어 6학년임에도 나눗셈도 제대로 못함. 아이 스스로도 공부를 못한다는 생각에 갇혀 있고 개인 지도 시 조금 나아지는 모습을 보이나 다음날 다시 잊어버리는 경우 / 국어, 수학 모두 학습에 어려움이 있는데 특히 5학년임에도 불구하고 사칙연산이 제대로 되지 않아 수학 학습에서 어려움이 큰 경우

■ 낮은 인지 및 이해능력

✔ '낮은 인지 및 이해능력'은 지능이 낮거나 말을 잘 못 알아듣고 질문에 답을 못하거나, 분위기의 흐름을 잘 따라가지 못하여 상황대처 능력이 떨어지거나 언어 표현이 단조롭고 자기 생각을 잘 표현하지 못하는 등 인지적 발달과 관련된 문제가 있음을 의미한다.

예 놀이 · 게임규칙을 이해하는 데 어려움을 느껴 친구들과 어울리기 어려워하는 경우 / 자신의 감정을 말이나 글로 표현하는 것을 어려워하고 제대로 감정을 전달하지 못하여 친구들에게 부정적 인식을 주게 되어 모둠활동에 잘 어울리지 못하는 경우 / IQ나 지적능력 검사결과가 낮은 경우 / 학습에서도 어려움을 겪지만 또래의 이야기나 맥락을 잘 이해하지 못하는 경우

■ 학습인지적 전략 부족

✔ '학습인지적 전략 부족'은 학업에 집중하기 어려워하며, 학습방법을 잘 모르고, 학습양, 시간 부족 등 시간 및 공간관리에 대한 개념이 명확히 잡혀있지 않으며, 암송이나 시연 등 메타 인지적 전략이 부족하다는 것이 핵심적이다.

예 학습에 어려움을 겪는 아이들의 대부분 공통점이 집중력 부족으로 하나의 과제를 오래 하는 것을 어려워함 / 집중력이 짧아 수학교과 곱셈을 가르쳐주면 그때뿐, 다음날 같은 문제를 풀면 또 모르는 경우가 많아 학습을 따라오기 어려움.

■ 낮은 학업성취

✔ '낮은 학업성취'는 성적이 하위권으로 낮거나 학습에서 성공경험이 부족한 경우 등을 의미한다.

예 실패한 학습경험으로 인해 어차피 안 될거라고 학습하는 것을 포기함 / 학업성취가 낮고 학년이 높아질수록 격차가 심해지는 등 악순환이 반복됨.

출처: 최수미, 유인화, 김동일, 박애실 (2018). 일반교사가 지각하는 교육사각지대 학습자 특성의 구성개념 탐색. **교육심리연구, 32**(3), 421-442.

"이러한 학습 및 인지적 차원의 하위유형들은 사실 명확하게 구분되지는 않습니다. 한 아이에게 하나의 하위유형의 모습만 나타나는 것이 아닐 수도 있습니다. 학습 및 인지적 차원의 어려움을 가진 아이들이 어떤 어려움을 가지고 있는지 이해하는 정도로 유형을 이해해주시면 되겠습니다."

2) 학습 및 인지적 차원의 어려움을 가진 아이들의 특징과 원인, 심리적 상태, 징후에 대한 이해

"앞서 살펴 본 학습 및 인지적 차원의 어려움에 대해 이해하셨나요? 학습 및 인지적 차원의 어려움을 가진 아이들의 유형을 나눠보았는데, 이러한 유형 구분은 사실 아이들이 일괄적으로 이렇게 딱딱 구분되기 때문에 한 것은 아니고, 이러한 특징을 가지고 있다는 것을 보기 쉽게 하기 위해서 구분했다고 보시면 될 것 같습니다. 이제는 이러한 여러 가지 학습 및 인지적 차원의 어려움을 가진 아이들이 학습에 어려움을 느끼는 원인을 자세히 살펴보고, 아이들을 좀 더 깊이 있게 이해하는 시간을 가지겠습니다."

강의자료-교수자용

1. 인지적 요인

✔ 학습부진학생의 학습결과를 결정하는 요인으로는 일반능력과 기초학습기능이 있다. 일반능력으로는 선수학습 정도, 적성, 지능 등을 들 수 있고, 기초학습기능에는 사물에 대한 인지능력, 지적 학습능력, 수업 이해력 등이 있으며, 특히 수업 이해력은 구체적으로 언어능력, 기초계산능력, 학습자료 활용능력 등을 의미한다. 기초학습능력 결여, 낮은 지적 수준이 가장 큰 영향을 미친다.

2. 정서적 요인

✔ 김동일(2001)은 학습부진이 단순히 성적 부진이나 하락만이 아니라, 시험불안 증가, 학습흥미도 저하, 부정적 자아개념 형성, 학습 무력감 등의 정서적인 문제를 야기할 수 있다고 지적하고 있는데, 그 중에서도 가장 흔하게 볼 수 있는 정의적 특성을 부정적 자아개념이라고 보았다. 이러한 부정적 자아개념은 학업적 동기와 자아효능감을 낮추는 원인으로 작용하게 되며, 이런 상태에서 학습부진학생들은 심리적 위축상태를 보이게 되고, 일종의 낙인 효과로 인해 학년이 올라갈수록 그 정도가 더 심해지는 경향이 있다. 학습부진의 정서적 요인으로는 '학습동기 결여'가 가장 큰 영향을 미치는 것으로 나타났다.

3. 교수-학습적 요인

✔ 한국의 교육과정 난이도가 지나치게 높은 것, 경직된 교육과정 운영방식이 학습부진의 원인으로 작용한다고 주장되었다. 이러한 상황에서 지적능력이 부족하거나 가정의 지원이 결여되어 있는 학생들은 교과서를 중심으로 진행하는 교사의 수업을 어렵다고 느껴 학업에서 멀어지게 된다는 것이다.

4. 가정-환경적 요인

✔ 부모의 무관심 및 방치가 학습부진과 매우 높은 상관관계가 있다고 주장하면서, 단순히 부모 가운데 한 사람 또는 두 사람의 부재로 구조적 결핍상태에 있는 가정보다는 보살핌 기능이 결핍된 가정에서 무관심과 방치의 더 심각한 양상이 나타난다고 보고하였다. 경제적 어려움이 있는 가구에서는 경제적 궁핍에서 비롯된 부부 사이의 갈등이나 부모-자녀 사이의 갈등이 증가하게 되고, 자녀에 대한 부모의 정서적 지지가 감소하는 경향이 나타나게 되는데, 이러한 가정에서 성장한 아동들은 낮은 자기효능감과 자아존중감, 나아가 낮은 학업성취수준을 보이게 된다는 것이다. 부모들이 아동과 함께 보내는 시간이 부족하며, 아동에 대한 부모의 지적 성취기대와 성취압력이 부족하기 때문에 다른 조건들을 통제한 상태에서도 학습부진학생이 될 개연성이 높아지게 된다는 것이다.

5. 사회구조적 요인

✔ 학생 개인의 문제 뿐 아니라 지역 간 그리고 계층 간의 교육 양극화를 심화시켜 교육의 형평성을 위협하는 사회적 문제를 말한다. 한국의 학생들은 치열한 학업성취 경쟁을 벌이고 있으며, 학력주의 사회 학습부진학생들에게서 그에 따른 부작용이 더 심하게 나타날 수 있다는 것이다. 전반적으로 학업성취에 대한 압력이 강한 사회에서는 학업성취 수준 이외의 다른 기준에 의해 스스로를 평가할 수 있는 방법이 없어서 학습부진학생들이 자신에 대해 긍정적인 자아개념을 갖는 것이 사실상 불가능하기 때문이다.

출처: 황진숙(2011), **학습부진학생 지도 · 지원정책의 개선 방안 연구**. 한국교원대학교 대학원. 석사학위 논문.

❸ 전개 2(20분): 학습 및 인지적 차원의 어려움을 가진 아이들에 대한 이해 전달하기

1) 학습 및 인지적 차원의 어려움을 가진 아이들의 학부모에게 아이들에 대한 전문적 이해 및 견해 전달하기

"학습 및 인지적 차원의 어려움을 가진 아이들에 대한 특징, 원인, 심리사회적 특징들을 살펴보았는데요. 학부모를 만날 때는 총론에서 배웠던 상담적 기법을 적용하고 해결중심상담의 관점을 취하여 방법적으로 숙련되어 있는 것도 중요하지만, 아이들의 상태에 대한 전문적이고 객관적인 이해를 바탕으로 이를 학부모에게 잘 전달하는 것도 중요합니다. 따라서, 이번에는 조별 실습을 통해 사례를 가지고 학부모에게 학습 및 인지적 차원의 어려움을 가지고 있는 아이들에 대한 이해를 전달해보는 연습을 하겠습니다."

강의자료-교수자용

■ 학습 및 인지적 차원의 사례

예시1 ○○이는 초등학교 5학년 남학생이다. 학교 수업시간에 수업을 듣지 않고, 매일 책상에 엎드려서 잠을 잔다. 담임선생님이 ○○이에게 태도를 지적하지만, ○○이는 수업이 도통 재미가 없고, 수업내용에 흥미가 가지 않아 엎드려서 잘 수밖에 없다고 말한다. 특히, 국어, 영어, 수학 등 주요 과목 시간에 집중하기를 힘들어하며, 체육이나 음악과 같은 예체능 시간에는 비교적 열심히 그리고 재미있게 참여하는 편이다. 학급 친구들의 말을 들어보면, 쉬는 시간에는 친구들과 수다도 떨고, 소위 말하는 "인싸"의 무리에 속하는 학생이다.

예시2 **이는 초등학교 4학년 여학생이다. 같은 4학년 학생들에 비해 수학 학습에서 크게 떨어지는 편이다. 올림과 내림이 있는 덧셈과 뺄셈을 힘들어하며, 천천히 손을 세어가면서 하나하나 계산하여 다른 학급 학생들에 비해 시간이 몇배로 걸린다. 담임선생님이 옆에서 개인적으로 가르쳐주면, 평소보다 잘하지만, 그렇지 않았을 때는 다시 평소 상태로 돌아간다. 학급 친구들은 **이를 종종 놀리며, 이로 인해 **이는 다소 위축된 모습을 보이기도 한다. 하지만, 영어 시간에서만큼은 다른 학급 친구들보다 적극적으로 참여하고, 영어 표현이나 이해력도 뛰어난 편이다.

"조별로 다양한 사례들로 학습 및 인지적 차원의 어려움을 겪는 아이들에 대한 이해를 학부모에게 전달해보는 활동을 하셨을 텐데요. 조별 활동을 하면서 알게 된 점, 어려웠던 점, 보완할 점을 나누어 보겠습니다."

❹ 정리(10분): 회기 마무리 및 다음 회기 안내

"오늘은 주제의 첫 회기로서 교육사각지대 학습자 중 가장 많은 비율을 차지하는 학습 및 인지적 차원의 어려움을 가진 아이들에 대해 살펴보고, 이러한 아이들의 학부모에게 아이들에 대한 전반적인 이해를 어떻게 전달할 수 있을지에 대해 직접 사례에 적용해보고 실습해보는 시간을 가졌습니다."

“여기 계신 선생님들 모두 어떤 생각과 마음으로 오늘 강의와 실습에 임하셨는지, 강의와 실습을 하고 나신 소감이 궁금한데요. 소감을 들어보는 시간을 갖도록 하겠습니다.”

“다음 회기는 주제 2회기로, 정서행동 차원에서 우울하고, 행동문제가 있는 아이들에 대해 살펴보도록 하겠습니다.”

활동자료 주제 1-1 **학부모 상담 실습 작성 활동지**

학부모 상담 실습해보기

◆ 조별로 주어진 예시로 학습자의 상태와 특성 등을 파악하고, 학부모에게 이러한 상태와 특성에 대한 이해를 전달해보는 연습을 해봅시다.

예시1 ○○이는 초등학교 5학년 남학생이다. 학교 수업시간에 수업을 듣지 않고, 매일 책상에 엎드려서 잠을 잔다. 담임선생님이 ○○이에게 태도를 지적하지만, ○○이는 수업이 도통 재미가 없고, 수업내용에 흥미가 가지 않아 엎드려서 잘 수밖에 없다고 말한다. 특히, 국어, 영어, 수학 등 주요 과목 시간에 집중하기를 힘들어하며, 체육이나 음악과 같은 예체능 시간에는 비교적 열심히 그리고 재미있게 참여하는 편이다. 학급 친구들의 말을 들어보면, 쉬는 시간에는 친구들과 수다도 떨고, 소위 말하는 "인싸"의 무리에 속하는 학생이다.

예시2 **이는 초등학교 4학년 여학생이다. 같은 4학년 학생들에 비해 수학 학습에서 크게 떨어지는 편이다. 올림과 내림이 있는 덧셈과 뺄셈을 힘들어하며, 천천히 손을 세어가면서 하나하나 계산하여 다른 학급 학생들에 비해 시간이 몇배로 걸린다. 담임선생님이 옆에서 개인적으로 가르쳐주면, 평소보다 잘하지만, 그렇지 않았을 때는 다시 평소 상태로 돌아간다. 학급 친구들은 **이를 종종 놀리며, 이로 인해 **이는 다소 위축된 모습을 보이기도 한다. 하지만, 영어 시간에서만큼은 다른 학급 친구들보다 적극적으로 참여하고, 영어 표현이나 이해력도 뛰어난 편이다.

• 교 사 :
• 학부모 :

• 교 사 :
• 학부모 :

• 교 사 :
• 학부모 :

• 교 사 :
• 학부모 :

• 교 사 :
• 학부모 :

• 교 사 :
• 학부모 :

주제 2회기

우울한 아이들, 행동문제가 있는 아이들과 학부모 상담

Ⅰ. 개관

❶ 회기 소개

이번 회기는 주제의 두 번째 파트로, 교육사각지대에 놓여있는 아이들의 다섯 가지 하위유형 중 정서행동 차원에서 어려움이 있는 아이들의 특징, 모습, 징후와 심리적 특성에 대해 살펴본다. 정서행동 차원에서는 특히 우울함과 일탈행동의 측면에서 알아보고자 한다. 또한, 학부모를 만나서 실제로 이러한 아이들의 어려움을 어떠한 방식으로 전달할지에 대해 연습하는 시간을 가질 것이다.

❷ 목표

- 정서행동 차원의 어려움을 가진 아이들에 대해 이해하기
- 정서행동 차원의 어려움을 가진 아이들에 대한 이해를 부모에게 전달하기

Ⅱ. 회기 진행

회기 구조

<table>
<tr><td>회기</td><td>주제 2회기</td><td>제목</td><td colspan="2">우울한 아이들, 행동문제가 있는 아이들과 학부모 상담</td></tr>
<tr><td>목표</td><td colspan="4">• 정서행동 차원의 어려움을 가진 아이들에 대해 이해하기
• 정서행동 차원의 어려움을 가진 아이들에 대한 이해를 부모에게 전달하기</td></tr>
<tr><td>준비물</td><td colspan="2">PPT, 프린트물(워크시트)</td><td>시간</td><td>60분</td></tr>
</table>

과정	내용	시간(분)
도입	○ 정서행동 차원의 어려움을 가진 아이들의 모습 영상 시청 ○ 오늘의 학습목표 소개	10분
전개(1)	○ 활동명: 정서행동 차원의 어려움을 가진 아이들에 대해 이해하기 ○ 활동 목표: - 정서행동 차원의 어려움을 가진 아이들의 특징을 이해할 수 있다. - 정서행동 차원의 어려움을 가진 아이들의 심리사회적 특성과 원인을 이해할 수 있다. ○ 활동 내용: 1) 정서행동 차원의 어려움이란? - 정서행동 차원의 어려움을 유형별로 구분하기 ① 정서: 부정적 자기개념, 내재화 심리정서문제 ② 행동: 외현화 행동문제, 일탈행동 2) 정서행동 차원의 어려움을 가진 아이들의 특징과 원인, 그리고 심리적 상태와 징후는 어떠한가? - 각각의 유형별로 어떤 심리사회적 특징과 원인이 있는지 이해하기	30분
전개(2)	○ 활동명: 정서행동 차원의 어려움을 가진 아이들에 대한 이해 전달하기 ○ 활동 목표: 정서행동 차원의 어려움을 가진 아이들에 대한 이해를 부모에게 효과적으로 전달할 수 있다. ○ 활동 내용: 1) 정서행동 차원의 어려움을 가진 아이들의 학부모에게 아이들에 대한 전반적 이해를 전달하기 - 정서행동 차원의 어려움을 가진 아이의 사례 제시 - 조별 실습 - 조별 실습을 하면서 알게 된 점, 어려웠던 점, 보완할 점 나누기	15분

정리	○ 활동명: 회기 마무리 및 다음 회기 안내 ○ 활동 목표 및 내용: - 전반적 내용 복습 및 오늘 학습 소감 나누기 - 다음 회기(주제 3회기) 안내	5분

❶ 도입(5분)

“지난 시간에 여러분은 학업동기가 낮고 학습능력이 떨어지는 아이들에 대해서 보았습니다. 오늘은 정서 그리고 행동적으로 어려움을 가진 아이들을 보게 될텐데요. 우선 영상을 보고 시작하도록 하겠습니다.”

“이런 학생들이 교실에서 몇 명이나 되는 거 같으신가요?”

<2019년 청소년 통계(여성가족부, 통계청) 우울감 경험률 그래프 제시>
<청소년 자살률 통계 제시>
<청소년 게임중독 통계 제시>
<청소년 학업중퇴 통계 제시>
<청소년 음주/흡연 통계 제시>

“이런 문제를 보면 닭이 먼저인지, 알이 먼저인지 고민이 됩니다. 우울한데 공부가 될까요? 학력중심사회에서 공부를 못하는데 우울하지 않을까요?”

“우울해서 힘이 없어 보이는 아이들, 정신차릴 때가 된 거 같은데 학원도 땡땡이치고 학교 끝나면 PC방에 가는 아이들, 밥은 안 먹어도 담배는 피우고, 또는 절도를 하고 학교 밖을 떠돌아 다니는 아이들. 이 아이들에 대해 이해를 해 보는 시간이 되겠습니다.”

❷ 전개 1(30분): 정서행동 차원의 어려움을 가진 아이들

1) 정서행동 차원의 어려움이란?

“정서행동적 차원의 어려움은 크게 내재화 심리정서 문제, 부정적 자기개념, 외현화 행동문제, 일탈행동으로 나누어 볼 수 있습니다.”

■ **내재화 심리정서 문제**

✔ '내재화 심리정서 문제'는 위축되어 있거나 우울, 불안 등 심리내적인 문제를 나타내는 것을 의미한다.

예 적응이 어렵고 시험불안이 높아서 시험기간에 과도하게 긴장하거나 쓰러지기도 함. 오늘 기분이 어떤지 물으면 눈물을 흘리며 반응함 / 수업시간에 구체적인 지시가 없으면 아무것도 하지 못하고, 쉬는 시간에도 가만히 책상에만 앉아있음. 다른 아이들, 선생님들과 함께 있는 것에 부담을 느끼고 전반적인 학교생활에서 아무런 말을 하지 않음.

■ **부정적 자기개념**

✔ '부정적 자기개념'은 자기존중감이 낮거나 자신에 대한 부정적인 생각을 하는 등 자기에 대한 개념화에 있어 문제를 보이는 것을 의미한다.

예 스스로에게 '난 이래서 안 돼'라는 한계를 짓고 행동함. / 심한 열등감 속에 살아가고 있었음. / 누적된 학업부진으로 자존감이 매우 떨어진 학생이 있었음.

■ **외현화 행동문제**

✔ '외현화 행동문제'는 공격성이나 분노 표출 등과 같은 외현적으로 문제행동을 보이는 것을 의미한다.

예 잘못된 행동을 반복적으로 하거나 반항을 함. 누적된 불만, 분노, 화가 쌓여 있어서 언제 터질지 모르는 시한폭탄 같이 느껴짐 / 정서적으로 불안정하고 쉽게 분노함. 화를 가라앉히는 것을 어려워하며 분노가 폭발할 때 교사가 힘으로 제압하지 않으면 의자와 책상을 던지면서 난동을 피움. 자신을 놀리는 것에 대해 격분하며 커터칼을 들고 상대를 찌르려 함.

■ **일탈행동**

✔ '일탈행동'은 학업중퇴, 흡연, 인터넷 혹은 게임중독, 파괴적 충동조절 및 품행장애 등 심각한 행동문제들을 나타내는 것을 의미한다.

예 게임중독, 유흥업소 출입, 잘못된 성관계를 가지기도 함 / 학교 밖 생활의 단조로움 또는 부모의 통제가 없어서 방치된 경우로 유튜브 시청이나 게임 등, 특정한 것들에 대해 중독경향을 나타냄.

출처: 최수미, 유인화, 김동일, 박애실 (2018). 일반교사가 지각하는 교육사각지대 학습자 특성의 구성개념 탐색. **교육심리연구**, 32(3), 421-442.

2) 정서행동적 차원의 어려움을 가진 아이들의 특징과 원인, 심리적 상태, 징후에 대한 이해

"청소년의 문제행동은 내현적 행동문제와 외현적 행동문제로 나눌 수 있습니다(Achenbach & Edelbrock, 1983). 내재화된 행동문제는 우울, 강박증, 신체고통, 정신분열증으로, 외현적 행동문제는 과잉행동, 공격성, 비행 등으로 다시 세분화할 수 있는데요. 앞서 말한 내재화된 정서문제, 부정적 자기개념, 즉 낮은 자존감, 외현화된 행동문제에 관한 연구를 살펴보았을 때, 많은 요인들이 공통된 위험요인으로 연구되고 있습니다."

강의자료-교수자용

1) 청소년기의 우울은 보편적 감정

사춘기로 접어들면서 증가하는 부적응 행동 중의 하나는 우울이다. 우울은 청소년기에 보편적으로 나타나는 증상으로 울적한 기분이나 불행하다고 느끼는 감정이다. 한 연구에서는 청소년의 절반 정도가 슬픔과 희망이 없음을 적어도 어느 순간에는 느낀다고 한다(신애재, 1998). 즉 청소년기의 우울은 임상적 우울을 가진 청소년뿐만 아니라 일반청소년도 일상생활을 통해서 보편적으로 경험할 수 있는 감정이다.

2) 청소년기 우울의 주요 특징

- ✔ **기분**: 슬픈 감정이 지속되고, 주변 사람과 과거에 관심과 흥미를 가지고 있던 일에 대해 흥미를 잃어버리며, 즐거움을 경험할 수 없다. 화를 잘 내고 짜증이 늘어나며, 죽고 싶다는 이야기를 하는 경우도 있다.
- ✔ **태도**: 자신이나 세상, 미래에 대해 지나치게 부정적인 태도를 보인다. 자신을 불쌍하게 생각하고 무기력감에 빠지며, 자신의 주변 환경을 개선시키기 어렵다고 생각한다.
- ✔ **에너지 수준**: 신체를 움직이고 사고의 집중력을 발휘하기 어렵게 되며, 자신의 능력에 비해 낮은 수행을 보인다.
- ✔ **신체적 상태**: 늦게 잠이 들고, 잠을 잘 자지 못하며, 쉽게 깨고 늘 피곤해 하는 경향이 있다. 두통이나 복통 등의 다양한 통증을 호소하며, 건강을 잃을 것 같은 걱정을 호소하기도 한다.
- ✔ **행동**: 행동이 느려지고 비관적인 생각 때문에 새로운 계획을 시행하기가 힘들다. 초, 중기 청소년기에는 반항적 행동 혹은 반사회적 활동을 통해 자신의 우울한 상태를 표현하는 경우도 있으며, 후기 청소년기에는 자살 행동의 가능성에 대한 고려가 필요하다.

3) 우울의 위험요인

✔ **또래관계**: 청소년기는 또래가 차지하는 중요성과 영향력이 높은 시기로, 또래친구 관계는 스트레스와 문제에 대처하는데 심리적 안정과 사회적 지지를 제공하며, 청소년의 적응에 영향을 미치게 된다. Field, Diego, and Sanders(2001)는 적정 수준의 또래관계가 없고 친구 수가 적으며 인기가 없는 청소년이 우울을 경험할 가능성이 높다고 보고하였다. 또한 부정적인 친구관계는 청소년의 사회적 고립을 일으키며 비행, 우울 등의 문제행동과 부적응의 원인이 된다(이영선, 2004).

✔ **가족**: 가족은 청소년의 적응에 중요한 영향을 미치는 요소이다. 청소년은 가족 안에서 만족감, 행복감, 안정감 등을 얻고자 하는데, 그 욕구가 충족되지 않을 경우 다양한 문제를 일으키기도 한다. 가족관계가 원만하지 않거나 문제가 있을 경우 학교생활 적응의 어려움 같은 문제가 나타날 수 있으며, 우울 같은 심리적 증상을 보이기도 한다. 또한 가족의 문제를 해결할 때 자녀의 의견을 개방적으로 수용하지 않는 가족의 청소년이 불안과 우울을 더 많이 느끼는 것으로 나타났다(전귀연, 1993). 그리고 부모의 양육태도에 있어 자녀에게 수용적이고 민주적이기보다는 과보호적인 태도를 많이 보이는 부모 집단에서 청소년의 우울, 불안이 더 높았다(오동재, 전성일, 장환일, 1993). 김애경(2001)의 연구에서도 부모가 자녀에게 무관심하거나 거부적일 때 청소년의 우울이 높게 나타났다. 이상과 같은 연구들을 정리해보면, 가족, 부모와의 관계가 청소년의 우울에 영향을 미치는 중요한 요인임을 알 수 있다.

✔ **부모**: 인간의 발달과정에서 생애 초기의 경험은 중요한데, 특히 부모와의 관계가 성격과 행동 및 정신 병리에 많은 영향을 미친다. 이는 자녀가 부모 자녀 간의 상호작용을 통해 최초의 인간관계를 경험하고 형성하며, 성격은 물론 자아개념, 태도 및 행동 수행 능력에 이르기까지 많은 영향을 미치기 때문이다. Beck(1976)은 부모와의 긍정적인 관계는 건강한 심리적 발달과 관계 형성 능력에 필수적인 조건이라고 보았다. 부모와의 관계가 청소년의 우울과 관련이 있음을 보고한 연구들을 살펴보면, 부모와의 관계가 긍정적일수록 자녀의 우울 수준이 낮다는 것을 보고하고 있다(오영경, 2008).

✔ **부부갈등**: 부모 간 부부갈등은 자녀의 심리적 적응을 위협하는 주요한 스트레스 요인이다(Emery, 1982). 부부갈등의 빈도가 높을수록 자녀는 스트레스와 분노, 불안정감을 경험하며 심리적인 문제가 심해진다(Cummings & El-Sheikh, 1991). 또한 부모가 심하게 싸울수록 자녀는 분노, 슬픔, 걱정, 수치심 등 부정적인 감정을 더욱 많이 느낀다(김상빈, 1994). 또한 부부 간의 갈등은 가족관계를 왜곡시키거나 가족 간의 유대를 손상시켜 자녀의 행동을 간접적으로 변화시킬 수 있다고도 하였다(Grych & Fincham, 1990). Fantuzzo et al.(1991)의 연구에 의하면 언어적, 신체적 부부 갈등은 자녀의 내면적·외현적 문제와 관련성이 높은 것으로 나타났다. 즉 부부갈등은 자녀의 우울, 불안, 비행, 반사회적 행동 등 정서·행동적 문제와 밀접히 연관된다.

■ **외현화된 행동문제와 관련된 요인**

✔ **자기통제력**: 자기통제는 상황적인 요구에 스스로 적합한 행동을 할 수 있으며 미래에 더 좋은 결과를 얻기 위해 일시적인 충동이나 즉각적인 만족을 자제하고 인내하는 능력이다(이경님, 2000). 자기통제력이 낮은 아동은 대인관계에서 충동적이고 공격적인 특성을 보이는데(Feldman & Wentzel, 1990), 남아의 경우 자기통제력이 행동문제에 영향을 미쳤으나 여아의 경우에는 그렇지 않다는 연구결과가 있다(김선희, 김경연, 2001).

■ **일탈행동과 관련된 요인**

✔ **비행친구와의 접촉**: 문제 친구가 있는 정도(이미애, 2005), 부정적 또래의 수(유성경, 2000), 등이 일탈행동과 관련된다는 연구 결과가 있다.

✔ **부모감독**: 부모감독이란 부모가 자신의 자녀가 어디에 있는지, 누구와 함께 있는지 그리고 무엇을 하는지에 대해 알고 있는 정도를 말한다(Patterson & Stouthamer-Loeber, 1984). 백연화(1998)는 부모감독은 직접적인 통제의 한 방식으로 자녀의 비행을 억제시키는 효과를 가진다고 했다. 이는 자녀에 대한 감독이 잘 이루어지고 있는 가정에서는 자녀의 문제를 잘 파악할 수 있지만, 그렇지 않은 부모는 자녀의 학교생활에서의 문제점이나 또래친구와의 싸움 등 집 밖에서의 행동에 대해서 인식하기 어렵기 때문이다. 따라서 부모감독의 부족은 자녀가 비행 친구와 어울리거나 반사회적 행동에 빠져들 수 있는 위험을 초래할 수 있다. 대부분의 연구에서 부모감독은 음주, 비행, 약물남용, 학교에서의 문제 같은 청소년의 행동문제에 영향을 미치는 것으로 나타났다(Barnes & Ferrell, 1992; Kerr & Stattin, 2000). 부적절한 부모감독은 청소년으로 하여금 비행친구와 접하게 하고 파괴적인 행동으로 연결되어, 결국에는 반사회적 행동을 결과한다는 것이다(Reid & Patterson, 1989).

✔ 또한 부모감독은 청소년의 외현화 문제행동 뿐 아니라 내면화 문제행동에도 영향을 미치는 요인으로 나타났다(고정자, 2003). 부모감독이 청소년의 우울에 미치는 영향은 남녀에 따라 다르게 나타난다는 것을 밝힌 연구들도 있다. 박진경과 도현심(2001)의 연구에서 어머니의 감독 수준이 높을수록 여학생 청소년의 내면화 행동 문제가 낮은 것으로 나타났으나, 남학생의 경우에는 어머니의 감독이 내면화 행동 문제에 영향을 미치지 않았다. 박기원(2009)의 연구에서도 부모감독은 여자 중 학생의 우울에만 영향을 미쳤다. 이와 같은 선행연구들은 부모감독이 청소년의 우울과 관련됨을 밝히고 있다.

❸ 전개 2(20분): 정서행동 차원의 어려움을 가진 아이들에 대한 이해 전달하기

1) 정서행동적 차원의 어려움을 가진 아이들의 학부모에게 아이들에 대한 전문적 이해 및 견해 전달하기

"정서행동적 차원의 어려움을 가진 아이들에 대한 특징, 원인, 심리적 상태, 그리고 징후들을 앞서 살펴보았는데요. 학부모를 만날 때는 총론에서 배웠던 상담적 기법을 적용하고 해결중심상담의 관점을 취하여 방법적으로 숙련되어 있는 것도 중요하지만, 아이들의 상태에 대한 전문적이고 객관적인 이해를 바탕으로 이를 학부모에게 잘 전달하는 것도 중요합니다. 따라서, 이번에는 조별 실습을 통해 사례를 가지고 학부모에게 아이들에 대한 이해를 전달해보는 연습을 하겠습니다."

전달 시 주의사항

- 자녀에 대해 궁금한 것이 있는지를 물어본다(정보는 부모가 궁금해 하고 있는 것이어야 하고 학생의 교육과 양육에 필요로 하는 것이어야 한다).
- 자녀에 대해 교사가 알아야 하는 것이 있는지 물어본다.
- 교사가 제공하는 정보가 분명하고 문제 상황에 적절한가를 확인해야 한다.
- 정보 제공과 충고를 혼동하지 말아야 한다. 충고는 거의 도움이 안 된다. 정보는 객관적인 내용을 담고 있는 반면, 충고는 부모의 언행이나 태도에 대한 지적을 담고 있다.
- 아이의 장점을 이야기한다.
- 부모 잘못이 아님을 전달한다.

(워크지로 2인 1조로 연습해봄)

"조별로 다양한 사례들로 정서적·행동적으로 어려움을 겪는 아이들에 대한 이해를 학부모에게 전달해보는 활동을 하셨을 텐데요. 조별 활동을 하면서 알게 된 점, 어려웠던 점, 보완할 점을 나누어 보겠습니다."

❹ 마무리(5분)

“이제 오늘의 활동을 마무리하려고 합니다. 오늘은 정서적·행동적으로 어려운 아이들에 대해 이해하는 시간을 가져보았습니다. 또한 이러한 아이들의 학부모에게 아이들에 대한 전반적인 이해를 어떻게 전달할 수 있을지에 대해 직접 사례에 적용해보고 실습해보는 시간을 가졌습니다.”

“다음 회기는 주제 3회기로, 또래관계에서 어려운 아이들에 대해 살펴보도록 하겠습니다.”

활동자료 주제 2-2 **학부모 상담 실습 작성 활동지**

학부모 상담 실습해보기

◆ 조별로 주어진 예시로 학습자의 상태와 특성 등을 파악하고, 학부모에게 이러한 상태와 특성에 대한 이해를 전달해보는 연습을 해봅시다.

예시1 ○○이는 고등학교 2학년 남학생이다. 얼마 전에 흡연을 꾸짖는 교사 앞에서 쌍욕을 하면서 학교 기물을 파손하였다. ○○는 수업에 집중을 하지 않는 것은 물론이고 학교 출석률도 아슬아슬하다. 이번 사건으로 담임교사가 상담했을 때 부모님 이야기를 할 땐 눈물도 보였고 효도하고 싶다는 말을 했다고 한다. 공부를 하려고 하면 하나부터 열까지 아무것도 모르는 이야기만 해서 할 수도 없고, 자존심에 모르겠다는 소리를 하기도 어렵다고 했다.

예시2 **는 중학교 3학년 여학생이다. 눈 밑에 다크써클이 있는데 왜 그러냐고 물어보면 공부를 하느라 잠을 잘 자지 못했다고 한다. 그런데 성적은 중하위권이다. 시험기간이 되면 늘 손톱을 물어뜯고 불안해하는 모습을 보인다. 얼마 전 성적표를 받고 종례시간에 기절을 해서 담임교사와 이야기를 하게 되었는데, 성적에 대한 중압감이 너무 커서 성적표를 봤을 때 숨이 쉬어지지가 않는다고 하였다.

- 교　사 :
- 학부모 :

- 교　사 :
- 학부모 :

- 교　사 :
- 학부모 :

- 교　사 :
- 학부모 :

- 교　사 :
- 학부모 :

- 교　사 :
- 학부모 :

- 교　사 :
- 학부모 :

주제 3회기

또래 관계가 어려운 아이들과 학부모 상담

Ⅰ. 개관

❶ 회기 소개

이번 회기는 주제의 세 번째 파트로, 교육사각지대에 놓여있는 아이들의 다섯 가지 하위유형 중 관계적 차원에서 어려움이 있는 아이들의 특징, 모습, 징후와 심리적 특성에 대해 살펴본다. 관계적 차원에서는 주로 또래관계의 측면에서 알아보고자 한다. 또한, 학부모를 만나서 실제로 이러한 아이들의 어려움은 어떠한 방식으로 전달할지에 대해 연습하는 시간을 가질 것이다.

❷ 목표

- 또래 관계 차원의 어려움이 있는 아이들의 특징, 모습, 징후, 심리적 특성을 이해하기
- 또래 관계 차원의 어려움이 있는 아이들의 학부모가 느낄 수 있는 정서를 파악하고, 학부모 상담 시, 확인해야 할 요소 및 주의사항 등을 상담학적 요소와 연결하여 이해하기
- 연계 기관 및 관련 자료를 파악하기

Ⅱ. 회기 진행

회기 구조

회기	주제 3회기	제목	또래 관계가 어려운 아이들과 학부모 상담
목표	• 관계적 차원의 어려움을 가진 아이들에 대해 이해하기 • 관계적 차원의 어려움을 가진 아이들에 대한 이해를 부모에게 전달하기		
준비물	PPT, 프린트물(워크시트)	시간	60분

과정	내용	시간(분)
도입	○ 관계적 차원의 어려움을 가진 아이들의 모습 영상 시청 ○ 오늘의 학습목표 소개	5분
전개(1)	○ 활동명: 또래 관계가 어려운 학생 이해하기 ○ 활동 목표: - 또래 관계가 어려운 학생의 교실 현장에서 가시적인 모습, 잠재적 징후를 이해한다. - 또래 관계가 어려운 학생의 심리적 특성을 이해한다. ○ 활동 내용(강의) 1) 교육사각지대 학습자 특성의 구성개념에서 또래 관계가 어려운 학생에 대한 정의의 이해 - 대인관계 소통 및 기술이 부족한 학생 - 학교폭력 피해경험이 있는 학생 2) 대인관계 소통 및 기술이 부족한 학생 - 가시적인 모습의 이해 - 잠재적 징후의 이해 - 심리적 특성의 이해 3) 학교폭력 피해경험이 있는 학생 - 가시적인 모습의 이해 - 잠재적 징후의 이해 - 심리적 특성의 이해	25분
전개(2)	○ 활동명: 관계적 차원의 어려움을 가진 아이들에 대한 이해 전달하기 ○ 활동 목표: 관계적 차원의 어려움을 가진 아이들에 대한 이해를 부모에게 효과적으로 전달할 수 있다.	25분

	○ 활동 내용(강의 + 그룹 실습) 1) 학부모가 느낄 수 있는 정서에 대한 이해(강의) - 일반적으로 학부모가 느낄 수 있는 정서 - 학부모의 상황에 따른 정서의 차이 - 부모의 기능 및 유형(독재적/권위적/허용적/방임적 유형)에 따른 정서의 차이 이해하기 - 적용할 수 있는 총론의 요소 2) 학부모를 상담할 때 확인해야 할 요소 및 주의사항(강의) - 확인해야 할 요소(부모 기능 평가, 부모 유형 평가, 자녀와의 상호작용 등) - 주의사항 및 적용할 수 있는 상담의 요소(사실에 기반한 효과적인 상호작용 방법, 부모의 정서를 감안한 상호작용 방법, 자녀의 특성과 상황을 오해없이 전달하는 방법 등) 3) 학부모 상담 실습(2인 1조로 예시 사례를 활용한 실습)	
정리	○ 활동명: 연계 자료 및 기관안내 & 마무리 활동 ○ 활동 목표: - 연계 기관 및 관련 자료 안내 - 회기 내용 요약 정리 - 다음 회기에 대한 안내 ○ 활동 내용 1) 또래 관계에 어려움이 있는 학생을 연계할 수 있는 기관 안내 및 관련 자료 안내 2) 4회기 마무리 및 다음 시간에 배울 내용에 대해 안내한다.	5분

❶ 도입(5분): 오늘의 활동목표 소개

"안녕하세요. 지난 시간에 여러분은 정서행동 차원에서 내재화된 정서적 어려움이나 외현화된 행동적 어려움이 있는 아이들에 대해서 살펴보았습니다. 오늘은 관계적 차원에서, 특히 또래 관계에서 어려움을 느끼는 아이들을 살펴볼 텐데요. 대인관계 소통 및 기술이 부족한 학생과 학교폭력 피해경험이 있는 학생들에 대한 이야기가 될 것입니다. 우선 영상을 통해 아이들의 어려움이 무엇일지 생각하면서 보시겠습니다."

(영상 시청)

“영상을 보시면서 어떤 생각들이 떠오르셨나요? 또래 관계는 아동, 청소년에게 아주 중요한 삶의 일부분이라고 할 수 있습니다. 친구들을 통해 세상을 접하고, 관점을 만들어나갑니다. 여러분의 반 아이들 중에 혹시 이렇게 친구들 사이에서 대인관계기술이 부족하여 소외되거나 학교폭력 피해를 겪은, 혹은 겪고 있는 아이들은 없으신가요? 오늘은 이러한 관계적 어려움을 가진 아이들의 교실에서의 모습, 징후, 심리적 특성 등을 이해하고, 이러한 아이들의 학부모를 어떻게 상담할 수 있을지에 대해 살펴보겠습니다.”

❷ 전개 1(25분): 또래 관계가 어려운 학생 이해하기

1) 또래 관계가 어려운 학생에 대한 정의의 이해

“여기서의 ‘관계적 차원’은 학교생활 상에서 아이들이 또래 관계를 맺을 때 가지는 어려움을 뜻합니다. 크게 두 가지로 나누어 살펴볼 수 있는데요. 하나는 대인관계 소통 및 기술이 부족한 학생, 다른 하나는 학교 폭력 피해경험이 있는 학생입니다.”

강의자료-교수자용

■ **대인관계 소통 및 기술부족**

✔ 학교 내 교사 혹은 또래 관계에서 의사소통이 부족하거나 사회적 기술이 부족하여 다양한 어려움을 나타내는 것을 의미한다.

예 또래에 비해 늦은 편으로 친구들과 친해지고 싶어하지만 다가가지 못하고 친구들에게 거부당할거라는 생각을 하는 경우 / 다른 친구, 어른들과의 의사소통을 잘 못함. 자신의 감정이 어떤 것인지 표현하지 못하고 타인의 감정에도 공감을 못하는 경우

■ **학교폭력 피해경험**

✔ 또래 관계에서 따돌림, 학교폭력 등의 피해경험을 당한 적이 있음을 의미한다.

예 중2, 중3 두 남학생 모두 부모님이 신실한 개신교 신자인데, 학급에서 또래답지 않은 언행과 훈계로 따돌림을 당한 적이 있는 경우 / 왕따 경험이 있는 경우로, 자기주장을 못하고 교사나 부모에게 의존적인 모습을 보이는데, 자주 눈물을 흘리

고, 자신이 무시당하고 애들이 싫어한다는 생각이 강한 경우

출처: 최수미, 유인화, 김동일, 박애실 (2018). 일반교사가 지각하는 교육사각지대 학습자 특성의 구성개념 탐색. **교육심리연구**, 32(3), 421-442.

"우리 반 아이들 중 떠오르는 아이들이 있으신가요? 다른 유형들과 명확하게 구분되지는 않을 수도 있습니다. 한 아이가 여러 가지 어려움을 동시에 가지고 있을 수도 있죠. 예시를 들으시니 비슷한 사례가 떠오르시는 경우도 있으실 텐데요. 이렇게 대인관계에서 원만한 생활이 어려운 아이들을 어떻게 이해하면 좋을까요? 다음 순서에서 살펴보도록 하겠습니다."

2) 또래 관계의 어려움을 가진 아이들의 특징과 원인, 심리적 상태, 징후에 대한 이해

"앞서 살펴 본 또래 관계의 어려움은 어른이 되어서도 인간관계, 대인관계 등으로 이름만 바꿔서 계속적으로 고민을 하게 되는 주제로, 삶의 많은 부분을 차지하는 아주 중요한 요소입니다. 주변 사람들과 별 탈 없이, 그리고 별 탈이 있어도 원만하고 회복가능한 방향으로 서로 잘 조정해 나가는 기술이 필요한 영역이 바로 관계의 문제입니다. '사람 마음이 제일 어렵다.'는 말도 어쩌면 이 맥락과 상통하겠는데요. 우선, 이렇게 또래 관계에서 앞서 살펴본 것처럼 어떻게 친구들에게 말을 걸고, 대화를 주고받는 게 친해지는 데 도움이 되는지에 대한 지식이나 기술이 부족한 아이들과 학교폭력 피해 경험이 있는 아이들에 대해서는 특징, 원인, 심리적 상태, 징후 등에 대해 각자 다르게 접근하는 것이 필요합니다."

강의자료-교수자용

■ **대인관계 소통 및 기술 부족**

✔ 원인: 개인적 요인 + 환경적 요인

✔ 개인적 요인: 낮은 자존감과 공감능력 및 자기개방능력 부족, 지나친 경쟁심, 자기자신에 대한 부정적 이미지, 왜곡된 사회학습

✔ 환경적 요인: 불안정한 애착관계, 부모의 과잉보호, '공부만 잘하면 된다'는 가정환경, 지나치게 간섭적이고 완벽주의적인 부모

✔ 특징(모습) 및 징후: 친구들 사이에서의 소외/고립(모둠활동이나 짝을 지어서 활동해야 할 때 친구들과 어울리지 못함)
✔ 심리적 상태: 위축되어 있고, 자신감이 없다. 불안하고, 겁을 낸다.

■ **학교폭력 피해학생**

✔ 학교폭력이란? 학교 내, 외에서 학생을 대상으로 발생한 상해, 폭행, 감금, 협박, 약취, 유인, 명예훼손, 모욕, 공갈, 강요, 강제적인 심부름 및 성폭력, 따돌림, 사이버 따돌림, 정보통신망을 이용한 음란, 폭력 정보 등에 의하여 신체, 정신 또는 재산상의 피해 등을 수반하는 행위(학교폭력예방 및 대책에 관한 법률 제 2조)
✔ 징후 및 특징, 모습: 늦잠을 자고 몸이 아프다고 하며 학교가기를 꺼림, 성적이 갑자기 혹은 서서히 떨어짐, 안색이 안 좋고 평소보다 기운이 없음, 학교생활 및 친구관계에 대한 대화를 시도할 때 예민한 반응을 보임, 갑자기 짜증이 많아지고 가족이나 주변 사람들에게 폭력적인 행동을 함, 밖에 나가는 것을 힘들어하고 집에만 있으려고 함, 학교나 학원을 옮기는 것에 대하여 이야기를 꺼냄, 용돈을 평소보다 많이 달라고 하거나 스마트폰 요금이 많이 부과됨 (출처: 경기도교육청, 담임교사를 위한 학생상담가이드).
✔ 심리적 상태: 극도로 예민해하거나 불안해하고, 갑자기 우울해하거나 부정적으로 바뀐다.

출처: https://blog.naver.com/mdawon/221333531908
경기도교육청, 담임 교사를 위한 학생 상담 가이드.

❸ 전개 2(25분): 또래 관계의 어려움을 가진 아이들의 학부모 상담하기

1) 학부모가 느낄 수 있는 정서에 대한 강의

“일반적으로 대인관계가 어려운 학생들의 부모들은 크게 두 가지 반응이 있을 수 있습니다. ‘내가 알던 내 아이와 다른데? 혹은 어느 정도 예상했던 바이다.’ 이렇게 두 가지가 그것입니다. 전자의 경우에는 당황스럽고, 놀라는 마음, 후자의 경우에는 인정하고 수용하는 마음이 들 수 있습니다. 학교폭력 피해학생의 부모의 경우에는 자녀의 피해 사실에 대해 놀라고 당황스러워하는 한편, 가해학생에 대한 분노와 원망, 억울함, 자신의 자녀에 대한 미안함 등으로 혼란스러운 마음일 수 있으며, 자녀를 대신하여 무엇이라도 해주고 싶은 마음일 수 있습니다.”

"하지만, 부모의 유형별(독재적, 권위적, 허용적, 방임적)로 느끼는 정서에는 차이가 있을 수 있습니다. 이는 주제 6, 7에서 좀 더 명확하고 자세히 다루도록 하겠습니다."

"전반적으로 총론에서 배운 다양한 상담기법들과 해결중심상담 이론을 적용해본다면 다음과 같을 수 있습니다."

강의자료-교수자용

■ **대인관계 소통 및 기술 부족**

- ✔ "어머니, ○○이가 친구들과 어울리는 것을 힘들어합니다. 친구들과 함께 자연스럽게 이야기하고 친해질 수 있도록 가정에서도 안내 부탁드립니다."
- ✔ "집에서도 자연스럽고 화목한 분위기에서 가족 간의 감정을 이해하고 잘못에 대해 솔직하게 사과하는 등의 편안한 분위기를 형성하기를 부탁드립니다."
- ✔ "○○이가 집에서 학교 얘기를 하던가요? 어떤 이야기들을 하던가요? 친구들과 어울리는 게 어떤 부분에서 어려운 것 같으시나요? 아이와 함께 이야기를 나누어보시겠어요? 집에서 아이들을 어떻게 대하시나요? 집의 분위기는 어떠한가요?"
- ✔ "○○이에게 만약 기적이 일어나 친구들과 잘 어울리게 되었다면 학부모님은 어떤 점이 가장 좋으시겠습니까?"
- ✔ "○○이의 또래관계 상의 어려움으로 학교에 상담을 하러 오시기 전과 오늘 상담을 마친 지금 어머니의 정서적 막막함이나 어려움을 0에서 10까지의 변화로 표현해본다면 어떻게 변화하였나요?"

■ **학교폭력 피해학생**

- ✔ 피해학생 학부모의 감정이 격앙됨을 이해하고 수용하는 것이 중요하다. "많이 놀라셨죠. ○○이에게 이런 일이 생겨서 저 또한 걱정이 되고 많이 안타까운 마음입니다."
- ✔ 학부모가 말하는 학생의 피해 사실에 대해 객관적으로 인지해야 한다. "학생의 학교폭력 피해사실을 언제, 어떻게 알게 되셨습니까? ○○이는 누구에게, 얼마동안, 어떤 일이 있었다고 얘기했나요? 혹시 주변에 이 사실을 객관적으로 본 친구가 있을까요?"
- ✔ 피해학생의 학부모가 말하는 상황이 본 사안과 직접적으로 관련한 사실이 아니더라도 처음에는 온전히 들어주는 것이 필요하다.
- ✔ 피해학생과 학부모가 현재 무엇을 원하는지 정확히 파악한다.
- ✔ 추후 처리 과정에 대하여 설명하고 사실에 근거하여 문제를 해결할 것을 안내한다. "앞으로 ○○이에게 어떤 일이 일어났는지 상황을 보다 객관적으로 조사하여 ○○이를 보호하고 가해 행동이 재발하지 않도록 하는 조치가 진행될 것입니다."

✔ 피해학생의 보호와 안정 및 학교적응을 위한 학교에서의 노력을 안내한다. "현재 가장 중요한 것은 ○○이가 안전하게 학교생활을 하는 것이라고 생각합니다. 심리적인 충격 없이 다시 학교생활 잘할 수 있도록 학교에서도 노력하겠습니다."

출처: 경기도교육청, 담임 교사를 위한 학생 상담 가이드.

2) 학부모를 상담할 때 확인해야 할 요소 및 주의사항

"학부모를 상담할 때 확인해야 할 요소 및 주의사항을 살펴볼 텐데요. 이는 관계적 차원에서 어려움이 있는 아이들의 부모를 상담할 때뿐만 아니라 모든 학부모를 상담할 때 적용가능합니다. 우선, 확인해야 할 요소에는 부모유형 및 기능에 대해 각각의 부모들이 다를 것이기 때문에 어느 정도로 부모들이 교사인 여러분들의 이야기를 받아들이고 얘기를 나눌 준비가 되었는지, 초반에 상담을 하면서 학부모들의 말과 태도 등으로 파악을 해야 합니다. 또한 이들 부모들이 자녀들과는 가정에서 어느 정도로 상호작용이 되고 있는지 파악해야 상담을 할 때 가이드를 해줄 수 있는 방향이 달라질 수 있습니다."

주의사항

사실에 기반하여야 하며, 부모의 정서를 충분히 감안해야 하고, 자녀의 특성과 상황을 오해 없이 전달해야 한다.

"그럼 이제, 여러분이 직접 조별로 다양한 사례들로 관계의 어려움을 겪는 아이들에 대한 이해를 학부모에게 전달해보는 활동을 해보겠습니다."

■ **관계적 차원의 사례**

예시1 ○○이는 친구들과 도통 어울리는 법이 없다. 급식을 먹으러 갈 때도, 체육시간이나 미술시간에도 조별활동을 할 때는 늘 혼자다. 그렇다고 어떤 무리들이 ○○이를 대놓고 괴롭히는 것도 아니다. 친구들로부터 은근히 소외당하는 ○○이는 이제 이러한 상황에는 어느 정도 익숙하지만, 아직 자신이 친구들과 잘 지내지 못한다는 사실이 잘 받아들이기 어렵고, 정서적으로도 위축되어 있다. 반 아이들과 어울리려고 다가가도 친구들과 관계를 지속적으로 유지하기 어려워 보인다.

예시2 **이는 친구들로부터 따돌림을 당하고 있다. 친구들이 상습적으로 돈을 빼앗고, 장난이라고 하면서 머리를 몇 대씩 때린다. **이가 한 숙제를 빼앗아가서 베끼고 마치 자기들이 한 것처럼 군다. 주변 친구들은 소위 가해학생들 무리들이 장난으로 한 거라는 말 때문에 쉽사리 선생님께 말도 못하고, 모르는 척을 하고 있다. 하지만, **이는 이 일로 인해 이전에 비해 친구들과 어울리지도 못하고, 학교도 가기 싫어한다.

"조별로 두 가지 사례들로 관계적 차원의 어려움을 겪는 아이들에 대한 이해를 학부모에게 전달해보는 활동을 하셨을 텐데요. 조별 활동을 하면서 알게 된 점, 어려웠던 점, 보완할 점을 나누어 보겠습니다."

❹ 마무리(5분): 회기 마무리 및 다음 회기 안내

"오늘은 주제의 세번째 회기로서 또래 관계의 어려움을 가진 아이들에 대해 살펴보고, 이러한 아이들의 학부모에게 아이들에 대한 전반적인 이해를 어떻게 전달할 수 있을지에 대해 직접 사례에 적용해보고 연습해보는 시간을 가졌습니다. 또래 관계의 어려움을 가진 아이들이 도움을 받을 수 있는 기관은 교육지원청WEE센터, 청소년상담복지센터, 그리고 특히 학교폭력 피해학생들의 연계 기관은 경찰서 112, 학교폭력신고센터(ONE-STOP 지원센터) 117, 청소년지원센터 1388, 청소년폭력예방재단 02-585-0098, 학교폭력 SOS지원단(위기지원센터) 1588-9128, 여성긴급전화 1366 등이 있습니다. 이러한 연계기관들을 활용해 선생님들 혼자서는 해결하기 어려운 점들을 도움 받으시길 바랍니다."

"여기 계신 선생님들 모두 어떤 생각과 마음으로 오늘 강의와 연습에 임하셨는지와 소감이 궁금한데요. 이것을 들어보는 시간을 갖도록 하겠습니다."

"다음 회기는 주제 4회기로, 일상생활 및 환경적 차원에서 어려움이 있는 아이들에 대해 살펴보도록 하겠습니다."

활동자료 주제 3-1 **학부모 상담 실습 작성 활동지**

학부모 상담 실습해보기

◆ 조별로 주어진 예시로 학습자의 상태와 특성 등을 파악하고, 학부모에게 이러한 상태와 특성에 대한 이해를 전달해보는 연습을 해봅시다.

예시1 ○○이는 친구들과 도통 어울리는 법이 없다. 급식을 먹으러 갈 때도, 체육시간이나 미술시간에도 조별활동을 할 때는 늘 혼자다. 그렇다고 어떤 무리들이 ○○이를 대놓고 괴롭히는 것도 아니다. 친구들로부터 은근히 소외당하는 ○○이는 이제 이러한 상황에는 어느 정도 익숙하지만, 아직 자신이 친구들과 잘 지내지 못한다는 사실이 잘 받아들이기 어렵고, 정서적으로도 위축되어 있다. 반 아이들에게 어울리려고 다가가도 친구들과 관계를 지속적으로 유지하기 어려워 보인다.

예시2 **이는 친구들로부터 따돌림을 당하고 있다. 친구들이 상습적으로 돈을 빼앗고, 장난이라고 하면서 머리를 몇 대씩 때린다. **이가 한 숙제를 빼앗아가서 베끼고 마치 자기들이 한 것처럼 군다. 주변 친구들은 소위 가해학생들 무리들이 장난으로 한 거라는 말 때문에 쉽사리 선생님께 말도 못하고, 모르는 척을 하고 있다. 하지만, **이는 이 일로 인해 이전에 비해 친구들과 어울리지도 못하고, 학교도 가기 싫어한다.

• 교　사 :
• 학부모 :

• 교　사 :
• 학부모 :

• 교　사 :
• 학부모 :

• 교　사 :
• 학부모 :

• 교　사 :
• 학부모 :

• 교　사 :
• 학부모 :

• 교　사 :
• 학부모 :

주제 4회기

일상생활 및 환경적 차원의 어려움을 가진 아이들과 학부모 상담

Ⅰ. 개관

❶ 회기 소개

이번 회기에서는 교육사각지대에 있는 아동 중에서 규칙준수와 생활습관 형성 등의 일상생활 차원과 가정 환경 등의 환경적 차원에 어려움이 있는 아이들의 특징, 모습, 징후와 심리적 특성에 대하여 알아볼 것이다. 또한 학부모를 만나서 이 아이들의 어려움을 어떠한 방식으로 전달하고 상담할 수 있을지에 대해 실제적인 학습과 내용을 포함하게 된다. 이를 통해 이번 회기에서는 아이의 모습을 "문제"가 아닌 "어려움"의 입장에서 바라보고, 학부모를 원인 제공자가 아닌 "조력자"의 관점에서 접근하는 시간이 될 것이다.

❷ 목표

- 일상생활 차원(규칙준수, 생활습관 형성)의 어려움이 있는 아이들의 특징, 모습, 징후를 이해하기
- 환경적 차원(가정 환경)의 어려움이 있는 아이들의 특징, 모습, 징후를 이해하기
- 아이들에 대한 이해를 앞서 배운 기법과 해결중심상담의 내용을 적용하여 학부모에게 전달하기

Ⅱ. 회기 진행

회기 구조

회기	주제 4회기	제목	일상생활 및 환경적 차원의 어려움을 가진 아이들과 학부모 상담
목표	• 일상생활적 차원(규칙준수, 생활습관 형성)의 어려움이 있는 아이들의 특징, 모습, 징후를 이해하기 • 환경적 차원(가정 환경)의 어려움이 있는 아이들의 특징, 모습, 징후를 이해하기 • 아이들에 대한 이해를 학부모에게 전달하고 상담하기		
준비물	PPT, 프린트물(워크시트)	시간	60분

과정	내용	시간(분)
도입	○ 관계적 차원의 어려움을 가진 아이들의 모습 영상 시청 ○ 오늘의 학습목표 소개	5분
전개(1)	○ 활동명: 또래 관계가 어려운 학생 이해하기 ○ 활동 목표: - 또래 관계가 어려운 학생의 교실 현장에서 가시적인 모습, 잠재적 징후를 이해한다. - 또래 관계가 어려운 학생의 심리적 특성을 이해한다. ○ 활동 내용(강의) 1) 교육사각지대 학습자 특성의 구성개념에서 또래 관계가 어려운 학생에 대한 정의의 이해 - 대인관계 소통 및 기술이 부족한 학생 - 학교폭력 피해경험이 있는 학생 2) 대인관계 소통 및 기술이 부족한 학생 - 가시적인 모습의 이해 - 잠재적 징후의 이해 - 심리적 특성의 이해 3) 학교폭력 피해경험이 있는 학생 - 가시적인 모습의 이해 - 잠재적 징후의 이해 - 심리적 특성의 이해	25분

전개(2)	○ 활동명: 관계적 차원의 어려움을 가진 아이들에 대한 이해 전달하기 ○ 활동 목표: - 관계적 차원의 어려움을 가진 아이들에 대한 이해를 부모에게 효과적으로 전달할 수 있다. ○ 활동 내용(강의 + 그룹 실습) 1) 학부모가 느낄 수 있는 정서에 대한 이해(강의) - 일반적으로 학부모가 느낄 수 있는 정서 - 학부모의 상황에 따른 정서의 차이 - 부모의 기능 및 유형(독재적/권위적/허용적/방임적 유형)에 따른 정서의 차이 이해하기 - 적용할 수 있는 총론의 요소 2) 학부모를 상담할 때 확인해야 할 요소 및 주의사항(강의) - 확인해야 할 요소(부모 기능 평가, 부모 유형 평가, 자녀와의 상호작용 등) - 주의사항 및 적용할 수 있는 상담의 요소(사실에 기반한 효과적인 상호작용 방법, 부모의 정서를 감안한 상호작용 방법, 자녀의 특성과 상황을 오해없이 전달하는 방법 등) 3) 학부모 상담 실습(2인 1조로 예시 사례를 활용한 실습)	25분
전개(3)	○ 활동명: 연계 자료 및 기관안내 & 마무리 활동 ○ 활동 목표: - 연계 기관 및 관련 자료 안내 - 회기 내용 요약 정리 - 다음 회기에 대한 안내 ○ 활동 내용 1) 또래관계에 어려움이 있는 학생을 연계할 수 있는 기관 안내 및 관련 자료 안내 2) 4회기 마무리 및 다음 시간에 배울 내용에 대해 안내한다.	5분
정리	○ 활동명: 회기 마무리 및 다음 회기 안내 ○ 활동 목표: 총론 1회기를 정리하고, 전체 프로그램을 이해한다. ○ 활동 내용(강의 및 논의) - 전반적 내용 복습 및 오늘 학습 소감 나누기 - 프로그램 전체 목표와 전체 프로그램 구성의 유기적 관계 이해하기 - 다음 회기(총론 2회기) 안내	5분

❶ 도입(5분): 오늘의 활동목표 소개

"안녕하세요. 지난 시간에 여러분은 관계적 차원에서 또래 관계가 어려운 아이들에 대해서 살펴 보았습니다. 오늘은 환경적 차원과 일상생활적 차원에서 어려움을 가진 아이들을 보게 될 텐데요. 일상생활적 차원은 규칙 준수나 생활습관 형성이 안되는 아이들에 대한 이야기가 될 것이고, 환경적 차원은 어려운 가정 환경 속의 아이들에 대한 이야기가 될 것입니다. 먼저 영상을 한 편 보시겠습니다."

"이런 아이들을 보시면 먼저 어떤 생각이 드시나요? 규범에 대한 개념이 없고, 위생적으로도 불량한 아이가 내 반의 아이라면요? 우리는 보이는 것을 두고 이야기 할 때가 많은 것 같습니다. 하지만 보이는 것 이면에 보이지 않는 것들이 이 아이에 대해 더 많은 것을 이야기해 줄 수 있을 것 같습니다. 오늘은 이 아이들의 보이지 않는 이야기까지 들여다 보고, 이 아이들이 이렇게 되기까지 함께해 온 학부모와 어떻게 다르게 대화를 나눌 수 있을지 함께 생각해 보도록 하겠습니다."

❷ 전개 1(15분): 일상생활적 차원(규칙준수, 생활습관 형성)의 어려움이 있는 아이들

1) 일상생활적 차원의 어려움이란?(최수미, 유인화, 김동일, 박애실, 2018)

"일상생활적 차원의 어려움이란 크게 학교 내 규범 등의 미준수와 위생 및 생활습관 문제로 나눌 수 있습니다."

강의자료-교수자용

■ **학교 내 규범 등 미 준수**

✔ '학교 내 규범 등 미 준수'는 지각, 결석, 조퇴 등 학교에서 요구되는 규범이나 규칙을 어기거나 학급 내 약속 등을 지키지 않는 행동문제들을 나타내는 것을 의미한다.

예 "기본적으로 준비물, 숙제 등을 잘 해오지 않고, 이런 일이 반복되니 반 친구들에게 저 아이는 '선생님 말씀을 잘 듣지 않는 아이'. '자신이 해야 할 일을 제대로 하지 않는 아이'라는 부정적 인식이 강하게 남음", "오전 8시 30분 등교 시간에 맞춰 일어나 등교하지 못함. 거의 매일 9시 30분-10시 사이에 등교하여 1교시 수업에 참여하지 못함."

■ **위생 및 생활습관 문제**

✔ '위생 및 생활습관 문제'는 비위생적인 상태나 때와 장소에 맞지 않는 옷을 입거나 혹은 자신의 물건관리나 정리정돈의 어려움 등 생활습관에 문제를 나타내는 것을 의미한다.

예 "코를 파서 코딱지를 먹는 행동을 스스럼없이 습관적으로 함", "가정에서 위생에 관한 부분도 처치가 안되어 수업시간에 머리(비듬)를 털어 수업을 방해하고 주변에 있는 친구들에게 어려움을 줌."

"우리 반 아이들 중 떠오르는 아이가 있으신가요? 구체적인 응답 사례를 들으시니 더 또렷이 그림이 그려지시죠. 지난 회기까지 들으셨던 유형들과 공존하는 어려움일 수도 있습니다."

2) 일상생활적 차원의 어려움을 가진 아이들의 특징과 원인, 심리적 상태, 징후에 대한 이해

"앞서 살펴 본 일상생활적 차원의 어려움은 결과적으로 드러난 아이의 행동이기에, 그 원인은 매우 복잡할 수 있습니다. 지난 시간 살펴 본 우울이나 정서와 관련된 문제가 이러한 행동을 유발할 수도 있고, 또는 뒤이어 살펴볼 가정환경의 문제가 이와 같은 행동을 초래할 수도 있습니다. 아이의 행동을 설명할 만한 가능한 원인이 매우 많이 존재합니다. 즉, 중요한 것은 무조건 부모를 '문제의 원인'으로 단정하는 것은 위험한 결론이라는 것입니다. 물론 관련이 없을 수는 없겠으나 '부모'는 교사에게 있어 아이의 행동 변화를 꾀할 수 있는 가장 좋은 공동 조력자이므로 부모를 문제의 원인으로 단정하고 접근하게 된다면 유능한 조력자를 잃을 수 있기에 주의를 기울여야 합니다."

강의자료-교수자용

■ **원인**

✔ 정서적 문제로 인한 심리적·육체적 에너지 부족

• 위생 불량은 때때로 심각한 우울증 또는 조울증의 행동적 지표가 될 수 있음.

✔ 파괴적 행동 문제: 난폭하거나 무책임한 행동을 통한 비행

✔ **중독 문제**

- 인터넷, 게임 등의 중독 가능성 있음. 이로 인해 수면 패턴이 불규칙해지고 일상생활에 지장을 겪음.

✔ **부모의 무관심:** 적절한 돌봄의 부재

- 아이의 행동에 대해 방임하는 경우, 아이는 적절한 행동양식을 학습하지 못하고 원하는 대로 행동하는 방식을 고수해왔을 수 있음.
- 아이의 위생 상태나 의복에 관심을 기울이지 않고 돌봐주지 않았던 경우에도 아이는 이러한 부분을 신경써야 하는 것에 대해 지식이 없을 수 있음.

✔ 부모 또한 사회적 규칙을 잘 준수하지 않는 사람인 경우

✔ **지적 장애:** 사회적으로 적절한 행동을 배워야 하는 경우

■ **심리적 상태 및 징후**

✔ **정서적 문제:** 우울증 혹은 기분부전장애(권석만, 2003; 김명식, 2008; 김성철, 2000)

- 청소년이 학교 적응에 어려움을 겪거나 다양한 스트레스를 겪을 때 우울증 혹은 기분부전장애가 야기될 수 있음. 이로 인해 학교 생활에 흥미를 잃고 과제나 준비물 챙기기 등, 기본적인 학교의 일상을 잘 수행하지 못하기도 함.
- 우울증과 기분부전장애의 청소년 유병률은 15-20%로 상당히 흔한 증상임.
- 증상: 비애감 또는 성마름, 좋아하던 활동에 흥미를 잃음, 친구와 사회적 상황에서 단절, 모든 일을 즐길 수 없음, 거절당하고 사랑받지 못하거나 무가치하다는 느낌, 피곤해하거나 활기가 전혀 없음, 잘 자지 못하고 악몽이 있거나 잠을 너무 많이 잠, 자신을 탓함, 입맛과 체중을 잃음, 생각하고, 집중하고, 결정하는 데 문제가 있음, 죽음과 또는 자살에 대해 생각함, 귀중한 소유물을 나누어 줌, 새로운 신체 증상을 하소연함, 학업 성적이 떨어짐.

✔ **파괴적 행동 문제**(권석만, 2003)

- 소아기와 청소년기에 상당히 흔한 장애로서 18세 이하 남자의 6-16%, 여자의 2-9%에서 나타남. 기본적 규칙을 준수하지 않는 경향이 있음.
- 증상: 다른 사람의 기본적 권리를 해치거나 나이에 적합한 사회적 규범을 어기는 행동 양상의 지속적 반복이 일어남. 어른에게 반항적이고 적대적이며 복종하지 않는 경향이 있고, 잦은 학교 결석, 성적 저조, 흡연, 음주, 거짓말, 가출, 기물 파괴 등을 나타내지만, 자신의 잘못에 대해 죄책감을 느끼거나 후회하지 않으며, 오히려 다른 사람의 탓으로 돌리기도 함. 이에 대한 처벌은 오히려 반항심과 분노를 증가시켜 문제행동을 더 악화시킴.
- 서서히 여러 증상이 발생되는데, 더 어릴 때 시작되고 문제행동의 수가 많은 경우에는 성인기의 반사회성 성격장애로 발전될 수 있으며, 반사회성 성격장애나 알코올 의

존이 있는 부모의 자녀에서 품행장애가 더 빈번히 발생함.

✔ **중독문제**: 인터넷 및 사이버 게임 중독(최은영, 양종국, 2015)

- 게임이나 인터넷 중독에 빠지면 대부분의 시간을 게임이나 온라인상에서 보내므로 정상적 생활이 불가함. 수면 패턴이 불규칙해지고, 지각하거나 여러날 결석을 하기도 함. 게임 외의 다른 것들에 대한 관심이 저하되고, 학업 의지 상실 및 수업에서 집중력 저하로 성적 또한 부진한 경우가 많음.
- 자기 조절의 문제, 탐닉, 금단증상, 사회적 고립, 가정불화, 학습부진 등의 문제를 일으킴. 이들의 심리적 특징은 첫째, 늘 불안하고 우울함. 현실에서의 불안, 고민 등을 인터넷 집착을 통해 해결하고자 하는 경향이 있음. 둘째, 정서적 문제 혹은 낮은 자존감의 특성이 있음. 사이버상에서의 자기효능감을 통해 이를 해결하고자 함. 셋째, 충동조절장애와 주의력결핍장애를 일으키는 경우가 많음. 학습에 집중하지 못하고 한 가지 일을 진득히 하지 못하는 경우가 많으며 안절부절하지 못함. 결국, 신체적 문제보다는 현실에서의 불안, 우울, 낮은 자존감 등의 문제가 일어남.

✔ **지적장애**(권석만, 2003; 김명식, 2008)

- 표준화된 지능검사에서 70 미만의 지능지수를 나타내는 경우 정신지체로 진단됨. 이 중 55-70까지의 경미한 정신지체의 경우 대부분 외모나 체격이 일반 아동과 비슷하지만 학교에서 요구하는 지적인 능력(기억력, 계산능력, 개념형성능력 등)에서 어려움을 보일 수 있음.
- 대체로 주의집중 부족과 충동적인 성향을 보이며, 자신보다 어린 아이들과 어울리는 경향이 있음. 사회적 관습에 대한 이해가 일반 아동에 비해 떨어지므로 타인의 도움과 지도가 필요함.
- 중간 이하(55-50 이하)의 정신 지체의 경우는 일반 아이들과 눈에 띄게 다르므로 진단을 받을 수 있으나 경미한 정신지체의 경우는 일반 아동과 비슷한 부분이 많아서 잘 파악하지 못하거나 진단받지 못하는 경향이 있음.

❸ 전개 2(15분): 환경적 차원(가정 환경)의 어려움이 있는 아이들

1) 환경적 차원의 어려움이란?(최수미, 유인화, 김동일, 박애실, 2018)

“환경적 차원의 어려움이란 아이를 둘러싼 환경인 가정 환경에 대한 이야기가 될 수 있습니다. 크게 가족구조 및 기능, 낮은 사회경제적 지위, 역기능적인 가족관계가 있습니다.”

■ **가족구조 및 기능**

✔ '가족구조 및 기능'은 환경적 차원에서 가장 많은 비중을 차지하는 범주이다. 이는 재혼, 편모, 편부, 조손 가정 등 가족구조와 관련된 영역과 부모가 자녀를 돌보는 것, 학교 혹은 교사의 지도에 대한 부모의 태도 문제 등을 포함한 역기능적으로 기능하는 가족적 특성을 나타내는 것이 핵심 주제이다.

예 "이혼한 가정의 어머니와 함께 사는 학생으로 어머니 면담 시 부정적인 태도를 보이시고 학생에 대한 누적된 부정적 피드백으로 인해 학교로부터 호출되어 올 때부터 부정적인 마음을 가짐", "할머니가 주양육자로, 부모로부터 관심과 지지를 받지 못함", "아버지와 단둘이 살고 있는데 아버지가 알코올 중독이고 가정폭력이 있으심. 아동센터에 신고가 들어간 적도 있고 아이의 눈빛은 항상 흔들렸고 불안해 보였음."

■ **낮은 사회경제적 지위**

✔ '낮은 사회경제적 지위'는 기초 수급, 차상위 계층 등 경제적으로 빈곤하거나 열악하고 위험한 지역사회 환경으로 부모의 교육수준이 낮은 것을 의미한다.

예 "가정형편이 어려워 자신이 아르바이트 해서 생활비를 감당함. 학교를 그만두는 것에 대해 쉽게 생각하고 스트레스가 계속 쌓임", "6남매의 넷째인데, 기초생계급여수급자 가정의 아이로 학습이 전혀 되지 않아서 4학년임에도 11-7과 같은 쉬운 뺄셈계산조차도 어려워함."

■ **역기능적인 가족관계**

✔ '역기능적인 가족관계'는 가정 내 부부간 갈등이 있거나, 부모-자녀관계, 형제간 갈등을 포함한 가족관계가 역기능적이고 부정적인 것을 의미한다.

예 "부모와의 관계가 너무 밀착되거나 소외되는 경우가 많은 등, 원만하지 않은 경향이 있음", "가정 내 어른들끼리의 일에 대한 상처로 어른들과의 인간관계에 대한 신뢰가 상실되고 이것이 학습 무기력으로 이어지는 경우가 많음", "대체로 가정에서의 불화가 학교생활 부적응으로까지 이어지는 경우가 많고, 이 경우 학부모와의 상담과정에서도 부모가 상담에 비협조적인 경우가 많다."

"가정에서의 어려움은 부모와의 협조가 더 많이 이루어져야 하는 부분이라고 볼 수 있겠습니다. 방금 말씀드린 부분은 현재의 현상을 설명하는 내용들이기 때문에 해결 가능한 어려움과 그렇지 않은 어려움으로 나뉠 수 있겠지요. 그렇기 때문에 낮은 사회경제적 지위와 같이 교사가 해결해 줄 수 없는 어려움이 아닌 교사와 학부모가 협력하여 더 나아질 수 있는 부분에 우리의 초점이 맞추어져야겠습니다.”

2) 환경적 차원의 어려움을 가진 아이들의 특징과 원인, 심리적 상태, 징후에 대한 이해 (최은영, 양종국, 2005)

“환경적 차원의 어려움의 경우는 그 자체가 다른 어려움의 원인이 되는 경우가 더 많으므로 이러한 어려움을 겪는 아이들의 심리적 상태에 대한 이야기를 더 나누어 보면 좋겠습니다. 자기에게 초점이 맞추어져 있는 청소년 시기에 가정 문제를 겪게 되면 ‘나만 겪는 문제’ 혹은 ‘세상에서 제일 불행한 나’와 같이 자신의 처지를 비관하거나 스스로의 자존감을 크게 떨어뜨리는 원인이 될 수 있습니다. 가정은 아이가 외부에서 겪는 여러 어려움의 완충지가 되고 안전기지가 되어야 하는데, 환경적 차원의 어려움을 가진 아이들은 이러한 안전기지를 확보하지 못한 상태라 볼 수 있으므로 매우 불안할 수 있습니다. 특히 어릴수록 가정학대에 취약하며 스스로 자신을 보호할 수 없으므로 학대의 징후가 보인다면 교사가 적극적으로 개입해야 합니다. 환경적 차원의 어려움을 가진 아이들의 심리 상태와 징후를 알아보도록 하겠습니다.”

강의자료-교수자용

■ **심리적 상태 및 징후**

✔ 환경적 차원의 경우, 어떠한 원인이 존재한다기보다는 **이 자체가 원인이 되어 다른 차원의 문제들을 야기하는 경향이 있음.**

- 주변 친구들과의 비교를 통한 상대적 위축감 및 박탈감
- ‘나만 겪는 문제’ 혹은 ‘세상에서 제일 불행한 나’라는 생각으로 인한 비관
- 바뀌지 않을 것 같은 상황에 대한 절망 혹은 희망 없음.
- 부모의 갈등에 대한 죄책감(아이들은 부모의 갈등이나 이혼이 발생하였을 경우, 자기 때문이라는 죄책감을 느낌)
- 낮은 자존감
- 부모에게 기댈 수 없음으로 인한 높은 불안감
- 가정 학대의 경우: 수치심, 분노, 낮은 자기 존중감(나는 맞고 사는 사람) 등
- 딱히 친구들과 문제가 없어 보이는데, 늘 눈빛이 흐리고 자신감이 없이 위축되어 있음.

- 주변 눈치를 많이 봄.
- 부모 이야기를 할 때 감정적으로 격해지거나 혹은 아예 감정이 없는 듯한 반응. 그리고 부모님 이야기를 거의 하지 않거나 한쪽 부모에 대한 이야기만 함.

■ **환경적 차원의 어려움과 적응유연성**

✔ 환경적 차원의 어려움인 가족구조 및 기능, 낮은 사회경제적 지위, 역기능적인 가족관계는 청소년 적응유연성과 관련이 높음.

✔ 청소년들은 가족구성원들과 유대관계가 좋을수록, 의사소통이 잘 이루어질수록, 경제적인 부담감이 적을수록 적응유연성이 강하게 나타남. 또한 청소년 비행을 일으키는 위험요소로서 작용하는 것으로 나타남. 그러나 위험요소를 지니고 있다고 하더라도 보호요소의 강화를 통해 위험요소의 부작용을 감소시킬 수 있음.

■ **청소년 비행관련 위험요소와 보호요소**

수준	위험요소	보호요소
개인	• 반사회적 행동 • 충동 자제력이 낮음 • 소외 또는 반항 • 비행으로의 조기 입문	• 잘 개발된 문제해결기술과 지적 능력 • 자아존중감, 자기효능감, 책임감 • 종교생활 • 사회적 소속감, 사회적 대인관계 기술
가족	• 빈약한 부모 통제 • 비일관적, 방임적 양육 • 분명하지 않은 가족규칙, 기대, 보상 • 아동학대, 부부갈등	• 적어도 한 사람과 밀접한 관계 유지 • 긍정적인 양육태도(따뜻하고 일관적)
또래	• 위험행동을 하는 또래와 연합	• 가까운 친구
학교	• 학교 변동, 전학 • 따돌림 경험 • 학업성취의 실패 • 학교활동에 저조한 참여	• 부모들이 학업에 대해 현실적이면서 높은 기대를 함 • 학교에 소속감을 느끼고 참여하는 활동이 있을 때
지역사회	• 낮은 사회경제적 지위, 경제적 낙후성 • 자족적 또는 허용적 지역사회의 법과 규준, 높은 범죄율 • 이웃과 접촉 저조 • 미디어 영향 • 지역사회의 비조직화, 높은 이동률	• 지지적인 지역사회에 소속 • 가정, 학교, 다른 사회기관과의 유대 • 청소년 보호를 위한 각종 조직이 존재 • 범죄 및 비행을 승인하지 않는 풍토

❹ 전개 3(20분): 학부모에게 아이들에 대한 이해를 전달하고 상담하기

1) 학부모에게 아이에 대한 이해를 전달하고 상담하기

"일상생활 차원과 환경적 차원의 어려움을 가진 아이들에 대하여 살펴보았습니다. 이 영역은 가정에서의 변화가 일어나지 않으면 해결되기가 어려운 영역이기에 학부모와의 상담이 매우 중요한 어려움들이라고 볼 수 있습니다. 일상생활 차원의 경우 아이의 학교에서의 모습을 부모가 어떻게 파악하고 있고 가정에서 어떻게 지도하고 있는지를 아는 것은 아이를 이해하는 데에 매우 중요한 재료입니다. 환경적 차원의 어려움을 가진 경우에는 학부모 상담 시에 바꿀 수 없는 가정의 상태에 대해서가 아닌, 현재 부모가 줄 수 있는 심리적·정서적 지원에 대한 이야기를 더 많이 하는 것이 좋을 것입니다. 이 과정에서 무엇보다 중요한 것은 아무리 문제가 있는 부모라 할지라도, 부모를 바라보는 교사의 관점이 '조력자로서'의 관점이어야 한다는 것입니다. 아이를 함께 도울 존재로서 부모를 바라보고 학교에서의 아이에 대한 이해를 잘 전달하는 것이 중요할 것입니다. 이번에는 조별 실습을 통해 사례를 가지고 학부모에게 아이들에 대한 이해를 전달해보는 연습을 하겠습니다."

전달 시 주의사항

- 자녀에 대해 궁금한 것이 있는지를 물어본다(정보는 부모가 궁금해 하고 있는 것이어야 하고 학생의 교육과 양육에 필요로 하는 것이어야 한다).
- 자녀에 대해 교사가 알아야 하는 것이 있는지 물어본다.
- 교사가 제공하는 정보가 분명하고 문제 상황에 적절한가를 확인해야 한다.
- 정보 제공과 충고를 혼동하지 말아야 한다. 충고는 거의 도움이 안 된다. 정보는 객관적인 내용을 담고 있는 반면, 충고는 부모의 언행이나 태도에 대한 지적을 담고 있다.
- 아이의 장점을 이야기한다.
- 부모 잘못이 아님을 전달한다.

2) 학부모 상담 실습(2인 1조)

"조별로 다양한 사례들로 일상생활 및 환경적 어려움을 겪는 아이들에 대한 이해를 학부모에게 전달해보는 활동을 하셨을 텐데요. 조별 활동을 하면서 알게 된 점, 어려웠던 점, 보완할 점을 나누어 보겠습니다."

❺ 정리: 회기 마무리 및 다음 회기 안내

"오늘은 주제의 네 번째 회기로서 어려운 가정 환경의 아이들과 일상적인 생활습관이 안 되는 아이들을 살펴보고, 이러한 아이들의 학부모에게 아이들에 대한 전반적인 이해를 어떻게 전달할 수 있을지에 대해 직접 사례에 적용해보고 실습해보는 시간을 가졌습니다."

"여기 계신 선생님들 모두 어떤 생각과 마음으로 오늘 강의와 실습에 임하셨는지, 강의와 실습을 하고 나신 소감이 궁금한데요. 소감을 들어보는 시간을 갖도록 하겠습니다."

"다음 회기는 주제 5회기로, 읽기장애, 틱, ADHD로 어려움을 겪는 아이들에 대해 살펴보도록 하겠습니다."

활동자료 주제 4-1 **학부모 상담 실습 작성 활동지**

학부모 상담 실습해보기

[일상생활적 차원의 어려움을 가진 아이의 부모 상담하기]

◆ 조별로 주어진 예시로 학습자의 상태와 특성 등을 파악하고, 학부모에게 이러한 상태와 특성에 대한 이해를 전달해보는 연습을 해봅시다.

예시1 ○○이는 중학교 2학년 남학생이다. 평소에 개인 위생이 불량하여 친구들이 냄새가 난다면서 근처에 가고 싶어 하지 않는다. 최근에는 수업 시간에 갑자기 머리비듬을 터는 바람에 주변 친구들이 아연실색을 하며 수업에 큰 방해가 되었다. 따로 이야기를 나누어 보면 부모님이 특별히 씻으라고 하시거나 개인위생에 크게 관여하지 않는다고 한다. 아이도 씻는 게 귀찮아서 안 씻는데 이건 내 자유 아니냐는 반응을 보였다.

예시2 **는 고등학교 1학년 여학생이다. **이는 거의 매일 지각을 한다. 1시간은 늦게 등교하는 편이다. 게다가 제대로 숙제를 해 온 적이 드물다. 과목 선생님들마다 **이가 숙제를 거의 해 오지 않는다고 이야기한다. 친구가 많지는 않지만 친구 관계는 적당히 맺는 편인데, 학교 규범을 지키는 부분에서 유독 어려워한다. 아이와 이야기해 보면 학교 공부가 재미가 없고 자신은 공부가 아닌 다른 분야로 진로를 정했기 때문에 왜 공부해야 하는지, 숙제는 왜 해야 하는지 이해가 되지 않는다고 한다. 학교에 오는 것도 부모님이 제발 졸업은 하라고 해서 온다고 한다.

• 교　사 :

• 학부모 :

• 교　사 :

• 학부모 :

• 교　사 :

• 학부모 :

• 교　사 :

• 학부모 :

• 교　사 :

• 학부모 :

• 교　사 :

• 학부모 :

활동자료 주제 4-2 **학부모 상담 실습 작성 활동지**

학부모 상담 실습해보기

[환경적 차원의 어려움을 가진 아이의 부모 상담하기]

◆ 조별로 주어진 예시로 학습자의 상태와 특성 등을 파악하고, 학부모에게 이러한 상태와 특성에 대한 이해를 전달해보는 연습을 해봅시다.

예시1 ○○이는 중학교 3학년 여학생이다. ○○이의 성적은 하위권이고 수업시간 갑자기 돌아다닌다던지, 친구들 사이에서 거짓말을 한다던지 등의 관심을 끌기 위한 문제행동을 수시로 보인다. 그래서인지 친구들은 ○○이를 관종이라고 부른다. ○○이의 부모님은 어릴 적부터 맞벌이를 하셨고 ○○이는 할머니 손에서 자랐다. 부모님은 같은 서울에 계시지만 주말에만 ○○이를 보러 할머니 집에 오신다. ○○ 말에 의하면 주말에 부모님을 만나면 주로 쇼핑하는데 시간을 보내고 대화는 크게 나누지 못한다고 한다.

예시2 **는 고등학교 3학년 남학생이다. **이의 부모님은 이혼하셔서 현재는 어머니와 살고 있다. **이의 성적은 하위권이고 수업시간에 늘 힘이 없어 보인다. 괜찮냐고 물어보면 늘 괜찮다고만 답한다. **이의 어머니는 혼자 생계를 유지하느라 바쁘셔서인지 전화를 하면 먼저 화부터 내고, 학교에서 알아서 좀 하라고 바쁜 사람 방해하지 말라고 한다.

• 교　사 :
• 학부모 :

• 교　사 :
• 학부모 :

• 교　사 :
• 학부모 :

• 교　사 :
• 학부모 :

• 교　사 :
• 학부모 :

• 교　사 :
• 학부모 :

주제 5회기

숨겨진 교육사각지대 장애

Ⅰ. 개관

❶ 회기 소개

이번 회기는 주제의 다섯 번째 파트로, 교육사각지대에 놓여있는 아이들 중 읽기장애, 틱, ADHD 등 잘 알려지지 않은 아이들에 대해 살펴본다. 교육사각지대 학습자 중 읽기장애, 틱은 학습과 관련하여 잘 알려져 있지 않으며, 관련 중재 또한 잘 알려져 있지 않다. 따라서 이번 회기에서는 읽기장애, 틱을 겪고 있는 아이들의 특징 등에 대해 알아보고, 이러한 아이들에 대한 교사로서의 전문가적인 이해를 학부모에게 어떻게 전달할지에 대해 실습한다.

❷ 목표

- 읽기장애, 틱, ADHD 등으로 인한 어려움을 겪는 아이들에 대해 이해하기
- 읽기장애, 틱, ADHD 등으로 인한 어려움을 가진 아이들에 대한 이해를 학부모에게 전달하기

Ⅱ. 회기 진행

회기 구조

회기	주제 5회기	제목	숨겨진 교육사각지대 케이스
목표	• 읽기장애, 틱, ADHD로 인한 어려움을 겪는 아이들에 대해 이해하기 • 읽기장애, 틱, ADHD로 인한 어려움을 겪는 아이들에 대한 이해를 부모에게 전달하고 상담을 진행하기		
준비물	PPT, 프린트물(워크시트)	시간	60분

과정	내용	시간(분)
도입	○ 읽기장애, 틱 장애의 어려움을 가진 아이들의 모습 영상 시청 ○ 오늘의 학습목표 소개	10분
전개(1)	○ 활동명: 읽기장애, 틱, ADHD로 인한 어려움을 겪는 학생 이해하기 ○ 활동 목표: - 읽기장애, 틱, ADHD로 인한 어려움을 겪는 아이들의 특징을 이해할 수 있다. - 읽기장애, 틱, ADHD로 인한 어려움을 겪는 아이들의 마음을 이해할 수 있다. ○ 활동 내용: 1) 읽기장애란? 2) 읽기장애의 어려움을 가진 아이들의 특징과 원인, 그리고 심리적 상태, 징후는 어떤가? 3) 틱이란? 4) 틱 증상이 있는 아이들의 특징과 원인, 그리고 심리적 상태, 징후는 어떤가? 5) ADHD란? 6) ADHD 증상이 있는 아이들의 특징과 원인, 그리고 심리적 상태, 징후는 어떤가?	20분
전개(2)	○ 활동명: 읽기 문제, 틱, ADHD로 인한 어려움을 가진 학생의 학부모 상담하기 ○ 활동 목표: 읽기장애, 틱, ADHD로 인한 어려움을 가진 아이들에 대한 이해를 부모에게 전달할 수 있다. ○ 활동 내용: 1) 읽기장애, 틱, ADHD로 인한 어려움을 가진 아이들의 학부모에게	20분

	아이들에 대한 전반적 이해를 전달하기 - 읽기장애, 틱, ADHD의 사례 제시 - 조별 실습 - 조별 실습을 하면서 알게 된 점, 어려웠던 점, 보완할 점 나누기	
정리	○ 활동명: 회기 마무리 및 다음 회기 안내 ○ 활동 목표 및 내용: - 전반적 내용 복습 및 오늘 학습 소감 나누기 - 다음 회기(주제 6회기) 안내	10분

❶ 도입(5분): 오늘의 활동목표 소개

"안녕하세요. 이번 시간에는 읽기장애, 틱, ADHD로 어려움을 겪는 아이들에 대해 살펴보려 합니다. 우선 각 어려움별로 짧은 영상을 시청하시겠습니다."

[읽기장애: 난독증 영상(https://youtu.be/igzYyx-ogUE?t=23) 23초부터 1분 25초까지]

[틱: 뚜렛 영상(https://youtu.be/_ZfpJbjgCcI?t=70) 1분 10초부터 2분 10초까지]

"어떤 장애는 특수교육적 지원을 받을 수 있고, 어떤 장애는 지원 대상이 아닙니다. 특수교육을 받을 수 있는 진단에 해당하는 장애를 가진다고 해도 부모의 거부로 지원을 못 받기도 하구요. 여기서 중요한 것은 이들이 학습에 있어 분명히 어려움을 가지고 있는데, 지원을 받을 수 없다는 것입니다."

"오늘 같이 볼 읽기장애, 틱 장애, ADHD는 교실 현장에서 비교적 흔하게 볼 수 있습니다. 이런 아이들의 특징, 원인 등은 무엇이고, 부모님과 상담에서 아이들에 대해 어떻게 전달해볼지 연습해보도록 하겠습니다."

❷ 전개 1(20분): 읽기장애, 틱, ADHD로 어려움을 가진 아이들

1) 읽기장애란?

"'읽기장애'는 학습장애의 한 유형으로, 과거 '난독증'이라 불리던 증상과 같이 읽기에 어려움을 가지는 경우를 이야기합니다. 학습장애와 읽기 문제에 대해 자세히 살펴보면 다음과 같습니다."

강의자료-교수자용

■ **학습장애**

✔ 전체 특수교육 대상자 중 6.7%로 두 번째로 많은 비율을 차지함. 학습장애는 읽기, 산술, 쓰기 등의 표준화된 검사에서 연령, 교육연령, 지능에 비해 성적이 현저히 낮을 경우 진단된다.

예 BASA(김동일) 등의 개별학력검사, K-WISC 등의 지능검사 활용

✔ 정의: 장애인 등에 대한 특수교육법(2007)에 따르면 "학습장애를 지닌 특수교육대상자란 개인의 내적 요인으로 인하여 듣기, 말하기, 주의집중, 지각, 기억, 문제해결 등의 학습기능이나 읽기, 쓰기, 수학 등 학업 성취 영역에서 현저한 어려움이 있는 사람"

■ **읽기장애**

✔ '학습장애의 대표적인 어려움으로 대다수(80%)의 학습장애 아동이 읽기에 문제를 가지고 있다. 읽기는 학업뿐만 아니라 삶 전반에 영향을 주는 매우 중요한 능력이다.

✔ 읽기 장애는 읽기 유창성과 읽기 이해력에 어려움을 보이며 더 자세히는 "음운인식, 일견단어, 문맥단서, 단어구조분석을 통한 단어재인"에 어려움을 겪는다.

예 인지능력에 문제가 없고 평상시 대화에 아무런 문제가 없으나 글을 소리내서 읽는데 어려움을 보이는 경우. 글을 소리 내서 읽는 데 아무런 문제가 없으나 읽은 글의 내용을 이해하는 데 어려움을 보이는 경우.

■ **읽기장애의 종류**

✔ 읽기장애는 크게 단어인지장애, 읽기 유창성장애, 읽기 이해장애로 나누어 진다.

✔ 유창성의 경우 생략(단어나 단어 일부분 생략), 첨가(없는 단어나 문장 추가), 대치(다른 말로 바꾸는 것), 도치(단어의 좌우를 바꿔 읽는 것) 등의 밖으로 보이는 특성이 존재하여 읽기 속도와 정확성이 또래에 비해 현저히 낮다.

✔ 단어인지장애는 개별 단어를 읽기 어려워하며, 비슷한 단어를 혼동하는 것을 의미한다.

✔ 읽기 이해장애는 유창성이나 단어인지의 어려움에 의해 독해에 어려움이 있거나 유창성이나 단어인지의 어려움이 없으나 독해에 어려움이 있는 경우를 의미한다.

출처: 김동일, 이대식, 신종호 (2016). DSM-5에 기반한 학습장애아동의 이해와 교육. 서울: 학지사.

“처음 영상에서 보셨듯이 읽기장애가 있는지 알아차리는 것이 쉽지 않으며 뭔가 이상하다고 생각해도 이게 읽기장애인지 아닌지 개인이 판별하는 것은 어렵습니다. 우선은 학습장애와 읽기장애가 어떤 것인지 감을 잡으시는 정도면 충분할 듯 합니다.”

2) 읽기장애를 가진 아이들의 특징과 원인, 심리적 상태, 징후에 대한 이해

“앞서 학습장애와 읽기장애의 정의와 종류에 대해 알아봤고, 이제 그 원인과 특성에 대해 알아보겠습니다.”

강의자료-교수자용

■ **읽기장애에 대한 과거의 이해**

과거 읽기장애 연구의 초기에는 주로 의학적 배경을 바탕으로 시지각과 정보처리과정, 그리고 방법과 정보지각 형식의 불일치로 인해 장애가 생긴다고 보았다.

1. 시지각 정보처리의 이상
   - ✔ 대표적으로 ‘난독증’이 있으며 시각 자극을 인지하는데 심각한 오류를 나타낸다. 예를 들면, ‘ㄱ’을 ‘ㄴ’으로 ‘ㅏ’를 ‘ㅓ’로 인식하는 ‘반전’이 대표적이다.
   - ✔ 일부 교사나 학부모가 읽기장애가 시지각을 통한 신경학적 결함이라 생각하지만 실제로 학습장애에서 시지각 기능 이상을 보이는 학생은 극소수이며 다른 문제와 종합해 보면 시지각 문제가 두드러지게 영향을 주는 문제는 아니다.

2. 읽기학습 방법과 정보지각 양식의 불일치
   - ✔ 개인이 선호하는 정보지각 양식과 교수학습법이 다를 경우 읽기장애가 생긴다고 보았다. 개인적으로 받아들이는 자극의 선호가 다르며 개인이 선호하는 방식(청각, 시각, 운동감각 등)으로 교수해야 효과적이라고 보았다.
   - ✔ 하지만 연구결과 이러한 접근 방식이나 프로그램은 효과적이지 않았으며, 구체적 읽기 기능을 직접적으로 가르치는 것이 더 효과적일 수 있다고 보고되고 있다.

■ **읽기장애에 대한 최근의 이해**

최근에는 읽기장애가 언어관련 인지능력의 상대적 결함, 언어지식에 대한 부족, 사전경험 및 선행학습 부족과 연관이 있다고 보고 있다.

1. 언어 관련 인지능력의 결함
   - ✔ 음운인식 능력은 단어를 구성하는 음절이나 음소들을 분석하여 하나의 소리로 조합하는 능력으로 이러한 기능이 부족함이 읽기 문제의 원인이 되는 것으로 본다. 이 능력

은 단기기억능력과 연관이 되며 보통 읽기장애를 보이는 학생들은 단기기억능력에 결함을 보인다. 이러한 결함은 결과적으로 읽기 이해력에 문제를 가져오게 된다.

2. 언어지식의 부족

✔ 어휘력의 부족은 읽기 유창성이나 이해에 부정적 영향을 주며, 읽을 때 문맥과 맥락정보를 활용하는 데 어려움을 겪게 된다. 또한 문장 구성 요소들과의 관계와 문장구조에 대한 지식 또한 읽기 이해에 큰 영향을 미친다.

3. 읽기 관련 사전 경험이나 선행학습 부족

✔ 학생이 읽기 자료 내용에 대해 친숙하다고 느끼는 것이 중요하며, 읽기 자료 내용의 전체 주제에 대한 사전 지식이나 경험을 자신의 지식이나 경험과 연결시키는 것이 중요하다. 학습장애 아동의 경우 이야기의 전체 주제와 자신을 연결시키기보다 자료의 부분적인 내용에만 자신을 연결시키는 것으로 나타났다. 따라서 경험과 지식을 체계적으로 활성화 시킬 수 있도록 돕는 것이 중요하다.

■ **학습장애 아동의 특징**

1. 학업적 특징

✔ 낮은 학업성취를 보이며 거듭된 실패로 인해 학습된 무기력을 보이는 경우가 많으며 자신의 능력을 의심하고 쉽게 포기하게 된다.

2. 인지 및 신체 지각적 특징

✔ 평균 이상의 지능이지만 단기기억이나 작업 기억에 결함을 보이는 경우가 많으며, 이런 특징을 보완하기 위해 인지전략을 사용하지 않으려 하는 특성을 보인다. 또한 학습장애 아동의 1/3 정도가 주의집중에 문제를 보이며 충동성이나 과잉행동을 보이는 경우도 많다. 신체적으로는 동작이 어설프거나 세밀한 동작을 잘 하지 못하는 경우가 많다.

3. 사회정서적 특징

✔ 반복된 학습실패로 인해 부정적인 자아개념을 가지고 있을 경우가 많으며, 이로 인해 주변, 교사나 부모의 기대를 낮추게 되며 낮은 기대수준은 결과적으로 피그말리온 효과를 낳게 된다. 정서적으로도 충동적인 성향이 있으며 인내심이 약하고 쉽게 좌절하는 경향을 보이며, 감정과 반응의 변화가 심한 편이다. 그러다 보니 대인관계가 원만하지 못하며 애정표현 정도, 시기, 대상이 부적절한 경우가 많다. 이러한 사회기술적 지식이 모자라기보다 행동에 옮기는 정도에서 보통 학생들과 차이가 있다.

출처: 김동일, 이대식, 신종호 (2016). DSM-5에 기반한 학습장애아동의 이해와 교육. 서울: 학지사.

"'틱 장애'는 뇌의 특정부위의 변화로 인해 나타나는 장애로 일생 동안 그 양상이 변화하는 발달신경 질환입니다. 이 장애에 대해서는 오해나 잘못 알려진 부분도 많은데 내용을 같이 살펴보도록 하겠습니다."

강의자료-교수자용

■ **틱장애**

✔ 아동 발병 비율은 3-15%이며 가장 흔히 발병하는 연령은 6-8세로 알려져 있다. 틱 장애의 종류는 뚜렛장애, 만성운동/음성 틱 장애, 일과성 틱 장애, 특정 분류되지 않는 틱 장애로 나뉜다.

■ **틱**

✔ '틱'이란 갑작스럽고 반복적인 근 수축으로 인해 발생하는 불수의적이고 리듬이 없고 목적이 없는 운동 형태의 행동을 말한다.

✔ 틱은 단순 틱과 복합 틱으로 나눌 수 있으며 근육 틱과 음성 틱으로 나눌 수 있다.

✔ 단순 근육 틱은 아주 짧고 급격하게 일어나는 운동의 간대성 틱과 뚜렛 장애에서 흔하게 나타나는 지속적인 근육 수축이 일어나는 (팔을 펴거나 힘을 주거나 하는) 긴장성 틱으로 나뉜다.

✔ 복합 근육 틱은 보통의 운동과 비슷하게 점프를 하거나 팔다리를 동시에 피거나 저속한 행동(copropraxia)을 보이는 것을 말한다.

✔ 음성 틱은 성대를 통해 내는 소리가 아닌 다른 부분(흉곽, 복강, 횡경막 수축 등)에서 소리가 나며, 단순 틱은 킁킁거리거나 그르렁 거리기, 혀를 차는 등의 소리를 포함한다. 복합 음성 틱은 음절이나 어구를 반복하며 '닥쳐', '그만해' 등의 어구부터 저속한 언어 표현의 형태로 나타나기도 한다. 특히 복합 음성 틱은 의도가 있거나 의미가 있는 행동으로 받아들여지기 쉬워 적응적인 문제가 되기도 한다.

출처: 김붕년 (2004). 틱 장애의 진단과 치료. **가정의학회지**, 25, 359-370.
우샛별, 심영석, 이건희, 김성구 (2012). 소아청소년 틱 장애(Tic disorder) 환자의 임상적 특성과 심리분석. **대한소아신경학회지**, 90-97.

"처음 영상에서 보신 장면이 틱 장애를 가진 5명의 사람이 만나서 이야기 하는 장면이었는데요, 만약 틱 장애를 가졌다는 사실을 모르고 본다면 영상의 상황이 이해가 안 됐을 것 같습니다. 이렇듯 자신의 목적과 의도와는 상관없이 자동적으로 나오는 틱 장애를 가진 아동의 특징에 대해서 더 알아보겠습니다."

3) 틱 장애를 가진 아이들의 특징과 원인, 심리적 상태, 징후에 대한 이해

강의자료-교수자용

■ 틱 장애의 경과 및 예후

1. 경과

✔ 대부분 6-8세에 발병하며 대부분의 환자가 11세 이전에 발병한다. 틱은 보통 신체 상부에서 시작해 다리 쪽으로 진행되는 경향이 있으며, ADHD가 공존하는 경우가 매우 많으며(40-60%), ADHD가 선행되는 경우가 많다.

✔ 보통 학령기 후기부터 사춘기 초기 때가 가장 증상이 심하며 점차적으로 증상이 호전되어 성인 시기에는 25%의 환자만 증상을 나타내는 것으로 보고되고 있다.

✔ 조기에 발병할수록 경과가 안 좋은 것으로 알려져 있다.

✔ 절반 정도의 환자가 단순 틱으로 시작해 몇 년 뒤에 복잡한 근육틱이나 음성틱이 나타난다.

2. 치료

✔ 약물 치료를 통해 틱 증상의 호전이 가능하다. 약물의 선택은 동반 질환(ADHD, 강박장애 등) 유무에 따라 달라지며 많은 환차에서 약물치료의 반응이 좋다고 알려져 있다.

✔ 약물을 통한 증상 호전 이외에 동반되는 행동심리적 증상의 개선이 필요하다. 따라서 가족적인 접근이나 상담적인 접근이 추가적으로 필요하다.

3. 공존질환

✔ 여러 연구에서 틱 장애는 동반하는 심리적 질환이 많은 것으로 알려져 있다.

✔ 특히 ADHD가 공존하는 경우가 많으며 ADHD가 선행하고 후에 틱이 발병하는 경우가 많아 틱으로 인한 행동이 또래, 부모, 교사에게 오해를 사기 매우 쉬우며, 따라서 대인관계 및 성인과의 관계에서 많은 어려움을 겪을 가능성이 높다.

✔ 또한 강박장애와 우울증이 동반되는 경우가 많아 주의가 필요하다.

4. 저속한 언어, 생각, 행동

✔ 저속한 언어는 사춘기 초에 주로 나타나며 전체 틱 발병자 중 15-60%에서 발견되는 흔한 증상이라 할 수 있다.

✔ 정신적으로 저속한 언어를 사용하는 증상도 있으며 음란한 행동의 경우 저속한 언어가 사라지며 나타나는 경향이 있다. 이로 인해 또래관계에서 고립될 가능성이 높으며 더 심각하게는 성추행, 성희롱으로 형사처벌을 받을 위험성이 존재한다.

5. 부모와의 관계

✔ 틱 증상은 버릇없고 부모의 말을 무시하는 행동으로 보일 가능성이 높으며, 부모는 이를 잘못된 행동 습관이라 생각해 틱 증상에 대해 혼을 내거나 고치기 위해 강압적으로 반응하며 아동의 스트레스를 증가시킬 수 있다. 가족구성원에 대한 교육이 매우 중요하며, 자조모임 등에서 도움을 받거나 서로 격려를 받는 방법도 있다.

출처: 김붕년(2004). 틱 장애의 진단과 치료. **가정의학회지, 25**, 359-370.
우샛별, 심영석, 이건희, 김성구. (2012). 소아청소년 틱 장애(Tic disorder) 환자의 임상적 특성과 심리분석. **대한소아신경학회지**, 90-97.

4) ADHD란?

"학년기 아동에게 가장 흔하게 나타나는 장애인 ADHD는 학교에서 가장 많은 주목을 받고 있는 신경발달장애입니다. 아마 많이 들어보셨을 텐데 그 내용을 같이 살펴보도록 하겠습니다."

강의자료-교수자용

■ ADHD

✔ ADHD는 주로 주의력 결핍, 과다활동, 충동성의 증상을 보이며 주의지속 실패, 과도한 행동, 적절한 규칙수행 등에 어려움을 보여 사회적인 장면, 특히 학교에서 기능수행의 결함을 보이는 특성을 가지고 있다.

■ **발달단계별 ADHD의 특성**

✔ 아동기에 보통 주요 ADHD 증상인 주의력 결핍, 과다활동, 충동성을 보이게 되며, 이와 관련하여 낮은 주의력, 자기조절 및 조직화, 대인관계 문제를 보이기 시작한다.

✔ 청소년 시기에는 충동성 및 과잉행동이 상당수 감소하지만 대략 40~80%의 ADHD 학생이 장애를 계속 유지하게 된다. 특징적으로 높은 긴장과, ADHD 1차 증상이 또래에 비하면 높지만 장애 진단에 포함될 정도는 아니다. 청소년 시기부터 2차적 증상이 기능장애로 발달하여 정서행동문제, 학업실패, 대인관계문제를 가지는 비율이 높아지며 성인 시기까지 반사회적 특성, 약물사용, 학업과 직업에서 문제를 일으킬 가능성이 높다.

✔ 특히 청소년기에 학업부진, 권위자에 대한 반항, 분노조절 실패로 인해 교사와의 관계가 악화되어 있을 가능성이 높으며 높은 공격성과 자기조절의 어려움으로 인해 대인관계에서 또한 문제를 가지고 있을 가능성이 높다.

"지금 보신 바와 같이 ADHD 장애를 가진 학생이 치료를 받지 않은 상황이라면 내면적으로나 사회적 상황으로나 매우 어려운 상황에 처해있을 가능성이 높습니다. 하지만 반항적인 행동과 충동성으로 인한 특징에 대해서 더 알아보겠습니다."

5) ADHD를 가진 아이들의 특징과 원인, 심리적 상태, 징후에 대한 이해

강의자료-교수용

■ ADHD의 원인

✔ ADHD의 정확한 원인은 아직 밝혀지지 않은 상태이나 주로 생물학적 원인과 환경적 원인을 들고 있다.

✔ 생물학적 원인으로는 크게 유전적 요인, 뇌손상 및 뇌기능 장애 등으로 여러 연구를 기반으로 설명을 하고 있지만 ADHD의 다양한 증상과 발달경로를 통합적으로 설명해 주지 못하고 있다.

✔ 환경적 요인으로는 환경적 결손, 특히 양육환경에서의 결손으로 ADHD를 설명하고 있다. 특히 ADHD 자녀의 주원인은 부모의 영향이 매우 높은 것으로 나타났으나 양육환경으로 인해 ADHD가 발생한 것인지, 아니면 ADHD로 인해 양육환경에 문제가 나타난 것인지 등의 인과관계를 설명하기 어렵다는 문제점이 있다.

■ 유병률

✔ 정신과에 오는 소아 및 청소년 환자의 50%를 차지할 만큼 유병률이 높으며, 전 세계적으로 유병률이 올라가는 추세이다.

✔ ADHD 학생의 경우 높은 확률로 주요우울장애, 불안장애, 품행장애, 반항장애, 신체화장애 등의 공존질환을 가지고 있다.

■ 특성

✔ 산만함, 과잉행동, 충동성을 주요 증상으로 하며, 이러한 주요 증상으로 인한 정서적, 인지적, 대인관계적 어려움을 가지게 된다. 이러한 특성은 결과적으로 ADHD 학생들의 권위를 인정하지 않는 특성과 높은 학업 실패 가능성으로 인해 교사와 부정적인 관계를 형성할 확률이 높으며 특히 가정 내 갈등으로 인한 부모가 겪는 어려움이 심각한 것으로 알려져 있다.

✔ 심리내적인 취약성을 가지며 특히 낮은 자아개념, 자아존중감과 동기를 가지고 있으며, 높은 문제행동 외현화 문제를 가지고 있다.

■ 치료

✔ 중재가 없을 경우 증상이 성인기까지 계속 이어질 수 있으며 개인 내적, 대인관계적,

사회적 등의 삶의 전반적인 부분에 영향을 줄 수 있기에 개입 및 꾸준한 관리가 중요하다.

- ✔ 신경발달장애의 특성상 증상을 완화하는데 약물치료가 효과적인 것으로 알려졌으며 행동 및 인지행동적 접근 또한 효과적인 것으로 나타났다.
- ✔ 약물적 접근은 ADHD의 증상완화에 1차적인 접근법이지만 ADHD로 인한 2차적인 어려움, 심리내적 문제 및 대인관계 문제는 해결할 수 없기에 인지행동 치료, 혹은 부모훈련 치료를 병행하는 것이 더 효과적으로 나타났다.

출처: 문효빈, 최윤정 (2018). 국내 ADHD 청소년 상담개입 성과 연구의 동향과 향후 과제. **청소년 상담연구**, 26(2), 91-115.

이영식, 방양원 (1998). 청소년, 성인의 주의력결핍 과다활동장애. J Korean Neuropsychiatr Assoc, 37(5).

김현영, 최은영 (2012). 국내 ADHD 청소년에 대한 연구 동향 및 중재 방향. **정서·행동장애연구**, 28(3), 101-123.

김동일, 이명경 (2006). 주의력결핍 및 과잉행동 장애(ADHD) 원인론의 경향과 전망: 애착이론에 의한 대안적 접근. **상담학연구**, 7(2), 523-540.

❸ 전개 2(20분): 학부모에게 아이들에 대한 이해를 전달하고 상담하기

1) 학부모에게 아이에 대한 이해를 전달하고 상담하기

“읽기장애와 틱, ADHD로 어려움을 겪는 아이들에 대한 특징에 대해서 살펴보았는데요. 학부모를 만날 때는 총론에서 배웠던 상담적 기법을 적용하고 해결중심상담의 관점을 취하여 방법적으로 숙련되어 있는 것도 중요하지만, 아이들의 상태에 대한 전문적이고 객관적인 이해를 바탕으로 이를 학부모에게 잘 전달하는 것도 중요합니다. 따라서, 이번에는 조별 실습을 통해 사례를 가지고 학부모에게 읽기장애, 틱, ADHD로 어려움을 겪는 아이들에 대한 이해를 전달해보는 연습을 하겠습니다.”

강의자료-교수자용

■ **읽기장애, 틱, ADHD 사례**

예시1 ○○이는 초등학교 4학년 여학생이다. 부모님은 ○○이가 어릴 적부터 머리가 좋고 이해가 빨라 높은 학업성취를 할 거라 기대했으나 저학년 때에도 성적이 별로 좋지 않았으며 4학년부터 공부에 흥미를 급격하게 잃고 시험 점수도 매우 낮게 받아오기 시작했다. 그나마 수학 점수는 평균이상 받아왔지만 국어 점수가 매우 낮게 나왔다. 부모가 공부를 더 해보라고 권유해도 평소 반응과는 다르게 완강한 자세로 자신은 머리가 나빠서 안 되며 앞으로도 공부를 더 하고 싶지 않다고 하며 눈물을 보였다. 또래들과 좋은 관계를 유지하고 있지만 공부에는 관심이 없고 노는 것에만 흥미가 있어 보인다. 부모는 애가 마음을 잡고 공부를 하면 잘 할 것 같은데 공부에 흥미가 전혀 없어 보이고 점수도 바닥으로 나와 어떻게 해야 할지 곤란함을 느끼고 있다.

예시2 ㅁㅁ이는 초등학교 6학년 남학생이다. 초등학교 저학년때부터 자기 통제가 전혀 안되보일 만큼 충동적이고 과한 행동을 보여왔는데 3학년 이후로 이상한 몸짓과 소리를 내기 시작했다. 부모는 안그래도 통제가 안 되는 애였는데 이상한 행동까지 한다며 ㅁㅁ이를 더 혼내기 시작했다. 학교에서도 과한 행동으로 인해 친하게 지내는 친구가 별로 없었는데 이상한 소리를 계속 내기 시작하고부터는 얼마 없는 친구마저 없어졌다. 최근에는 수업시간에 성적인 비속어를 사용하기 시작하여 선생님에게 크게 혼났는데 아무리 혼내도 그때 뿐이고 계속 반복하여 선생님들 사이에선 재가 일부러 그러는거 아니냐는 말까지 나왔다.

예시3 ㅇㅇ이는 중학교 2학년 남학생이다. 또래 아이들보다 충동적이며 소위 욱하는 성격을 가지고 있다. 그러다 보니 수업을 빼먹고 놀러 가기 일쑤였으며, 선생님이 그런 행동에 대해 나무랄 때 묵묵히 듣고 있는 경우도 있으나 가끔 크게 소리를 지르며 반항적인 행동을 보여 자주 정학을 당하고 있는 상황이다. 친구들은 ㅇㅇ이가 평소에 자주 초조해 한다는 말을 하였으며, 담임선생님이 ㅇㅇ이에게 고등학교 진학 이야기를 꺼내도 커서 뭐가 되거나 공부를 하고 싶은 생각이 전혀 없다는 말을 하였다.

"조별로 다양한 사례들로 아이들에 대한 이해를 학부모에게 전달해보는 활동을 하셨을 텐데요. 조별 활동을 하면서 알게 된 점, 어려웠던 점, 보완할 점을 나누어 보겠습니다."

❹ 마무리(10분): 회기 마무리 및 다음 회기 안내

"오늘은 주제의 다섯번째 회기로서 상대적으로 잘 알려지지 않은 읽기장애와 틱 장애를 가진 아이들에 대해 살펴보고, 이러한 아이들의 학부모에게 아이들에 대한 전반적인 이해를 어떻게 전달할 수 있을지에 대해 직접 사례에 적용해보고 실습해보는 시간을 가졌습니다."

"여기 계신 선생님들 모두 어떤 생각과 마음으로 오늘 강의와 실습에 임하셨는지, 강의와 실습을 하고 나신 소감이 궁금한데요. 소감을 들어보는 시간을 갖도록 하겠습니다."

"다음 회기는 주제 6회기로, 부모 유형별 개입 방법에 대해 살펴보도록 하겠습니다."

활동자료 주제 5-1 **학부모 상담 실습 작성 활동지**

학부모 상담 실습해보기

◆ 조별로 주어진 예시로 학습자의 상태와 특성 등을 파악하고, 학부모에게 이러한 상태와 특성에 대한 이해를 전달해보는 연습을 해봅시다.

예시1 ○○이는 초등학교 4학년 여학생이다. 부모님은 ○○이가 어릴 적부터 머리가 좋고 이해가 빨라 높은 학업성취를 할 거라 기대했으나 저학년 때에도 성적이 별로 좋지 않았으며 4학년부터 공부에 흥미를 급격하게 잃고 시험 점수도 매우 낮게 받아오기 시작했다. 그나마 수학 점수는 평균이상 받아왔지만 국어 점수가 매우 낮게 나왔다. 부모가 공부를 더 해보라고 권유해도 평소 반응과는 다르게 완강한 자세로 자신은 머리가 나빠서 안 되며 앞으로도 공부를 더 하고 싶지 않다고 하며 눈물을 보였다. 또래들과 좋은 관계를 유지하고 있지만 공부에는 관심이 없고 노는 것에만 흥미가 있어 보인다. 부모는 애가 마음을 잡고 공부를 하면 잘 할 것 같은데 공부에 흥미가 전혀 없어 보이고 점수도 바닥으로 나와 어떻게 해야 할지 곤란함을 느끼고 있다.

예시2 ㅁㅁ이는 초등학교 6학년 남학생이다. 초등학교 저학년때부터 자기 통제가 전혀 안되보일 만큼 충동적이고 과한 행동을 보여왔는데 3학년 이후로 이상한 몸짓과 소리를 내기 시작했다. 부모는 안그래도 통제가 안 되는 애였는데 이상한 행동까지 한다며 ㅁㅁ이를 더 혼내기 시작했다. 학교에서도 과한 행동으로 인해 친하게 지내는 친구가 별로 없었는데 이상한 소리를 계속 내기 시작하고부터는 얼마 없는 친구마저 없어졌다. 최근에는 수업시간에 성적인 비속어를 사용하기 시작하여 선생님에게 크게 혼났는데 아무리 혼내도 그때 뿐이고 계속 반복하여 선생님들 사이에선 재가 일부러 그러는거 아니냐는 말까지 나왔다.

예시3 ㅇㅇ이는 중학교 2학년 남학생이다. 또래 아이들보다 충동적이며 소위 욱하는 성격을 가지고 있다. 그러다 보니 수업을 빼먹고 놀러 가기 일쑤였으며, 선생님이 그런 행동에 대해 나무랄 때 묵묵히 듣고 있는 경우도 있으나 가끔 크게 소리를 지르며 반항적인 행동을 보여 자주 정학을 당하고 있는 상황이다. 친구들은 ㅇㅇ이가 평소에 자주 초조해 한다는 말을 하였으며, 담임선생님이 ㅇㅇ이에게 고등학교 진학 이야기를 꺼내도 커서 뭐가 되거나 공부를 하고 싶은 생각이 전혀 없다는 말을 하였다.

• 교　사 :

• 학부모 :

• 교　사 :

• 학부모 :

• 교　사 :

• 학부모 :

• 교　사 :

• 학부모 :

• 교　사 :

• 학부모 :

• 교　사 :

• 학부모 :

• 교　사 :

• 학부모 :

• 교　사 :

• 학부모 :

• 교　사 :

• 학부모 :

• 교　사 :

• 학부모 :

주제 6회기

부모유형별 개입: 통제적인 부모, 방임적인 부모

Ⅰ. 개관

❶ 회기 소개

이번 회기는 주제의 여섯 번째 파트로, 이전의 주제 파트에서 학생들의 유형에 따라 어떻게 부모를 상담할지를 살펴보았다면, 남은 두 번의 회기 동안은 부모의 유형에 따라 어떻게 교사가 상담을 달리 해야 하는지를 살펴본다. 부모의 유형은 아이를 대하는 양육태도별로 나누며, 오늘은 그 첫 시간으로 Schaefer(1959)의 타당성을 우리나라 이원영(1983)이 검증한 네 가지 유형 중에서 두 가지(애정－통제, 거부－자율) 유형을 이해하는 시간을 가진다. 교사가 교육사각지대 학습자의 부모를 상담함에 있어 고려해야 할 사항은 아이들의 어려움 유형에 따라 좌우되기도 하지만, 부모의 양육태도에 따라 좌우되기도 하기에 부모유형별 개입을 미리 살펴보고, 숙지해두는 것은 중요하다.

❷ 목표

- 부모양육태도 유형을 이해하기
- 부모양육태도 유형에 따른 상담 개입의 차이를 알고, 실제로 적용하여 상담하기

Ⅱ. 회기 진행

회기 구조

회기	주제 6회기	제목	부모유형별 개입: 통제적인 부모, 방임적인 부모
목표	• 부모양육태도 유형을 이해하기 • 부모양육태도 유형에 따른 상담 개입의 차이를 알고, 실제로 적용하여 상담하기		
준비물	PPT, 프린트물(워크시트)	시간	60분

과정	내용	시간(분)
도입	○ 오늘의 학습목표 소개	5분
전개(1)	○ 활동명: 부모양육태도 유형 ○ 활동 목표: 부모양육태도의 4가지 유형에 대해 이해한다. ○ 활동 내용(강의) 1) 부모양육태도의 4가지 유형에는 어떤 것이 있나? - 애정-자율 - 애정-통제 - 거부-자율 - 거부-통제	25분
전개(2)	○ 활동명: 부모양육태도 유형별 상담 개입 ○ 활동 목표: - 각각의 부모양육태도 유형에 따른 상담 개입의 차이를 안다. - 부모양육태도 유형에 따라 다르게 적용하여 상담을 할 수 있다. ○ 활동 내용(강의 및 실습) 1) 부모양육태도 유형별 상담 개입의 차이는? - 애정-통제 - 거부-자율 2) 조별 실습(2인 1조) - 사례에 적용해보기	25분
정리	○ 활동명: 회기 마무리 및 다음 회기 안내 ○ 활동 목표 및 내용 - 이번 회기 내용 정리 및 학습 소감 나누기 - 다음 회기(주제 7회기) 안내	5분

❶ 도입(5분): 오늘의 활동목표 소개

“안녕하세요. 이번 시간에는 교육사각지대 학생들의 부모를 교사로서 상담할 때 부모의 양육태도 유형별로 어떻게 개입을 달리 해야 하는지에 대해 살펴보겠습니다. 여러분은 반 아이들에게 어떤 선생님이신가요? 아이들에게 따뜻하고, 협조적인 선생님이신가요? 아니면 애정을 주면서도 통제적인 면이 있으신 선생님이신가요? 아니면 아이들이 마음대로 행동하도록 두고 조금은 무관심할 수도 있는 면이 있으신 선생님이신가요? 아니면 권위적이고 요구적이신가요? 반 아이들에게 어떻게 대하는지도 이렇게 다양할텐데요. 부모들도 자신의 아이를 대하는 태도가 다 천차만별이겠죠. 하지만, 한 번 유형을 나눠서 이들 유형 각각의 특징이 무엇인지 알고, 이러한 유형별로 어떻게 상담에서 다르게 개입해야 하는지 살펴보는 것은 좀 더 효과적인 상담을 위해 필수적이라고 할 수 있습니다. 그럼 본격적으로 부모의 양육태도 유형을 살펴보도록 하겠습니다.”

❷ 전개 1(25분): 부모양육태도 유형

“아까 앞서 제가 질문을 통해 언급을 잠깐 했었는데요, 오늘 살펴볼 네 가지 부모의 양육태도 유형은 Schaefer(1959)의 모형을 바탕으로 우리나라에서 이원영(1983)이 타당성을 검증한 것입니다.”

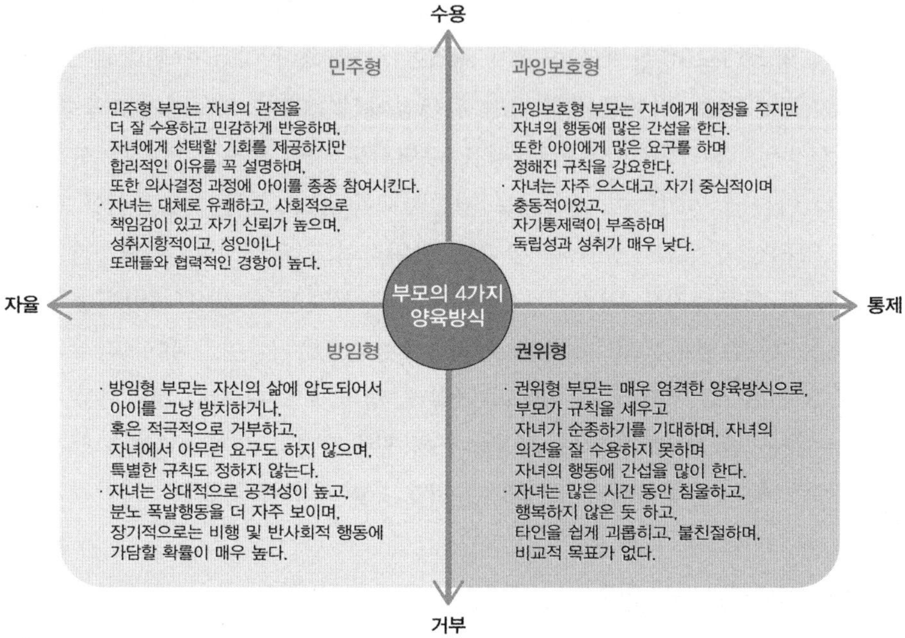

출처: http://www.tespia.kr/online_testing/report/result_kpas.asp?sec=4&c_id=person&userid=tespia&eduCode1=011&tIdx=63910

김선화 (2010). 부모의 양육태도 유형과 유형 일치여부에 따른 유아의 만족지연능력. 한국교원대학교.

Schaefer(1959)가 제시한 애정-거부, 자율-통제 두 축을 중심으로 양육태도 유형에 따라 특징을 살펴보면 다음과 같다.

1) 애정-자율적 양육태도

✔ 부모가 자녀에게 자유, 허용적, 민주적, 수용적, 협동적인 태도를 가진다. 즉, 부모가 자녀에게 애정을 가지고 있으면서 동시에 자녀의 행동에 독립심과 자율성을 인정하는 태도로, 애정적 태도의 장점과 자율적 태도의 장점을 동시에 가지고 있는 양육태도이다. 애정적인 분위기에서 양육된 아이는 부모와 신뢰감이 형성되기에 남을 사랑하고 관용하는 능력이 있으며, 자신의 감정을 잘 표현하여 개방적이고 솔직한 특성이 있고, 능동적이며 활동적이고, 타인에 대한 적대감이 없다.

2) 애정-통제적 양육태도

✔ 과보호형의 양육태도로 부모가 자녀에게 애정을 주면서도 자녀의 행동을 많이 제약하는 엄격한 부모의 양육태도를 가진다. 의존성 조장, 과보호, 소유적 태도를 보인다. 흔

히, 헬리콥터맘, 드론맘, 잔디깎이 맘, 어젠다 부모라고 불리는 부모유형이다. 이러한 부모는 자녀의 행동에 일일이 간섭하고, 자녀를 소유물로 생각하여 독립적인 행동을 하려할 때 좌절감을 느끼며, 새로운 탐색의 기회를 제한함으로써 새로운 반응습득의 기회를 축소시킨다. 이런 부모 밑에서 자란 아동은 의존적이고 사교성과 창의성이 적은 편이며 불안한 정서를 가질 가능성이 높다.

3) 자율-거부적 양육태도

✔ 방임형 양육태도로서 부모가 자녀에게 애정을 가지고 그들을 수용하거나 받아들이지 않으면서 동시에 자녀가 마음대로 행동하게 하는 양육태도로, 무관심, 방임, 태만, 냉담적인 태도를 나타내는 양육태도이다. 이러한 부모에게서 자란 유아는 부모를 적대적으로 대하고, 자아에 대한 분노감을 나타내며, 내면화된 갈등과 고통을 많이 소유함으로써 흔히 반항적이며 공격적인 태도를 나타낼 가능성이 높다.

4) 통제-거부적 양육태도

✔ 독대적 양육태도로서 부모가 자녀에게 애정을 드러내지 않을 뿐만 아니라 자녀에게 관대하게 대하지 않고 신체적, 언어적, 심리적인 체벌을 가하는 권위적, 독재적, 반복적, 거부적, 요구적인 태도를 보인다. 이는 결혼생활에 만족하지 못하고 정서적으로 미성숙하고 불안정한 부모들이 많이 보이는 양육태도로, 자녀를 일관성 없는 태도로 심하게 훈육하는 경향이 있다. 이러한 부모 밑에서 자란 자녀는 부모에 대한 적대감정을 가지며, 반항적이고, 자아에 대한 분노가 있다.

"이번 시간에는 두 번째, 세 번째 유형을 살펴보겠습니다. 첫 번째 유형의 부모는 교사를 대하는 태도에 있어서도 교사로 하여금 어려움을 유발하지는 않을 것입니다. 교사가 상담할 때 어려움을 겪을 수 있고, 부모의 양육태도에 대한 기본적인 교육과 상담이 필요한 유형은 2, 3, 4유형이기에 오늘은 2, 3을 살펴보고, 다음 시간에 4를 살펴보겠습니다."

✔ 〈부록〉 인터넷 신문 기사 자료

■ 애정-통제적 부모: 헬리콥터 부모와 어젠다 엄마: 아이들의 삶을 통제하는 부모

✔ 헬리콥터 부모와 어젠다 엄마란 아이들의 모든 것을 통제하고자 하는 부모를 의미한다. 본인은 선의의 행동이라고 생각하겠지만, 이는 또 다른 누군가의 자유를 박탈하는 행위다. 헬리콥터 부모(Helicopter Parents)나 어젠다 엄마(Agenda Moms)는 끊임없이 아이들의 숙제, 시험 일정, 하루 일과를 체크하고, 단 1분도 아이들의 자유를 허락하지 않는다. 이런 부모는 아이들의 모든 사소한 일과, 교육의 수호자로, 아이들로 하여금 본인에게 의존하도록 만든다. 결과적으로 아이들은 본인의 의무나 책임을 지는 방법을 배우지 못하게 된다.

✔ 이런 과잉 보호로 인해 발생하는 위와 같은 특징으로 인하여 우리는 스스로를 모르고 감정을 조절할 줄 모르는 아이들의 "성장"을 자극하게 된다. 사실 아이들이 가장 안전한 거품 속에 갇혀 있기 때문에 이러한 관계는 오히려 돈독해진다. 사실 아이들에게 심어줄 수 있는 최고의 씨앗은 바로 불안감이다. 게다가 이런 아이들은 지나치게 활동적인 상태다; 아이들은 수동적인 역할을 수행하는 법만 알고 있기 때문에 좌절감이나 지루함을 견디지 못한다. 이 부모들은 아이들을 어떠한 불편함으로부터 보호하고 아이들이 똑똑해질 수 있도록 아이들의 모든 움직임을 결정한다.

✔ 이 용어는 1969년, 하임 지노트(Haim Ginnott)가 "부모와 청소년의 사이(Between Parent & Teenager)"라는 책에서 "우리 어머니는 마치 헬리콥터마냥 내 위로 올라섰다"라고 언급한 데에서 시작됐다. 이런 현상은 이제 보편적으로 퍼져나갔고, 이제는 많은 부모들이 (부당하게도) 아이들의 낮은 성적을 선생님의 탓으로 돌리기도 한다. 헬리콥터 부모와 어젠다 엄마는:

- 모든 삶의 영역에서 아이들을 위한 결정을 내린다.
- 아이들의 모든 움직임을 주시하고 즉각적으로 행동한다.
- 아이들의 갈등을 대신 해결해준다.
- '너'가 아닌, '우리'를 자주 사용한다: "우리 다 함께 숙제를 해보자", "우리한테 숙제가 이만큼이나 있네".

✔ 강박적으로 모든 것을 통제하고 싶어 하는 욕구는, 이렇게 아이의 모든 일에 관여하고자 하는 부모들에게 치명적인 결과를 초래한다. 이런 부모들은 아이들에게 완벽함, 사랑, 관심으로 가득한 삶을 제공하고, 필요한 모든 자원을 제공하며 당연히 저지를 수 있는 실수를 하지 않도록 막아준다.

✔ 이렇게 된다면 닥쳐오는 현실 앞에서 그들이 가꿔온 성은 무너지게 된다. 이런 관계는

결국 모두를 숨막히게 만든다. 양측 모두 좌절과 긴장이 극에 달했고 이로 인해 심각한 갈등과 정서적 문제로 이어질 수 있다.

✔ 다양한 연구에 따르면, 이런 과잉보호교육 방식은 단기, 중장기적으로, 우울증, 불안, 스트레스와 같은 해로운 결과를 초래한다고 한다. 과잉보호교육은 아이들뿐만 아니라 그들의 부모들까지도 희생시킬 것이다.

✔ 이러한 부정적인 결과는 세 가지 기본적인 정서적 욕구의 한계에 대한 반응이다: 주체성, 그리고 특히 청소년기에 느끼는 다른 사람과의 연결 고리다. 따라서 아이의 정서적 성장과 성장을 제한하게 된다면, 아이에게 존재하는 개인적이고 대인적 관계에 있어 파괴적인 결과를 가져온다.

✔ 아이들은 상식적인 범위 내에서 적절한 관심을 받고 자라야 한다. 우리는 그들의 인생에서 발생하는 모든 일에 관여할 수도 없고 그들을 대신해 책임질 수도 없다. 이런 것까지 대신해준다면, 아이들은 쓸모 없고 무능하고 의존적으로 자랄 것이기 때문이다.

■ **자율-거부적 부모: [스페셜 리포트] 당신도 아이를 학대 중일지 모릅니다**

✔ 아동학대의 유형은 크게 네 가지로 나뉜다. 신체적 학대, 정서적 학대, 성 학대, 그리고 방임이다. 흔히 방임이라고 하면 아이에 대한 양육 책임을 포기해버리는 유기(遺棄)만을 떠올리기 쉽지만 유기는 방임의 한 형태일 뿐이다. 방임도 크게 유형이 네 가지나 된다. '물리적 방임, 교육적 방임, 의료적 방임, 그리고 유기'다.

✔ 보건복지부와 중앙아동보호전문기관의 '2016 전국아동학대 현황보고서'를 보면 전체 아동학대 사례 유형 중 중복 학대를 제외하고 방임은 두 번째로 많이 나타나는 학대 유형이었다. 그나마 이전보다 비중이 줄어든 것이 이랬다. 2015년 통계에서는 방임이 18.6%로 신체 학대 14.5%보다 높은 비중을 차지했다.

✔ 그러나 방임이 학대의 한 유형이라는 인식은 매우 낮은 편이다. 우리 사회에서 방임 학대에 대한 인식이 높아지게 된 것은 일련의 몇 가지 사건이 있고 나서의 일이다. 2016년 7월 폭염경보가 내린 광주에서 유치원 통학차량에 8시간가량 방치돼 뇌손상을 입고 의식불명 상태에 빠진 아동방치 사건은 방임 문제에 대한 사회적 관심을 불러일으켰다. 지난 7월 17일 경기도 동두천에서도 어린이집 통학차량 내에서 하루 종일 방치된 아동이 결국 숨지는 사건이 일어났다. 지난 8월 2일에도 경기도 고양시에서 어린이집 통학차량에 아동이 방치되기도 했다. 여론이 들끓자 정부와 교육 당국이 긴급히 대책을 마련해 내놓았다.

✔ 문제는 이런 대책들이 사건의 근본적 원인을 제대로 파악하지 못하고 제시됐다는 점이다. 잇따라 발생하는 아동방치 사건은 단순히 보육 책임자의 안일한 자세 때문에만 생긴 것이 아니다. 근본적으로는 방임이 아동학대라는 인식이 부족하기 때문에 생겨난 일이다. 정부에서는 "아동을 방치하는 일이 없도록 하겠다"고 하지만 좀 더 정확히 말하자면 "아동을 방치함으로써 학대하는 일이 없도록 하겠다"고 말해야 한다. 방임이

학대라는 사실을 알기 위해서는 어떤 행위가 방임에 해당하고, 왜 그런 것인지를 먼저 알아야 한다. 다음 여섯 사례는 최근 2~3년 사이 전국 각지에서 일어난 일로, 모두 방임 학대로 아동보호전문기관에 신고돼 조치가 이뤄진 사례들이다.

사례 1 6살 은수와 4살 승현이의 집에서는 항상 냄새가 났다. 두 남매의 아버지에게는 저장강박증이 있어 온갖 물건을 집에 들이기만 하고 버리지는 못했기 때문이었다. 남매가 작은 몸을 제대로 누이기도 어려울 정도로 물건들로 가득 찬 집에는 배달음식을 시켜 먹고 남은 그릇, 정체 모를 쓰레기 같은 것도 쌓여 있었다. 남매의 어머니는 셋째를 임신 중이었는데 가벼운 지적장애가 있었다. 위생 관념이 적어 남매를 씻기거나 옷을 빨아줄 생각을 하지 못했다. 남매가 제대로 된 식사를 하는 것은 유치원에서가 전부였다. 저녁에는 인스턴트 음식을 먹거나 부모가 입맛이 없을 때는 거르기도 했다. 제대로 된 교육을 받지도 못해 또래 아이에 비해 언어발달 정도도 늦었다.

부모가 남매를 사랑하지 않는 것은 아니었다. 좁은 집에서 아이들이 답답해하는 것을 느낀 부모는 종종 아이들을 데리고 놀이터에 놀러 가곤 했다. 가족 간에 대화도 자주 하는 편이었다. 그렇다고 해서 몸에서 항상 냄새가 나고 갈아입지도 않은 채 낡은 옷만 입고 다니는 남매를 두고 볼 수는 없는 일이었다. 유치원에서 남매는 늘 놀림감이었다. 결국 아동보호전문기관이 개입해 방임 조사를 실시했다.

일반적으로 방임은 '부모가 자녀에게 무관심해서' 생기는 일이라고 생각한다. 그러나 방임은 자녀에게 애정이 있는 부모도 충분히 저지를 수 있는 일이다. 애초에 아동복지법에 따르면 방임이란 '자신의 보호 · 감독을 받는 아동을 유기하거나 의식주를 포함한 기본적 보호 · 양육 · 치료 및 교육을 소홀히 하는 행위'로 정의돼 있다.

〈사례 1〉의 부모가 자녀에 대한 애정을 갖고 있지만 자녀의 양육에 필요한 최소한의 것을 제공해주지 못하는 물리적 방임의 전형적 사례다.

"물리적 방임이란 의식주를 제대로 제공하지 않거나 아동을 장시간 적절하지 못한 환경에 오래 방치하는 것을 의미합니다. 이 사례에서는 부모가 자녀에게 적절한 식사를 제공하지 않았고 청결한 환경을 마련해주려 노력하지도 않습니다. 무관심하기 때문이 아닙니다. 그런 기본적인 것이 아이에게 필요하다는 사실을 몰랐기 때문입니다."〈신영호 초록우산 어린이재단 대구아동보호전문기관 상담원〉

물리적 방임을 가하고 있는 부모 중에는 자신들이 자녀에게 부적합한 환경을 만들고 있다는 사실 자체를 모르는 사람도 많다. 신영호 상담원은 "때로는 주거환경을 개선하고 부모에 대한 교육을 시행하고 나면 급격히 상황이 개선되기도 한다. 하지만 대다수는 부모의 습관, 사고방식 자체가 문제이기 때문에 좀처럼 개선되기가 어려운 것이 방임 학대의 특징"이라고 설명했다.

방치된 아동을 '학대 피해아동'으로 인식하지 못하는 게 우리 사회의 현실이다. 실제로 한 언론에서는 지난해 9월 경기도 수원시의 쓰레기집에서 구조된 남매 사건을 보도하면서 "경찰은 ㄴ씨가 남매를 때리는 등의 학대를 저지른 것은 아닌 것으로 보이지만, ㄴ씨가 쓰레기장과 다름없는 환경에서 자녀를 방치한 데 대해 아동복지법을 위반한 혐의를 받고 있다고 밝혔다"고만 했다. 그러나 이는 방임에 따른 엄연한 학대행위에 속하며, 아동에게 신체적 · 정서적으로 막대한 피해를 입히는 일이다.

사례 2 초등학교 3학년 서영, 1학년 지영 자매는 편부 가정에서 자랐다. 자매의 어머니는 몇 년 전 가출했다. 일용직으로 일하는 아버지는 알코올중독을 앓고 있었다. 새벽에 집을 나서 오후에 돌아오는 그는 항상 집에서 술을 마시고 담배를 피웠는데 집 청소를 제대로 하지 않았다. 벽지는 누렇게 변색이 됐고 가재도구에는 찌든내가 배어 집 밖에서도 악취를 맡을 수 있을 정도였다. 자매는 인스턴트로 식사를 대신했는데 안주도 제대로 먹지 않고 술만 마시는 아버지 때문이었다. 겨울에는 보일러도 제대로 작동되지 않아 몸을 씻지 않고 다니는 날이 태반이었다. 갈아입을 옷이 없어 여름에도 낡은 긴팔 티셔츠를 입고 다녔다. 서영이는 학교를 다니는 내내 따돌림을 당했다.

계절에 맞지 않는 낡은 옷을 그대로 입고 다닌다거나 몸에서 지속적으로 악취가 나는 아동은 방임을 의심해봐야 한다. 신영호 상담원은 "피해아동들은 흔히 학교나 어린이집에서 따돌림을 당할 뿐만 아니라 정상적인 발달 단계를 거치지 못한다"고 설명했다. 그래서 학대 피해아동을 조기에 발견하는 일은 중요하다. 2016년을 기준으로 학대 의심사례로 신고된 2만 5878건 중 아동학대로 판단된 사례는 1만 8700건으로 전체 신고건수의 72.3%에 달했다. 신고가 곧 학대를 예방하는 방법 중 하나라는 점을 알 수 있다. 조사 과정에서 방임 상태가 심각한 것으로 판명이 나면 피해아동보호명령제도 같은 응급조치를 통해 피해아동과 보호자를 분리시키기도 한다. 〈사례 2〉에서는 자매를 아버지로부터 잠시 분리시킨 뒤 아버지의 알코올중독 증상을 치료한 후 주거정리사업을 통해 환경을 개선하면서 상황이 나아졌다.

사례 3 초등학교 2학년 동현이는 학교에서 문제아로 소문이 났다. 길거리에서 욕설을 내뱉고 교실 안에서 성질을 부리는 일은 예사고 물건을 부수기까지 한다. 잠시의 집중도 힘들어해 학교 수업시간에 거의 앉아 있지 않는다. 다른 학생들에게도 영향이 갈까 동현이를 교실에서 분리시켜도 보고 학부모 상담도 여러 차례 실시했지만 변화는 없었다. 최근에는 FPS(일인칭 슈팅 게임)와 유튜브를 통해 배운 욕설을 사용하는 데도 거침이 없다.

동현이의 부모는 동현이가 어떻게 행동하는지 보고 들어 잘 알고 있지만 문제로 인지하지 못하고 있었다. 교사와 전문 상담원들이 부모를 면담하고 동현이가 ADHD 같은 정신질환을 앓고 있을 가능성에 대해 언급했지만 부모는 상담과 진료를 거부하고 나섰다. 동현이 나이대의 아이들에게는 종종 있을 수 있는 일이라고 응답한 부모는 급기야 교사와의 연락까지도 단절해버렸다.

의료적 방임은 아동이 자라면서 받아야 할 적절한 의료 조치를 취하지 않는 것을 의미한다. 신영호 상담원은 "아동에게 만성질환이 있거나 신경정신과적 문제가 있다면 가능한 한 빨리 치료에 돌입해야 함에도 불구하고 문제를 인지하지 못하거나 치료 자체를 거부하는 부모도 의외로 많다"고 말했다. 〈사례 3〉처럼 신경정신과적 질환이 있는 아동은 어린 나이에 집중적인 치료를 받을수록 증상이 현저히 개선될 수 있다. 그러나 의료적 방임을 행하는 부모는 '우리 아이에게는 문제가 없다'며 치료를 거부하곤 한다. 신 상담원은 "치료가 필요한 아동이 적시(適時)에 적절한 치료를 받을 수 있어야 하는 것이 아동 보호의 기본"이라며 "의료적 방임은 상당수 아이의 발달 정도와 필요한 조치를 제대로 알지 못하는 무지에서 비롯된다"고 설명했다.

사례 4 5살 재석이의 온몸은 짓무른 것처럼 엉망진창이었다. 아토피 피부염을 앓고 있는 재석이를 두고 어머니가 몇 개월간 '풍욕'만을 고집했기 때문이다. 자연의학에서는 풍욕은 자연의 바람을 쐬어 몸을 낫게 하는 방법이라고 주장한다. 이들은 아토피 질환을 앓고 있는 환자의 피부가 '숨을 쉴 수 있게 한다'며 풍욕을 한다. 맨 처음 재석이의 피부염은 심한 수준이 아니었다. 그러나 재석이 어머니가 풍욕이 유일한 치료법이라 믿고 적절한 치료를 하지 않으면서 문제가 심각해졌다. 처음에는 그저 가렵기만 했으나 피부염이 심해지자 고통스러워하기 시작했고 결국 입원 치료까지 받아야 했다.

신영호 상담원은 "의료적 방임으로 의심돼 신고가 들어와 조사해보면 부모의 잘못된 의료 신념이 학대행위로까지 이어지는 피해 사례를 발견한다"고 말했다. 아이에게 무관심하거나 치료 의지가 없는 것이 아니라 비전문가인 부모의 의료적 신념만을 고집해 전문가의 조언을 무시하는 사례도 의료적 방임에 해당한다는 것이다. 더러 종교적 이유로 수혈 같은 의료행위 자체를 거부하기도 한다. 신 상담원은 "종교적 신념에 따른 의료적 방임 행위는 드물게 나타나지만 최근 문제가 됐던 '약 안 쓰고 아이 키우기(안아키)'같이 자녀의 질환을 악화시키는 사례는 자주 있는 편"이라고 말했다.

사례 5 초등학교 3학년, 1학년인 윤아 · 민아 자매는 일주일에 한두 번만 학교에 간다. 자매의 어머니는 오래전부터 건강 상태가 좋지 않아 주로 누워서 지내는 편인데 자매도 어머니가 잠이 들면 옆에서 따라 잠드는 버릇을 들였기 때문이다. 대개 자매가 눈을 뜨는 시간은 오전 11시에서 12시 사이로 초등학교 저학년이라면 수업이 마무리될 때다. 학교에 가 봤자 야단만 들을 것이라는 걸 아는 자매는 “학교에 다녀봤자 아무 소용 없다.”고 말하는 어머니의 말을 따라 하루 종일 집에서 머무는 편이었다. 윤아 · 민아는 아직 한글도 제대로 익히지 못했다. 당연히 수업 진도를 따라가기 어렵고 그래서 더욱 등교를 꺼리는 편이다. 자매는 집에서 머물며 스마트폰이나 TV를 통해 동영상을 보는 것을 더 좋아한다.

식사는 대개 인스턴트나 배달음식으로 해결한다. 규칙적인 식사를 하지 못하고 기름지고 짠 음식만 반복해 먹다 보니 자매는 또래 아이들보다 덩치가 커 얼마 전 체력측정 시간에 고도비만 판정을 받았다. 자매를 진찰한 의사는 이들이 영양불균형으로 인해 제대로 성장하지 못하고 있다고 진단했다.

교육적 방임은 물리적 방임과 같이 진행될 때가 많다. 교육적 방임이란 아동의 발달단계에 맞는 교육을 제대로 제공하지 않는 것을 의미하는데 한국에서는 초 · 중등 과정이 의무교육 과정이라 이 시기 학생들에게서 자주 발견된다. 2016년 인천에서 11살 아동이 감금돼 있다가 극적으로 탈출해 구조된 사건을 계기로 장기결석 아동에 대한 전수조사가 이뤄졌기 때문에 교육적 방임에 대한 인식은 다른 방임에 비해 많이 개선된 편이다. 그럼에도 불구하고 〈사례 5〉와 같이 사각지대에 놓여 있는 피해아동이 많다. 박세라 초록우산 어린이재단 대구아동보호전문기관 팀장은 “의무교육 과정이 존재하는 이유는 단지 학업성취를 위해서만이 아니라 아동의 사회화 과정과, 살면서 필요한 최소한의 지식을 습득하게 하려는 목적인데 이를 준수하지 않는 부모들도 있다”면서 “이유 없이 아이를 교육기관에서 방치하면 교육적 방임에 해당할 수 있다”고 설명했다.

사례 6 13살인 민우가 초등학교에 가지 않은 지도 1년이 지났다. 민우의 부모는 “공교육에는 문제가 많다”며 민우를 학교에 보내지 않겠다고 선언했다. 대신 집에서 필요한 것을 가르치는 홈스쿨링을 하겠다고 학교에 통보했다. 행정기관까지 나서 부모를 설득했지만 별 소용이 없었다.

하지만 처음 부모의 다짐과는 다르게 민우는 1년이 넘도록 거의 아무것도 배우지 못했다. 생계를 위해 맞벌이를 해야 하는 부모는 민우에게 교재만 사주고 집을 비우곤 했다. 필요할 때 연락하라고 쥐여준 스마트폰과 함께였다. 민우는 스마트폰으로 유튜브 동영상을 시청하는 재미에 빠졌다. 또래 아이들에 비해 현저히 떨어지는 언어 구사능력을 가지고 있지만 동영상을 이해하는 데는 문제가 없었다. 친구들은 모두 학교에 가거나 학원에 다니기 때문에 함께 놀 수도 없었다. 부모가 없는 시간에는 줄곧 스마트폰을 붙잡고 사는 민우는 스마트폰이 없으면 일상생활을 못하는 중독 증상을 보였다.

부모의 차별적인 교육관이 있더라도 교육적 환경이 받쳐주지 않으면 교육적 방임으로 빠질 가능성이 높다. 현장에서 교육적 방임 사례를 많이 목격한 신영호 상담원은 "의무교육 과정 대신 홈스쿨링이나 대안학교를 보내겠다고 결심하는 부모도 있는데 이를 제대로 실천하는 일이 더 어렵다"고 말했다. 자칫 잘못하면 의무교육 과정과 대안 교육 모두 받지 못한 교육적 방임 피해아동을 낳을 수 있다.

교육적 방임 피해아동은 아동보호전문기관의 눈에도 쉽게 띄지 않는다. 방임 판정에도 어려움을 겪는다. 다만 박세라 팀장은 "교육적 방임의 결과물로 이른 나이에 심각한 스마트폰, 컴퓨터 중독에 빠지는 아동들이 많다"고 말했다. 학교 밖 교육에 대한 구체적인 계획이 없는 이상 아이들은 지루한 공부 대신 어디서나 손쉽게 접할 수 있는 유튜브 같은 자극에 쉽게 빠질 수 있다. 방임 학대의 사례를 살펴보면 공통점이 보인다. 빈곤가정, 한부모가정 같은 사회취약계층에서 방임이 자주 일어난다는 점이다. 류정희 한국보건사회연구원 아동복지연구센터장은 "빈곤이 방임의 가장 큰 원인 중의 하나"라고 말했다. "보통 생각하듯이 의도적인 방임은 전체 방임 사례 중 많은 비중을 차지하지 않습니다. 결과로서의 방임이 나타날 때가 많습니다. 빈곤가정이나 한부모가정이 취약한 이유는 생계를 위해 자녀를 물리적으로 방치했을 때 자녀를 책임질 사람이나 제도가 부족하기 때문입니다."

일례로 생계를 위해 자녀와 떨어져 지낼 수밖에 없는 편부가정에서 자매가 방치된 일이 있었다. 따로 돌봐줄 보호자가 없어 자매는 식사도 제대로 못 챙겼다. 아버지는 하루이틀에 한 번씩 전화를 걸어 자녀의 안부를 묻는 등 자녀에 대해 나름의 관심을 쏟았지만, 아동의 양육에는 관심만 필요한 것이 아니다. 신영호 상담원은 "생계를 잇는 데 신경 쓰다가 아이의 기본적인 생존 문제를 뒷전으로 두는 가정에서 방임 사례가 자주 발견된다."고 말했다.

■ 아동 3명 중 1명이 위기

✔ 사회적으로 고립된 취약계층에서 자녀 양육에 필요한 지식이 부족한 사례도 많다. 이는 다양한 이유에서 비롯되는데 경제적 · 정서적으로 준비되지 않은 상태에서 자녀를 출산하기도 하고 자신의 부모로부터 학대받은 경험이 있기 때문이기도 하다. 부모 본인의 사회적 고립을 가속화하는 알코올중독이나 다른 정신질환이 있을 경우에는 더욱 위험하다. 만약 우리 사회가 취약계층을 두루 살필 수 있는 복지전달체계를 갖추고 있다면 이런 가정의 아동에게 방임이 일어나지 않도록 돌볼 수 있다. 그러나 부처마다 각기 다른 복지제도를 갖추고 있는 한국에서는 사각지대에 방치되고 있는 아동의 수가 공식 통계로 잡이는 것보다 훨씬 많다는 게 전문가들의 설명이다. 류정희 센터장은 "여러 통계를 종합해봤을 때 방임 수준이 아니라도 가정에 방치돼 있는 나홀로아동은 전체 아동의 3분의 1이 넘을 것"이라며 "이들 아동에 대한 구제 조치가 없다면 방임 학대로 이어질 수 있다"고 경고했다.

- ✔ 방임 피해는 다른 유형의 학대 피해처럼 장기간에 걸쳐 아동에게 악영향을 끼친다. 학대 피해아동의 문제를 연구해온 안동현 한양대 정신건강의학과 교수의 설명을 들어보자.
- ✔ "연구자들이 실험실 쥐를 대상으로 실험을 해봤습니다. 먹을 것만 주고 방치한 쥐와 운동과 놀이를 할 수 있게 도와준 쥐의 뇌 구조를 살펴봤을 때 활발하게 활동한 쥐의 뇌 연결회로는 정교하고 풍부하게 발달했는데 그렇지 않은 쥐의 뇌는 스트레스에 매우 취약한 구조로 변화했습니다. 방임을 비롯해 학대 피해아동의 뇌 구조를 보면 이와 유사한 결과가 나옵니다. 특히 방임은 아동이 자라면서 필요한 자극, 돌봄을 받고 대화를 나누는 최소한의 자극도 부족해 대뇌의 발달이 늦어집니다. 조기에 발견해 적절한 조치를 취하지 않으면 아동의 피해는 평생에 걸쳐 지속될 겁니다."
- ✔ 전국아동학대현황보고서를 보면 방임 피해아동에게서는 학습 문제와 섭식 문제, 무력감 같은 정서적 문제가 두드러지게 나타난다. 섭식 문제로 인해 신체적으로 발달이 늦어질 뿐더러 또래 아이들과 같은 학습수준을 갖추지 못하고 정서적인 문제까지 겪게 된다. 이는 장기적이고 지속적인 돌봄을 통해 해결 가능한 문제다.

출처: https://wonderfulmind.co.kr/helicopter-parents-agenda-moms-parents/
https://weekly.chosun.com/client/news/viw.asp?ctcd=C02&nNewsNumb=002519100005

❸ 전개 2(25분): 부모양육태도 유형별 상담 개입

1) 부모양육태도 유형별 상담 개입

"각각의 부모양육태도 두 가지 유형을 살펴보았습니다. 통제적 부모와 방임적 부모는 각자가 자신의 아이에게 상처를 주는 방법은 다르지만 아이의 심리정서적 안녕을 위협한다는 공통점을 가지고 있습니다. 교육사각지대 아이들의 부모 중 이러한 통제적 혹은 방임적인 부모가 존재할 가능성이 높다고 할 수 있습니다. 그렇다면 이러한 부모들은 어떻게 상담해야 할까요? 우선, 부모양육태도에 영향을 미치는 요인을 살펴보고, 부모가 그러한 양육방식을 취하는 이유를 알아봅시다. 그 다음, 교사로서 부모교육도 하면서, 부모 자신의 심리적 어려움도 들어주어야 할 텐데요. 구체적으로는 다음과 같습니다."

■ **부모의 양육태도에 영향을 미치는 요인**

(1) 개인적 요인

✔ 부모의 특성: 부모의 경험(어릴 적 자신의 경험, 감정, 인식의 영향) + 부모의 신념(아동 발달과 양육행동에 대한 신념, 인지발달 및 인지이론에 대한 신념, 성에 대한 신념 등)

✔ 아동의 특성: 기질의 영향

(2) 상황적 요인

✔ 사회경제적 지위 및 배경, 결혼관계(부부갈등 등), 부모의 직업, 사회관계망(사회관계망의 크기가 클수록 부모의 양육태도는 더 온정적, 덜 제한적)

〈부록〉 인터넷 신문 기사 자료

■ **애정-통제적 부모에 대한 상담 개입**

1) 학부모의 행동특성

✔ 대부분 부모들은 자기 자녀를 행복하고 유능하게 키우고 싶어 한다. 그 중 일부 부모는 자녀를 위해 완벽한 부모가 되어야 한다고 믿고, 사사건건 자녀의 학교생활에 간섭하고 집착하는 모습을 보여 교사를 부담스럽게 만들기도 한다.

- 학교에서의 자녀의 행동 및 수업태도 등에 관해 자주 묻는다.
- 알림장에 자녀의 행동 및 교사의 대한 바람을 자주 기록한다.
- 또래관계에 별 문제가 없는데도 불구하고 자녀와 친구들과의 관계에 대해 자주 묻는다.
- 자녀를 과잉보호한다.
- 교사에게 '자녀가 몸이 약하다.', '마음이 여리다.' 등 자녀의 신체적·심리적 핸디캡에 관해 자주 언급하고 보호해 달라고 요청한다.
- 자녀의 또래관계에 간섭한다.
- 자녀에게 문제가 생기면 무조건 학교로 달려온다.
- 자녀에게 문제가 생기면 자녀의 잘못은 인정하지 않고 다른 아동에게 그 책임을 묻는다.
- 교사에게 자녀의 관한 거짓말을 자주한다.
- 자녀의 학교생활 전반에 관한 요구를 자주한다.

2) 학부모상담 시 유의할 점

✔ 자녀에게 집착하고 간섭하는 학부모의 경우 학교에서 일어나는 사소한 문제에도 관여하고자 할 것이다. 교사의 입장에서 보면 사사건건 관여하는 학부모가 부담스럽고 귀찮을 뿐 아니라 아동에게 부정적 영향을 끼치는 부모로 인식되기 쉽다. 이런 선입견과 고정관념은 상호 라포를 형성하기 어렵게 한다. 학부모상담에 있어서 학부모는 내담자

라는 것을 명심하고, 이런 부모에게 있어서도 자녀에게 간섭하는 이유와 나름대로의 의도가 있다는 것을 인정해 주어야 상담에 필요한 상호 신뢰감이 형성될 수 있다. 상담 시작 전 내담자에게 부정적으로 판단하는 것은 아닌지 스스로 점검해 보는 것이 필요하다.

✔ 이런 부모의 의도는 아동을 위한 것이긴 하지만, 이러한 부모의 행동은 오히려 자녀의 자신감과 독립심을 빼앗아갈 수 있다. 부모의 기대를 맞추기 위해 거짓과 변명이 늘어날 수도 있고 심한 경우 불안과 우울을 경험할 수도 있다. 따라서 교사는 평소 아동의 학교생활과정을 주의 깊게 관찰하고 그 결과를 기록해 두어 상담 시 필요한 자료로 활용하도록 미리 준비해 두는 것이 좋다.

✔ 이런 부모의 경우 자녀의 교우관계에 문제가 생기면 학교로 달려와 다른 아동들까지 간섭하고 통제하는 행동을 하기도 한다. 경우에 따라서는 학부모 간의 갈등으로 번지기도 하고, 해당 아동이 교우들 사이에서 따돌림을 당할 수도 있다. 이러한 문제는 교사 모르게 발생할 수도 있으므로 평소 주의 깊게 관찰하고 관심을 두어야 한다.

✔ 이런 학부모의 경우 결과는 부정적이라 하더라도 기본적으로 자녀에 대한 열의에서 빚어지는 결과라는 것을 인식하고, 학부모의 문제점만 보지 말고 이러한 학부모의 에너지를 활용하여 아동의 성장에 도움이 될 방안을 상담과정에서 찾아보는 것이 필요하다.

3) 구체적 상담접근 방안

(1) 학부모의 불편한 심경 이해

첫 번째 단계는 아동의 문제행동과 관련하여 상담하게 된 부모의 불편한 심정을 이해하고 배려하는 것이다. 자녀에게 집착하는 부모일수록 자녀 문제의 모든 책임이 자신에게 있다는 죄책감이 강하고, 상담 시에도 완벽한 부모로서 역할을 다해야 된다는 생각에 교사를 만나는 심정이 매우 불편하고 긴장될 수 있다. 이러한 내담자의 심경을 헤아려서 보다 따뜻하고 부드러운 태도로 편안하게 맞이하는 것이 필요하다.

(2) 상담목적과 취지, 진행과정 안내와 확인

두 번째 단계는 학부모 상담의 목적과 취지, 진행과정에 대해 설명하고 이에 대한 학부모의 이해한 바를 확인하는 것이다. 이런 성향의 학부모의 경우 상담은 아동문제에 대한 학부모의 책임을 묻는 과정이라 생각할 수 있다. 교사가 아동의 문제를 비난하거나 부모의 책임을 추궁하는 것으로 느끼지 않도록 상담의 취지를 분명히 밝히는 것이 중요하다.

(3) 상담요청의 직접적 이유와 교사 평가 전달

세 번째 단계는 학부모상담을 요청하게 된 직접적 이유와 교사의 평가를 전달하는 것이다. 이때 아동 자체를 비난하거나 아동 때문에 힘들다는 느낌이 전달되지 않도록 주의한다. 이 단계에서 아동의 문제에 대해 어떻게 생각하는지를 질문을 통해 확인한다. 이런 학부모들은 자신이 자녀를 제대로 돌보지 않아서 문제가 야기되었다고 생각하고 이후 오히려 자녀를 더 통제하고 과잉보호할 가능성이 크다. 따라서 아동의 문제행동에 대한 부모의 생각을 확인하는 과정이 필요하며, 이 부분은 교사가 기억해 두었다가 이후 문제해결방안을 논의할 때 다시 다루는 것이 필요하다.

(4) 학교 이외의 상황에서의 문제행동 확인

네 번째 단계는 학교 이외의 상황에서는 아동의 문제행동이 어떻게 나타나는지 확인하는 것이다. 만일 가정, 학원, 교회 등 학교 이외의 상황에서 학교와 다른 행동을 보인다면 그 이유가 무엇인지에 대해 학부모와 함께 추론해 보는 과정이 필요하다. 이 때 부모의 성향이나 행동 때문에 아동이 그렇게 한다는 식의 판단이나 부모의 간섭 때문에 아동이 힘들어 한다는 식의 논리를 펴지 않도록 주의한다. 이 과정은 아동의 행동이 상황이나 상호작용하는 인물과의 관계 속에서 다르게 나타난다면 왜 그런지 그 이유를 추론하는 과정이므로, 교사의 판단이 옳다 하더라도 부모의 잘못이라는 뉘앙스가 풍겨진다면 부모가 받아들이기 힘들 것이기 때문이다. 부모 스스로 아동의 문제행동이 자신의 행동과 관련이 있을 것이라고 추론하는 것만으로도 이미 상담의 효과는 있는 것이다.

(5) 자녀훈육 방법의 내용 및 효과 확인

다섯 번째 단계는 학부모가 사용하는 자녀훈육방법의 구체적인 내용과 효과에 대해 알아보는 것이다. 효과가 있었던 훈육방법과 효과가 없었던 훈육방법은 무엇인지, 효과가 없었다면 그 이유는 무엇인지 질문을 통해 확인한다. 이 과정은 해당 아동에게 효과적인 지도방안을 구안하는 데 도움이 될 뿐만 아니라 학부모 스스로 자신의 지도방법의 적절성 여부를 확인하고 부모로서 자신의 역할을 이해하도록 한다. 부모가 자녀를 위해 모든 것을 다 해주는 것이 자녀에게 있어서는 간섭이 되고 자율성과 책임감을 빼앗아 가는 것이며, 과잉보호는 자녀가 경험을 통해 배울 수 있는 기회를 박탈하는 것임을 학부모 스스로 확인할 수 있도록 한다. 효과적이지 않았던 방법에 대한 이유를 탐색하는 과정에 조금 더 시간적 배려를 하는 것이 좋다. 이 때 이를 직접 설명하거나 진단해서는 안 되며, 학부모 스스로 얘기하는 것을 따라가며 반응하는 것이 효과적이다.

(6) 실행방법 합의 및 실행계획 수립

여섯 번째 단계는 학부모와 교사가 아동의 문제해결을 위해 각자 시행할 방안에 대해 합의하고 구체적 실행계획을 세우는 것이다. 실행방안은 보다 구체적이고 실행 가능한 것이어야 하며, 너무 많은 것보다는 3개 이하로 구성하는 것이 현실적이다. 필요하다면 교사와 학부모가 각자 기록해 두도록 한다. 학부모 입장에서는 실천하기가 쉽지 않을 것이다. 이제껏 자녀의 행동 하나 하나를 통제하다가 자녀가 스스로 하도록 맡기고 기다려 주는 것은 쉽지 않을 것이라는 것을 전달한다. 실행하려고 마음먹은 것 자체가 부모에게는 큰 변화이므로 이를 적극적으로 지지하고 격려해 주는 것이 필요하다.

■ 자율-거부적 부모에 대한 상담 개입

1) 학부모의 행동특성

✔ 어느 부모나 자녀가 잘 되기를 바라는 것은 마찬가지일 것이다. 그러나 학부모 개인의 성향이나 문제로 인해 혹은 가정 내 상황으로 인해 자녀에게 관심을 두지 못하고 애정이나 격려가 인색한 부모도 있을 수 있다. 이런 부모들은 자녀가 잘못이나 문제를 일으켜도 대수롭게 여기지 않거나 상담을 요청하여도 시간이 없다는 이유로 상담 자체를 회피하려 할 것이다.

- 자녀에게 학교에서 필요한 준비물을 챙겨주지 않는다.
- 자녀의 알림장을 잘 확인하지 않는다.
- 시간이 없다고 하면서 교사와의 상담을 피한다.
- 자녀의 문제행동에 대해 대수롭지 않게 생각하거나 별다른 반응을 보이지 않는다.
- 자녀의 행동변화 가능성을 믿지 않는다.
- 자녀에게 기대하는 바는 크지만 직장 등의 이유로 아이에게 소홀할 수 밖에 없다고 한다.
- 자녀의 문제행동을 해결하려고 시도하지 않는다.
- 자녀교육에 무지한 자신을 자책한다.
- 삶이 힘들어서 부모역할을 충실히 할 여력이 없다고 호소한다.

2) 학부모상담 시 유의할 점

✔ 학교에서의 아동의 문제해결은 교사 나름대로 해결한다고 해도 아동에게 진정으로 바람직한 변화를 일으키려면 가정과 학교에서의 해결방식이 통일을 이루어야 한다. 따라서 이런 비협조적인 학부모의 경우 일단 학교에 오도록 하는 일이 중요하다. 상담요청에 응답이 없다고 포기하지 말고 끈기를 가지고 끈질지게 연락하는 것이 필요하다. 바빠서 어렵다고 하면 학부모시간에 맞출 수 있으니 언제가 좋겠냐며 먼 일정이라도 잡는 것이 필요하다. 물론 교사의 입장에선 이렇게까지 할 필요가 있냐고 회의가 들 수도 있겠지만, 이런 부모의 경우 일단 상담 장면에 오게 되면 교사와의 협력관계를 유지하게 되고 아동의 변화를 보다 쉽게 유도해낼 수 있다.

✔ 이런 부모들은 학교에 오더라도 교사의 아동에 대한 고민과 노력을 인식하지 못하는 행동과 태도를 보여 교사를 서운하게 하고 좌절시킬 수도 있다. 그런데 한편으로 생각하면 자녀교육에 무력감을 느끼고 고통 받는 학부모가 바로 내담자인 것이다. 부모 자

신의 삶에서 좌절이 있어 자녀교육에 무관심해졌거나 자녀의 거듭되는 문제나 지난 노력의 실패로 지쳐버린 학부모야말로 무조건적인 존중과 공감적 이해의 태도를 지닌 상담자를 필요로 하는 내담자이기 때문이다.

✔ 해결중심 상담접근에서는 이런 유형의 내담자와 관계형성을 하는데 중요한 것은 내담자의 아주 사소한 것이라도 찾아내어 인정해 주고 격려해 주는 것이라고 한다. 예를 들면, 자녀를 위해 바쁜데 학교에 와준 점, 아동을 학교에 제 시간에 보내준 점 등을 인정해 주는 점 등이다. 힘들고 지친 상황에서 누군가 자신을 위로하면 고맙고 기운이 나 더 잘 해보려는 생각이 들 것이다.

✔ 이런 학부모의 경우 학부모 자신의 자녀양육 모습을 객관적으로 비춰주는 것이 도움이 된다. 그리고 자신의 양육태도가 어떤지 인식이 부족하거나 부모 자신의 문제가 더 심각할 수도 있다. 이럴 경우 진지하게 상담을 권유하고 부모 자신의 문제해결은 자녀에게도 좋은 결과를 가져오게 됨을 강조하는 것이 필요하다.

✔ 또한 아동의 학교생활 전반에 관해 자주 알림으로써 아동의 학교생활에 관심을 갖도록 유도한다. 아동의 학교생활을 지속적으로 잘 관찰하여 사소한 것이라도 이전보다 나아진 점 등을 자주 전달하도록 한다. 자녀문제로 인해 좌절하여 그 고통을 피하고자 자녀에게 무관심해 졌을 경우도 있기 때문이다.

3) 구체적 상담접근 방안

(1) 학부모의 불편한 마음 이해

무관심한 학부모의 경우 마지못해 온 경우가 대부분일 것이므로 심리적으로 불편하고 부담스러울 것이다. 그래도 상담에 응해준 것에 대해 깊은 감사를 표현하고 진정으로 환영해 주는 것이 필요하다. 이런 부모의 경우 대화 참여에 소극적일 경우가 많다. 교사 혼자 일방적으로 끌어가기보다는 자녀에 관한 간단한 질문을 통해 대화참여토록 유도한다. 답변이 바로 나오지 않더라도 여유를 갖고 기다려 주는 것이 필요하다.

(2) 내담자인 학부모에 대한 이해

그 다음 단계는 내담자인 학부모 자체를 이해하는 것이다. 학부모는 어떤 사람인지 자녀에 대해 어떻게 생각하고 있는지에 관해 알아본다. 내담자를 제대로 파악해야 그에 합당한 상담전략과 방법을 구사할 수 있다. 이후 상담을 요청받고 난 후의 느낌을 확인한다. “제 전화 받고 걱정 많이 하셨지요?”, “학교에서 전화 오면 겁부터 난다고 하시던데 좀 당황하셨지요?”, “가서 무슨 얘기를 해야 되나 하고 마음이 좀 무거우셨죠?” 등의 질문으로 학부모가 느낌을 표현할 수 있도록 돕는다.

이 때 학부모는 침묵하거나 방어적 태도를 보일 수 있다. 학부모의 비언어적 반응에도 메시지가 담겨있는 것이므로 채근하지 않고 존중하는 자세로 기다려 주는 것이 좋다.

(3) 교사의 종합적인 평가 및 학부모 의견 듣기

세 번째 단계는 아동에 대한 교사의 종합적인 평가를 전달하고 이에 대한 학부모의 의견을 듣는 것이다. 우선 아동에 대한 교사의 견해를 전달할 때는 문제보다는 아동의 장점이나 강점에 대한 언급을 먼저 하는 것이 좋다. 이때는 아동에 대한 추상적 평가가 되지 않도록 구체적 실례를 제시하여 교사의 진정성이 전달되도록 한다. 예를 들어, "성격이 좋아요."라고 하기보다는 "지난 주 친구 영아를 도와주는 것을 보았는데 참 마음 따뜻하고 배려심 많아 보였어요."로 표현하는 것이다. 이에 대한 학부모의 생각과 느낌을 질문하여 확인하는 것도 필요하다.

(4) 아동의 문제행동 설명 및 학부모의 견해 듣기

네 번째 단계는 아동의 문제행동을 설명하고 이에 대한 학부모의 견해를 듣는 단계이다. 상담요청의 직접적 원인인 문제행동에 관해 알려줄 때는 아동의 문제행동과 관련된 구체적 자료들을 보여주는 것이 좋다.

무관심한 부모의 경우 아동에 대한 평가는 그동안 생각지도 못했던 부분이라 더 당황하고 받아들이기 어려울 수도 있다. 이때는 학부모를 설득하려기보다는 왜 그렇게 생각하는지에 대해 진지하게 경청하는 자세를 보인다. 이런 부모 중 일부는 "죄송합니다.", "다음부터 이런 일 없도록 주의하겠습니다."와 같이 의례적인 반응으로 빨리 상황을 종료하려고 할 수도 있다. 이럴 경우 "지금까지 지민이에 대해 제가 관찰하고 생각했던 점들에 대해 말씀드렸는데 들으시니 어떤가요? 오늘 말씀드린 내용에 대한 어머니의 생각과 느낌을 듣고 싶습니다."라는 질문으로 부모의 생각과 느낌을 표현하도록 유도하는 것이 필요하다. 이 단계는 학부모 스스로 자신의 부모역할에 관해 탐색해 볼 수 있는 기회를 제공해 줄 수 있다.

(5) 학교 외 상황의 아동행동 및 학부모 태도 확인

다섯 번째 단계는 학교 외 상황에서의 아동행동과 학부모의 태도를 확인하는 것이다. 학교에서 보이는 행동들과 관련하여 가정에서 아동행동은 어떠한지, 지난 학년까지는 어떠하였는지 질문하여 학부모로 하여금 자녀에 대한 자신의 관심을 확인케 한다. 이런 학부모의 경우 가정이나 학교 밖 상황에서 아동이 어떻게 행동하는지 잘 모르거나, 피상적인 수준에서 아동을 파악하고 있을 가능성이 크다. 이때는 "학교에서의 문제행동이 가정 내에서는 어떻게 나타나고 있나요?", "어떤 상황에서 긍정적인 특성을 보이나요?", "어떤 상황에서 부정적 행동이 주로 나타나나요?", "어머니가 보시기에 지민이의 강점과 장점은 무엇인가요? 취약점은 또 뭐라 생각하시나요?" 등의 질문을 통해 자신의 역할을 확인하도록 유도한다. 이러한 질문은 향후 학부모가 아동에게 관심을 가져야 할 부분(부모역할)에 대한 지침을 암시적으로 제공해 줄 수 있다.

(6) 학부모의 강점 확인 및 지지

여섯번째 단계는 학부모가 이전에 자녀지도를 위해 시도했던 노력들을 알아보고 이를 통해 부모의 강점을 확인하고 지지해 주는 것이다. 현재는 여러 가지 상황으로 인해 자녀에게 무관심하지만, 이전에는 나름대로 자녀의 문제해결을 위해 다양한 시도들을 실행해 본 경험이 있을 것이다. 학부모가 자녀의 문제해결을 위해 어떠한 노력을 했는지 사용했던 방법과 그 효과는 어떠했는지, 그 때 부모의 심경은 어떠했는지 알아본다. 이 과정에서 실제적으로 아동에게 효과적인 훈육방식을 찾아내어 보다 정교화시켜서 학교와 가정에서 통일된 형태로 활용할 수 있다. 이때 "정말 좋은 방법이었네요. 정말 잘 하셨네요."와 같이 적극적으로 격려해주고 지지해 주는 것이 필요하다. 그 중 효과적이진 않았던 방안도 다소 수정 보완하여 재활용할 수 있도록 한다. 이런 부모의 경우 새로운 대안책보다는 이전 활용 방안을 수정 보완하는 것이 학부모에게 부담도 덜 주고 또한 적용할 가능성도 높다.

(7) 문제해결 방안에 대한 학부모-교사 간 합의

일곱 번째 단계는 문제해결 방안에 대해 학부모-교사 간에 합의를 하는 것이다. 이런 학부모의 경우 자발적 노력이 쉽지 않을 것이다, 이 경우 교사가 학교에서 아동을 위해서 어떤 노력을 할 것이라는 것을 먼저 제시하고 시범을 보이는 것이 좋다. 이를 통해 학부모가 할 역할을 보다 구체화하도록 요청한다. 시도방안이 구체적일수록 실행하려는 마음이 더 생길 수 있다. 예를 들어, 아동이 문제행동이 나타날 때 아동은 좋아하는 컴퓨터 게임을 3시간 할 수 없게 하는 것이다. 물론 이러한 규칙은 사전에 아동과 합의해야 한다는 것을 분명히 알려 준다.

(8) 지속적 노력을 위한 적극적 지지

여덟 번째 단계는 학부모가 지속적인 노력을 할 수 있도록 계속해서 지지하고 격려하는 것이다. 이런 학부모의 경우 주변 상황이 나빠지거나 지지 세력이 없게 되면 다시 무력해 진다. 교사는 학부모가 실행을 잘 실천하고 있는지 어려움은 없는지 지속적인 관심을 표명해 주고 최소한의 노력이라도 인정해 주는 것이 필요하다. 또한 학교에서의 아동의 긍정적 변화는 사소하더라도 알려주어 학부모로 하여금 합의내용을 지키도록 고무시켜야 한다. 만일 학부모가 상담을 통해 깨달은 바가 있다고 하면 '자녀를 위한 부모교육 프로그램'이나 무료전문 상담기관을 소개해 주는 것이 좋다.

출처: 한국교육신문(http://www.hangyo.com/news/article.html?no=44871)

2) 조별 실습(2인 1조)

"앞서 통제적, 방임적 부모 유형의 특징, 원인, 그리고 상담에서 어떻게 교사로서 개입해야 하는지에 대해서 살펴보셨죠. 이번에는 직접 실습을 통해 사례에 적용해보는 시간을 가지겠습니다."

강의자료-교수자용

■ 애정-통제적 부모 사례

✔ "초등학교 5학년 여학생 B양은 평소 어머니와 다툼이 잦다. 부모는 모두 우리나라에서 알아주는 S대 출신으로 경제적으로도 유복하다. B양은 초등학생이지만 어릴 때부터 사교육을 받아왔고, 어머니의 재촉으로 소위 '영재교육'을 받았으며, 유치원 때부터 지금까지 안 해본 사교육이 없을 정도이다. B양은 이러한 과중한 과외가 힘들어 어머니에게 몇 번이나 힘듦을 토로했지만, 어머니는 한사코 '너에게 들어가는 돈이 얼만데, 나중에는 나보고 고맙다고 할거야, 나중에 잘살려면 일류가 되어야 해'라면서 막무가내로 강요하였다. 최근에는 '최고의 과외 선생님'을 찾는다면서 여러 번 과외를 옮기게 했으며 이것으로 말미암아 B양과 싸움이 상당히 심하게 되었다. B양은 한번도 자기 마음대로 뭔가 선택한 적이 없으며, 이제는 학교성적마저 떨어져 담임선생님은 부모를 상담에 의뢰하게 되었다."

■ 자율-거부적 부모 사례

✔ "초등학교 6학년 남학생 A군은 같은 반 친구들과 툭하면 몸싸움을 하는 문제로 아버지가 상담에 의뢰되었다. A군은 사소한 것에도 짜증이 많이 나고, 친구들의 농담도 왜곡하여 들어 싸움으로 되는 일이 많았다. A군의 아버지는 주사가 특히 심하여, A군에게는 아주 무관심하였다. 친구가 몇인지, 몇 반인지, 성적이 어느 정도인지 모르는 경우가 많았으며, 곧 중학교 진학을 앞두고 있는데도 알아서 하라고 하고 무신경하다. 아내에게도 '내가 돈만 벌어주면 다 한 것이다. 당신이 알아서 애를 키워라.'는 식으로 자주 말한다. A군은 아버지에 대한 분노가 가득 쌓인 상태였다."

출처: 권희경(지와감 심리상담센터) 글 각색.

"조별로 다양한 사례들로 부모 유형에 따라 상담 개입을 달리하는 활동을 해 보셨는데요. 조별 활동을 하면서 알게 된 점, 어려웠던 점, 보완할 점을 나누어 보겠습니다."

❹ 마무리(5분): 회기 마무리 및 다음 회기 안내

"오늘은 주제의 여섯 번째 회기로서 부모의 양육태도 유형별 상담 개입 중 통제적, 방임적 부모에 대해 살펴보았습니다. 여기 계신 선생님들 모두 어떤 생각과 마음으로 오늘 강의와 실습에 임하셨는지, 강의와 실습을 하고 나신 소감이 궁금한데요. 소감을 들어보는 시간을 갖도록 하겠습니다."

"다음 회기는 주제 7회기로, 독재적인 부모, 아이들에게 휘둘리는 부모에 대해 살펴보도록 하겠습니다."

활동자료 주제 6-1 **학부모 상담 실습 작성 활동지**

학부모 상담 실습해보기

◆ 조별로 주어진 예시로 부모의 양육태도 유형별 상담 개입 실습을 해봅시다.

예시 1 초등학교 5학년 여학생 B양은 평소 어머니와 말싸움이 잦다. 부모는 모두 일류대학 출신으로 경제적으로도 유복하다. B양은 초등학생이지만 어릴 때부터 어머니의 성화로 '영재교육'을 받았으며, 유치원 때부터 지금까지 예체능, 학원, 과외 등 많은 사교육을 받아왔다. B양은 이러한 과중한 과외가 힘에 부쳐 어머니에게 몇 번이나 불만을 이야기했지만, 어머니는 한사코 '너에게 들어가는 돈이 얼만데, 나중에는 나보고 고맙다고 할거야, 나중에 잘살려면 일류가 되어야 해'라면서 막무가내로 강요하였다. 최근에는 '최고의 선생님'을 찾는다면서 여러 번 과외를 옮기게 했으며 이것이 발단이 되어 B양과 싸움이 상당히 심하게 되었다. B양은 한번도 자기 마음대로 뭔가 선택한 적이 없으며, 이제는 학교성적마저 떨어져 담임선생님은 부모를 상담에 의뢰하게 되었다.

예시 2 초등학교 6학년 남학생 A군은 같은 반 친구들과 툭하면 몸싸움을 하는 문제로 아버지가 상담에 의뢰되었다. A군은 사소한 것에도 짜증이 많이 나고, 친구들의 농담도 곡해하여 싸움으로 번지는 일이 많았다. A군의 아버지는 주사가 특히 심하여, A군에게는 아주 무관심하였다. 친구가 몇인지, 몇 반인지, 성적이 어느 정도인지 모르는 경우가 많았으며, 곧 중학교 진학을 앞두고 있는데도 너가 알아서 하라고 하고 무신경하다. 아내에게도 '내가 돈만 벌어주면 다 한 것이다. 당신이 알아서 애를 키워라.'는 식으로 자주 말한다. A군은 아버지에 대한 분노가 많았다.

- 교 사 :
- 학부모 :

- 교 사 :
- 학부모 :

- 교 사 :
- 학부모 :

- 교 사 :
- 학부모 :

- 교 사 :
- 학부모 :

주제 7회기

부모유형별 개입: 독재적인 부모, 아이에게 휘둘리는 부모

Ⅰ. 개관

❶ 회기 소개

이번 회기는 주제의 일곱 번째 파트로, 부모의 유형에 따라 어떻게 교사가 상담을 달리해야 하는지를 살펴본다. 지난 시간은 통제적인 부모, 방임적인 부모의 유형에 대해 알아보았는데, 이번 시간에는 독재적인 부모와 아이들에게 휘둘리는 부모의 유형에 대해 이해하는 시간을 갖는다. 이러한 이해를 바탕으로 학부모 상담에서 어떻게 적용할 수 있을지 알고, 사례를 활용하여 연습하고자 한다.

❷ 목표

- 부모양육태도 유형을 이해하기
- 부모양육태도 유형에 따른 상담 개입의 차이를 알고, 실제로 적용하여 상담하기

Ⅱ. 회기 진행

회기 구조

회기	주제 7회기	제목	부모유형별 개입: 독재적인 부모, 아이에게 휘둘리는 부모
목표	• 거부-통제형 부모(독재적인 부모)와 아이에게 휘둘리는 부모를 이해하기 • 부모양육태도 유형에 따른 상담 개입의 차이를 알고, 실제로 적용하여 상담하기		
준비물	PPT, 프린트물(워크시트)	시간	60분

과정	내용	시간(분)
도입	○ 오늘의 학습목표 소개	5분
전개(1)	○ 활동명: 부모유형에 대한 이해 ○ 활동 목표: - 부모양육태도의 유형 중 거부-통제형을 이해한다. - 아이에게 휘둘리는 부모에 대해 이해한다. ○ 활동 내용(강의) 1) 부모유형에는 어떤 것이 있나? - 부모양육태도: 거부-통제형 부모 - 아이에게 휘둘리는 부모	15분
전개(2)	○ 활동명: 부모유형별 상담 개입 ○ 활동 목표: - 각각의 부모유형에 따른 상담 개입의 차이를 안다. - 부모유형에 따라 상담을 할 수 있다. ○ 활동 내용(강의 및 실습) 1) 부모유형별 상담 개입의 차이는? - 부모양육태도: 거부-통제형 부모 - 아이에게 휘둘리는 부모 2) 조별 실습(2인 1조) - 사례에 적용해보기	25분

정리	○ 활동명: 회기 마무리 및 다음 회기 안내 ○ 활동 목표 및 내용 - 이번 회기 내용 정리 및 학습 소감 나누기 - 전체 프로그램 정리	15분

❶ 도입(5분): 오늘의 활동목표 소개

"안녕하세요. 이번 시간에는 지난 시간에 이어 교육사각지대 학생들의 부모를 교사로서 상담할 때 부모의 유형별로 어떤 점을 유의할지 살펴보도록 하겠습니다. 전 시간에는 부모의 양육태도를 기준으로 네 가지 유형에 대해 살펴보았습니다. 그 중에서 '애정-통제적 양육태도, 자율-거부적 양육태도'를 보았습니다. '애정-통제적 양육태도'는 자녀의 행동에 일일이 간섭하고 자녀가 독립적인 행동을 할 때 좌절감을 느끼는 부모였습니다. 통제적인 부모 밑에서 자녀들은 의존적이고 불안함을 잘 느끼며, 수동적인 역할을 수행하는 법만 알아서 좌절감이나 지루함을 잘 견디지 못합니다. 또한 자신이 무엇을 원하고 느끼는지가 희미해지고 자신이 성취한 것에 성취감을 느끼기 어렵습니다. 두 번째로 '자율-거부적 양육태도'는 방임형 부모라고 할 수 있는데 아이를 그냥 방치하거나 자녀에게 아무런 요구도 하지 않고, 특별한 규칙도 정하지 않는 부모입니다. 이런 부모의 자녀는 공격성이 높고 분노 폭발 행동을 더 자주 보이며, 장기적으로는 비행 또는 반사회적 행동에 가담할 확률이 높습니다. 오늘은 부모 양육태도 중 '거부-통제적인 양육태도'를 가진 부모에 대해 볼 것입니다. 또한 부모양육태도 외에도 우리가 흔히 볼 수 있는 '자녀에게 휘둘리는 부모'에 대해서도 알아보고자 합니다. 이러한 이해를 바탕으로 상담할 때 어떤 점을 주의해야 할지, 어떻게 개입하는 게 효과적일지에 대해서도 알아보겠습니다.

강의자료-교수자용

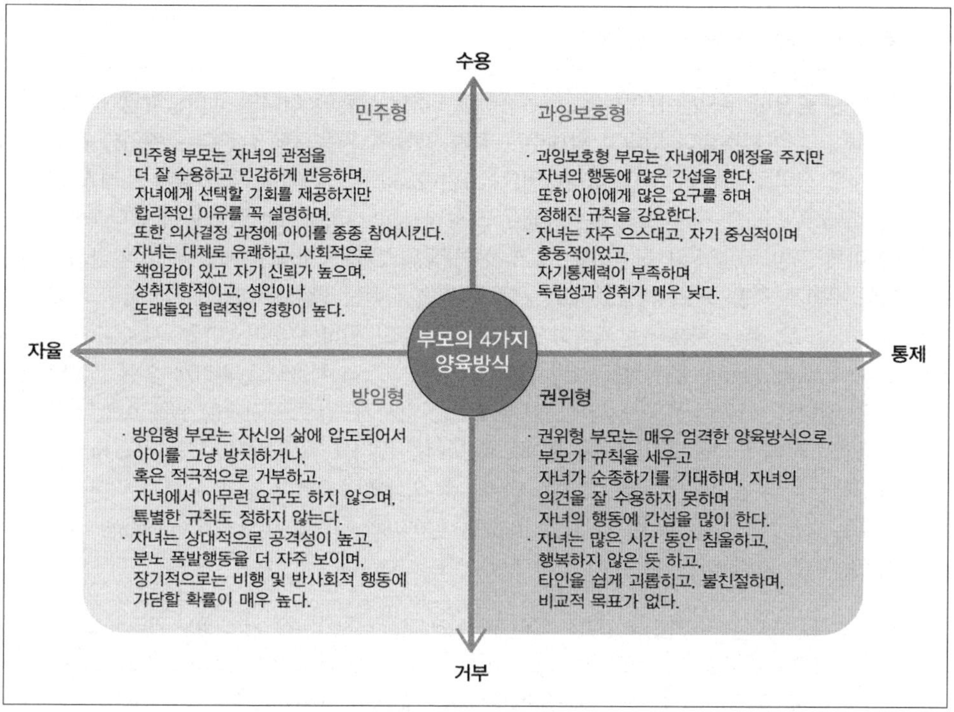

출처: http://www.tespia.kr/online_testing/report/result_kpas.asp?sec=4&c_id=person&userid=tespia&eduCode1=011&tIdx=63910

❷ 전개 1(15분): 부모양육태도 유형

"아이들에게 제왕적으로 군림하고 매우 엄격한 부모들이 있습니다. 이들은 자녀가 잘못을 하면 훈육이라는 이름으로 호되게 야단을 치고, 아이들은 움츠러들거나 나이가 좀 든 경우에는 매우 분노하고 반항적인 모습을 보이기도 합니다. 6회기에 Schaefer(1959)의 유형으로 '통제-거부적 부모'라고 명명했으나, 부모양육태도를 연구한 학자들마다 이런 부모를 가리키는 명명에는 다소 차이가 있습니다. 대표적으로 Baumrind(1967, 1971)은 권위주의적(authoritarian) 양육태도로 이런 부모의 모습을 개념화했습니다."

강의자료-교수자용

■ **독재적인 부모(권위주의적인 부모)**

"아빠는 굉장히 무서운 분이셨어요. 초등학교 5학년 무렵에 다니던 피아노학원 선생님이 제가 성악에 소질이 있다고 말해주신 적이 있어요. 처음으로 잘한다는 얘기를 들어서 저도 성악을 열심히 하고, 좋아했어요. 그런데 어느 날 아빠가 저를 불러 노래를 해보라고 하더니 '그 정도 노래하는 사람은 세상에 많다. 너는 노래에 재능이 없다. 성악은 이제 그만 배워라'고 하셨어요. 크게 상처를 입었어요. 아빠는 매를 들진 않았지만 항상 무섭게 저를 보고, 명령했어요. 사업을 했던 아빠는 항상 저희에게 '내 꿈이 가장 중요하고, 그 꿈을 위해서는 가족이 희생해야 한다'고 말하는 분이었어요. 사실 고등학교 때 아빠가 중국에 2년 정도 나갈 일이 있었어요. 그때 처음으로 편하게 숨쉬고 살았던 것 같아요. 그러다 중국에 다녀오신 이후에는 갑자기 '앞으로 가족을 위해 살겠다'고 하시면서 저에게 자신의 이야기를 밤새도록 하시곤 했어요. 고등학생이었는데도 새벽 3시까지 아빠의 얘기를 들어야 했어요. 6남매 중 막내였던 아빠는 형과 누나가 막내라는 이유로 괴롭혔고, 종처럼 부려먹었고, 바빴던 할머니의 사랑을 받으려고 노력했던 일을 얘기했어요. 제가 힘든 건 전혀 묻지 않았어요."

출처: 강지원 (2019.04.01.) 오은영의 화해: 부모에게 받은 상처가 너무 커... 좋은 엄마가 될 수 있을까요 *한국일보, 2019.04.* https://www.hankookilbo.com/News/Read/201903281574093598?did=NA&dtype=&dtypecode=&prnewsid에서 검색.

(1) 독재적인 부모의 양육태도

- 자녀의 행동을 매우 통제하려고 하면서 낮은 수준의 애정을 보이는 유형
- 자녀의 행동에 엄격한 기준을 가지고 있음.
- 자녀의 감정, 자녀가 원하는 것에는 무심함.
- 논리적으로 설명하기보다 일방적으로 명령하고 지시적임.
- 자녀를 복종하게 하며 부모의 지시를 따르지 않을 때 빈번히 체벌을 사용함.
- 자녀의 잘못을 용서하지 못하고 엄하게 훈육함.
- 부모의 기준대로 행동하기를 바라고 통제하며, 이에 미치는 못하는 경우 체벌을 하는 등 강압적인 태도를 보임

(2) 독재적인 부모 밑에서 아이들의 모습

- 부모는 무서운 대상으로, 애정을 느끼지 못함.
- 무기력하고, 목표가 없는 경우가 있음.
- 자존감이 낮고 불안이 높으며, 우울하고 스트레스에 취약함.
- 화를 잘 내고, 공격적인 모습을 보임.
- 성장하면서 반사회적인 성향을 보이기도 함.

출처: Baumrind, D. (1967). Child care practices anteceding three patterns of preschool behavior. *Genetic Psychology Monographs, 75*(1), 43-88.
Baumrind, D. (1971). Current patterns of parental authority. *Developmental Psychology, 4*(1, Pt.2), 1-103.
지식채널 (2010.05.21.) 민주적인 부모, 강압적인 부모. https://terms.naver.com/entry.nhn?docId=3381323&cid=58344&categoryId=58344에서 검색

"지나치게 권위주의적이고, 독재적인 부모도 어렵지만, 부모로서의 권위가 부족해서 자녀들에게 쩔쩔매고 휘둘리는 부모도 있습니다. 둘 다 상담을 할 때 어려움을 느끼게 하는 부모입니다."

■ 아이에게 휘둘리는 부모

> "한번은 4학년 학생이 쉬는 시간에 엄마에게 전화해서 '왜 미술 준비물을 안 챙겨줬느냐. 엄마 때문에 큰일 났으니 책임져라'면서 호통을 치더라고요. 엄마는 '미안하다. 빨리 준비물 챙겨서 학교로 가져다주겠다'며 쩔쩔매고요. 4학년이면 학교 준비물 정도는 스스로 준비할 나이거든요. 그런데 엄마가 '준비물을 챙기지 않은 것은 네 잘못'이라고 단호하게 대응하지 못하니까, 아이는 더 기세등등해서 잘못을 고치지 않는 거예요."
> "무엇이든 허용하며 참아주다가 어느 순간 참지 못하고 감정적으로 폭발해서 마구 야단치는 엄마가 의외로 많아요. 그러면 아이는 '엄마가 갑자기 왜 저러지?'라며 혼란스러워해요. 해도 되는 것과 하면 안 되는 것을 모르기 때문에 무작정 떼쓰게 되지요. 부모는 그런 아이를 다루지 못해 계속 쩔쩔매게 되고요."

출처: 오선영 (2016.01.25.). 존중과 무조건 허용은 달라… 원칙 벗어날 땐 단호하게. *조선에듀, 201601.* http://edu.chosun.com/site/data/html_dir/2016/01/25/2016012500372.html 에서 검색

(1) 아이에게 휘둘리는 부모의 양육태도(출처: 김혜숙, 최동옥 (2013). 교사를 위한 학부모 상담 길잡이. 서울: 학지사)

- 자녀가 제 맘대로 하도록 허용함.
- 교사가 아동의 문제에 대해서 언급하면 어찌할 방법이 없다고 하거나 교사가 알아서 해달라고 함.
- 자녀의 요구를 거절하지 못 함.
- 가정에서의 자녀의 문제행동이나 버릇을 고쳐달라고 교사에게 요청함.

- 교사에게 아이 키우기가 힘들다고 푸념하거나 불평함.
- 자녀가 잘못을 해도 혼내지 못한다고 함.
- 자녀의 심부름꾼처럼 행동함.
- 자녀와의 다툼에서 늘 짐.
- 자녀가 제멋대로 하고 버릇이 없다고 비난함.
- 자녀의 잘못된 행동을 통제하거나 제한하지 못함.

(2) 아이들에게 휘둘리는 부모의 마음

- 부모로서 완벽해지고 싶은 마음과 그에 따른 불안과 죄책감으로 모든 걸 아이에게 맞춰야 된다고 생각하며, 아동기에 행동의 한계를 부여하지 않고, 처벌도 하지 않음. 이런 긍정적 의도에서 자애롭게 대하는데도 아이들은 감사하는 마음이 없어, 부모는 깊은 좌절감을 느끼게 됨."

출처: Eberhard, D. (2016). 아이들은 어떻게 권력을 잡았나 (권루시아 역). 서울: 진선출판사. (원저 2013 출판).

■ 청소년 자녀의 행동문제를 다루기 어려워하는 부모

(1) 부모의 모습

- 자녀와의 관계에서 문제를 해결하기 어려움.
- 자녀의 행동문제 뒤에 있는 정서적 요소가 다루기 어려움.
- 그로 인해 문제를 회피하거나 지나치게 강압적으로 다룸

(2) 원인

- 부인/회피: 문제에 대해 쉬쉬하며 덮어두고 싶음.
- 감정에 대한 무시: 자녀의 고통과 어려움을 수용하는 것이 어려워, 상투적이고 공허한 안심시키는 말로 문제와 고통을 덮어버림.
- 격분하게 될 것에 대한 두려움: 부모가 자제력을 잃고 화를 내게 될까봐 문제를 다루지 않음.
- 자녀가 통제불능 상태가 될 것에 대한 두려움: 아이가 완전히 통제불능이 되어 신체적으로 파괴적인 행동을 하거나, 자신 또는 타인에게 위험한 행동을 할 것을 걱정함.
- 다른 가족 구성원에 대한 보호: 다른 가족이 문제에 연루되는 것을 막기 위해, 갈등 때문에 더 상황이 악화될까봐 다루어야 할 문제를 다루지 못함. "A가 화를 내면 동생한테까지도 지장이 생겨요."
- 말실수로 부정적인 반응을 일으키는 것에 대한 두려움: 부모의 걱정에 대해 솔직하게 전달하고 단호하게 대처하면 자녀가 더 자극받을 것이라고 생각함.

• 너무 지치고, 절망적이고, 사면초가라는 느낌: 자녀가 반복적으로 문제를 일으켜왔고, 부모는 아이를 돕기 위해 할 수 있는 건 다 해보았음.
• 지나치게 통제적일 경우: 부모가 자녀에 대해 지나치게 통제적임

출처: Edgette, J. S. (2013). 다루기 힘든 청소년을 위한 효과적인 청소년 상담 (김영은 역). 서울: 학지사. (원저 2006 출판).

강의자료-교수자용

■ **독재적인 부모**

1) 학부모 상담 시 유의할 점

첫째, 독재적이고 강압적인 부모를 만났을 때 교사는 위압감이 느껴져 움츠러드는 마음이 들 수도 있고, 거부감, 반발감이 들 수도 있다. 특히 무엇이 옳고, 그르다. 내 아이는 내가 잘 알고 내가 알아서 하겠다는 말을 듣게 되면 위축되기가 쉽다. 특히 권위를 앞세우던 부모가 자녀의 문제로 학교를 찾아가는 일이 생긴다면 완벽한 부모여야 된다는 자신의 생각과 달리 상황이 흘러가는 것이기 때문에 더욱 방어적일 수 있다. 이럴 때 교사는 학부모의 그런 말이 교사에 대한 비판이라고 생각하지 말고, 학부모 개인의 세상을 대하는 태도라는 것을 염두에 두고, 불안한 마음을 다루기 위해 더욱 방어적으로 행동하는 학부모의 마음을 이해하고, 자신의 불편한 마음을 다스려야 한다. 또한 구체적인 양육태도와 행동에 동조하지 않더라도, 그 밑에 있는 자녀에 대한 애정, 불안 등에 공감하는 마음과 자녀에게 엄하게 대하는 이유, 나름대로의 긍정적인 이유가 있다는 것을 인정해야 학부모와의 상담관계가 형성될 수 있다.

둘째, 권위있는 부모와 권위주의적인 부모의 차이에 대한 이해가 필요하다. 권위주의적 양육태도는 부모의 기준에서 통제를 하는 강압적인 양육이다. 아이의 반응에 관심이 적고 부모의 의견을 내세우고 아이를 그 틀 안에서 양육하고자 한다. 이런 경우 아이들은 수동적이거나 반항적이고 분노가 많은 사람으로 성장하게 된다. 권위적인 부모는 아이의 의견과 반응에 높은 관심을 보인다. 아이들이 이해할 정도의 수준에서 행동을 통제할 것을 이야기하고, 아이들의 반응에 관심을 보이고 피드백하고 상호 의사소통을 한다. 이런 양육 밑에서 아이들은 적극적이고 심리적으로 건강한 아이로 성장한다. 아이들이 부모를 무서워하는 것은 부모의 권위가 세워지는 것이 아님을 교육할 필요가 있다. 관련된 내용을 부모 스스로 깨달을 수 있게 시간을 줄 수 있다. 내용을 전달할 필요가 있는 경우에는 훈계식으로 말하기보다, 교육전문가로서 객관적인 태도로 내용을 전달해야 한다.

셋째, 학부모는 아이에게 완벽함을 요구하고, 그에 미치지 않은 아이를 비판적으로 생각할 수 있다. 그러므로 학교생활에서 교사가 관찰한 아이의 긍정적인 태도나 자세를 객관적인 자료를 가지고 구체적으로 언급할 필요가 있다.

2) 구체적 상담접근 방안

(1) 학부모의 불편한 심경 이해

통제적이고 강압적인 부모는 완벽하고 권위가 있어야 한다는 생각에 자녀의 문제로 교사를 만나는 것이 불편하고 긴장될 수 있다. 그래서 더욱 방어적이고 대화가 어려운 태도를 견지할 수 있다. 그러므로 부모의 불편한 심정, 불안을 이해하는 것이 필요하다. 그러나 이해를 한다고 부모를 안타까운 태도로 대하는 것은 오히려 방어적으로 만들 수 있다. 그러므로 담백하지만 따뜻하고 부드러운 태도로 부모의 권위를 존중하는 태도가 필요하다. 또한 아동의 문제행동을 들었을 때의 학부모의 생각과 느낌을 편안하게 이야기할 수 있도록 돕는다.

(2) 부모상담의 목적과 취지, 진행과정 안내와 확인

학부모상담에 대한 부모의 기대와 생각을 표현하도록 요청한다. 가정과 학교에서 일관된 노력을 하기 위해 교사와 부모가 협력할 필요가 있음을 전달한다.

(3) 아이 문제 전달/학부모의 생각과 느낌 확인

아이의 문제에 대해 객관적 자료를 가지고 구체적으로 전달한다. 단, 아동 자체나 부모를 비난하거나 아이 때문에 힘들다는 느낌이 전달되지 않도록 주의해야 한다. 그리고 자녀의 문제에 대해 학부모가 어떻게 생각하고 느끼는지 확인해본다. 부모는 학교에서의 아이의 행동을 통제하기 위해 더욱 엄격해질 수 있다. 예를 들어, 의기소침해서 대답을 안하는 아이에게 똑바로 네 의견을 말하라고 엄하게 혼을 낼 수도 있다. 그러므로 교사의 평가에 대해 학부모가 어떻게 받아들이고 있는지 질문을 통해 알아보고, 후에 문제해결방안을 논의할 때 참고하도록 한다.

(4) 아이의 문제행동 종합적 평가

학교 이외의 상황(가정, 학원 등)에서 아이의 문제행동이 어떻게 나타나는지 확인하여 좀 더 종합적으로 평가한다. 가정의 모습과 학교의 모습이 다른 경우, 부모와 함께 그 이유를 추론해본다. 교사는 부모가 지나치게 강압적이기 때문에 힘들어한다는 논리를 피지 않고, 부모는 아동의 문제행동이 자신의 행동과 관련이 있을 수 있다는 생각을 하게 되는 것만으로도 소기의 성과가 있는 것이다.

(5) 부모의 훈육내용과 결과 알기

부모의 훈육태도와 방식에 대해 알아보는 것이다. 어렸을 땐 어떻게 훈육했는지, 지금은 어떤 훈육방식을 사용하는지 다음과 같은 질문으로 구체적으로 알아본다. 이 단계에서 부모는 자신의 잘못된 훈육방식을 인식하고 자책감과 수치심을 느끼고 무력해 할 수 있고, 겉으로는 무력감을 느끼지 않기 위해 더욱 반발할 수도 있다. 교사는 부모의 양육과정의 어려움에 대해 경청하고 공감해 줌으로써 이후 학부모 스스로 자신의 훈육방식을 개선할 수 있도록 힘을 북돋아 준다.

또한 학부모의 훈육방식으로 아동에게 어떤 결과가 발생되었거나 생길 수 있는지 추론해 본다. 아동이 어떤 상황에서는 긍정적 행동을 보이고 또 어떤 상황에서는 문제행동이 나타나는지 교사와 학부모가 함께 평가해 본다. 효과적이었던 방식에 대해서는 격려하고 더욱 정교화할 수 있게 돕는다. 또한 학부모의 훈육방식 중 아이의 문제행동과 관련이 있는 방식을 찾아 어떻게 변화시킬 것인지 의논한다. 이때 교사가 급하게 진단하고 설명하기보다 부모가 스스로 이해할 수 있도록 돕고, 직접 설명이 필요한 경우는 죄책감을 불러일으키거나 비난하는 태도가 아니라 객관적인 태도로 말해야 한다.

(6) 실천방안 합의

학교와 가정에서 실천할 방안에 대해 합의하는 것이다. 이때 학교에서 적용되는 규칙과 행동지도방안을 부모에게 상세히 전달하고, 가정에서도 이를 일관성 있게 적용할 수 있도록 돕는다.

(7) 학부모에 대한 지속적인 격려

학부모가 지속적인 노력을 할 수 있도록 격려해 주는 것이다. 학교에서 아동이 보이는 사소한 변화도 부모에게 전달하여 아동변화의 가능성과 희망을 불어넣어 준다. 또한 아동의 긍정적 변화를 촉진하는 가정환경조성을 요청한다. 예를 들면, 부모가 일관성 있는 기준을 정하고, 아이가 자율적으로 할 수 있는 부분을 확인하는 것, 아이의 반응을 살피고, 의견을 물어보는 것이 필요함을 전달한다.

출처: 김혜숙, 최동옥 (2013). 교사를 위한 학부모상담 길잡이. 서울: 학지사.
지식채널 (2010.05.21.) 민주적인 부모, 강압적인 부모. https://terms.naver.com/entry.nhn?docId=3381323&cid=58344&categoryId=58344에서 검색.
채혜정 (2009). 공격적이고 반항적인 아동의 부모상담 내용구성 및 특성연구. **영유아아동정신건강연구, 2**(1), 19-29.
Edgette, J. S. (2013). 다루기 힘든 청소년을 위한 효과적인 청소년 상담 (김영은 역). 서울: 학지사. (원저 2006 출판).

■ 아이에게 휘둘리는 부모

1) 학부모 상담 시 유의할 점

첫째는 부모로서 아이에게 권위를 갖는 것이 중요하다. 부모의 역할은 아이의 성장에 따라 변한다. 특히 에릭슨에 의하면 초등학교 시기는 근면성과 건전한 자아개념의 발달이라는 과업을 이루는 시기로, 이 시기에 부모는 이 과업을 달성하도록 능력과 품성을 길러주는 역할을 다해야 한다. 이 역할을 수행하려면 부모가 권위가 있어야 한다. 부모가 권위가 없을 경우 아동은 규칙을 무시하고 자기가 하고 싶은 대로 더 큰 권한을 가지려고 부모와 맞서게 된다. 그러다 보면 학교에서도 제멋대로 하려는 경향이 강해지고 다양한 문제행동을 유발할 가능성이 커지게 된다. 따라서 학부모상담을 통해 부모가 권위를 갖는 것이 중요하다는 것을 강조할 필요가 있다.

둘째는 권위 있는 부모에 대한 교육 및 조언이 필요하다. 권위 있는 부모는 일방적으로 힘으로 몰아붙이는 권위주의적인 부모가 되라는 뜻이 아니다. 자녀 양육에 있어서 일관된 자세로 원칙을 가지고 엄격해야 할 때와 자애로움이 필요할 때를 구분해야 한다. 어떤 부모는 자녀를 엄하게 할 필요가 있다고 느끼나 어떤 말이나 기술을 사용하는지 모르는 경우도 있다. 그래서 순간 화를 내지만 이미 아이는 부모의 권위를 무시하고 자신의 욕구대로 행동하려는 것이다. 따라서 학부모상담 중 부모가 권위를 갖는데 필요한 교육을 하는 것도 필요하다.

세 번째는 문제 예방의 중요성을 인식해야 한다. 대부분의 부모는 교사가 언급하기 전에 자녀의 문제나 자녀에 대한 불만을 꺼내기를 주저하는데, 이는 교사가 자녀에 대한 편견이 생길까 두려워하기 때문이다. 그러나 자녀와의 관계에서 자녀에게 끌려다니는 부모는 자신도 모르게 자녀에 대한 불평과 푸념을 할 수 있다. 이 경우 아이가 특별한 문제행동을 보이지 않더라도 학부모상담을 실시하는 것이 바람직하다. 지금 당장 문제가 없더라도 이러한 부모의 양육태도가 지속되게 되면 아이는 부모의 권위를 무력화시키고 자신의 욕구대로 하려는 경향이 강해지면서 문제행동 가능성이 높아지기 때문이다.

네 번째는 부모와 자녀 간의 관계를 재정립하는 것이 중요하다. 그동안 부모보다 아이가 더 큰 힘을 발휘했기 때문에 부모가 권위를 회복하려고 시도하면 아이는 자신이 통제받는다고 생각하고 반발할 것이고, 부모 스스로도 확고하게 밀고 나가기 어려울 것이다. 따라서 상담과정에서 교사는 부모가 분명한 기준을 가지고 자녀와의 관계를 조정하도록 도와야 한다.

2) 구체적 상담접근 방안

(1) 학부모의 불편한 심정 이해

첫 번째 단계는 아동의 문제와 관련하여 상담을 하게 된 부모의 불편한 심정을 이해하는 것이다. 이런 부모의 경우 자녀를 제대로 교육하지 못한 것이 문제가 되어 상담을 하게 되었다고 생각하고 교사를 대하는 것이 긴장되고 수치스럽고 불편할 수 있다. 현재 부모의 감정이나 상태 등 부모의 입장에서 공감하고 이해하는 태도를 보여 스스로 문제부모라는 생각이 들지 않도록 최대한 편안하게 해준다. 또한 학교를 방문한 것에 대해 진심으로 감사의 뜻을 전하고, 자녀를 위해 학교에 온 부모의 용기를 알아준다.

(2) 아이 및 문제행동에 대한 교사 생각 전달

두 번째 단계는 아동 및 문제행동에 대한 교사의 생각을 전달하는 것이다. 보통 이때 나타나는 아동의 문제행동은 규칙을 지키지 않고 제멋대로 하려는 경우가 많다. 이러한 행동들이 언제, 어떤 방식으로 나타났고 그 결과는 어떠했는지 관찰 기록한 결과를 보여주면서 구체적으로 알려주는 것이 좋다. 아동의 문제행동에 대해 비난하거나 평가하는 것으로 들리지 않도록 주의한다.

(3) 학부모의 생각과 느낌 확인

세 번째 단계는 아이에 대한 교사의 의견과 관련한 학부모의 생각과 느낌을 확인하는 것이다. 교사의 평가에 대해 학부모가 어떻게 받아들이고 있는지 질문을 통해 알아본다. 이러한 질문을 통해 아이의 문제행동과 부모의 훈육태도 간의 관련성을 탐색해 보도록 도울 수 있다.

(4) 부모의 훈육태도와 방식 알아보기

네 번째는 부모의 훈육태도와 방식에 대해 알아보는 것이다. 어렸을 땐 어떻게 훈육했는지, 지금은 어떤 훈육방식을 사용하는지 다음과 같은 질문으로 구체적으로 알아본다. 이 단계에서 부모는 자신의 잘못된 훈육방식을 인식하고 자책감과 수치심을 느끼고 무력해 할 수 있다. 교사는 부모의 양육과정의 어려움에 대해 경청하고 공감해 줌으로써 이후 학부모 스스로 자신의 훈육방식을 개선할 수 있도록 힘을 북돋아 준다.

(5) 훈육방식에 대한 결과 추론해 보기

다섯 번째 단계는 학부모의 훈육방식에 대한 결과를 추론해 보는 과정이다. 학부모의 훈육방식으로 아동에게 어떤 결과가 발생되었거나 생길 수 있는지 추론해 본다.

예를 들면, '자녀가 무엇인가 요구할 때 한계를 분명히 하지 않았을 때' 나타난 결과는 '자녀가 뭐든 맘대로 한다는 것'이다. 아동이 어떤 상황에서는 긍정적 행동을 보이고 또 어떤 상황에서는 문제행동이 나타나는지 교사와 학부모가 함께 평가해 본다.

이를 통해 학부모가 하는 모든 훈육방식에 문제가 있다는 의미가 아님을 전달하는 것이 필요하다.

(6) 문제행동과 관련 있는 훈육방식 찾기

여섯 번째 단계는 학부모의 훈육방식 중 아동의 문제행동과 관련이 있는 방식을 찾아 어떻게 변화시킬 것인지 논의하는 것이다. 이때 구체적으로 허락받고 친구 집 놀러가기, 엄마 말 가로채지 않기 등을 새로운 규칙으로 가르치는 것이 필요함을 알려준다.

(7) 실천방안 합의

일곱 번째 단계는 학교와 가정에서 실천할 방안에 대해 논의하고 합의하는 것이다. 이때 학교에서 적용되는 규칙과 행동지도 방안을 부모에게 자세히 전달하고, 가정에서도 이를 일관성 있게 적용할 수 있도록 한다. 학부모가 아이에게 용납되는 행동과 용납될 수 없는 행동을 명확하게 구분하여 가르치도록 전달하고, 부모가 허락하는 행동의 한계를 분명히 알아야 아이들도 자신의 행동을 선택할 수 있고, 보다 안정감을 느낄 수 있음을 설명한다. 실천과정 중 일어날 수 있는 문제점도 미리 살펴본다. 예를 들어, 아동이 부모에게 대들고 화를 낼 때 "이건 옳은 행동이 아니야."라고 확실하게 못 박고 자녀가 부모의 변화를 인정하지 않는다 하더라도 확신을 가지고 일관성 있는 훈육을 해야 자녀도 변한다는 것을 강조한다. 또한 부모의 권위는 어느 한쪽의 부모만의 몫은 아니며 아버지와 어머니가 모두 일치하고 일관성 있게 훈육해야 함을 알린다. 만일 훈육방식의 변화에 아이가 강하게 저항할 경우 부모가 원칙대로 하지 못할 가능성도 배제할 수 없다. 이 경우 학부모상담 시 아이를 함께 참석시키는 것도 한 방법이다. 아이가 참석한 가운데 교사가 학부모가 해야 할 역할에 대해 조언하게 되면, 학부모가 예전보다 엄격해진 이유를 정당화 시켜주고 아이와의 불필요한 힘겨루기를 줄일 수 있기 때문이다.

(8) 지속적인 격려

여덟 번째 단계는 학부모가 지속적으로 노력할 수 있도록 격려해 주는 것이다. 학교에서 아이가 보이는 사소한 변화도 부모에게 전달하여 아이의 변화 가능성과 희망을 불어넣어 준다. 또한 아동의 긍정적 변화를 촉진하는 가정환경조성을 요청한다. 예를 들면, 부부 간의 훈육방식이 일치하고 일관성 있어야 하며, 형제 간의 편애가 없도록 주의하며, 가족 간 대화가 부족하지 않고 관심을 기울이는 것이 필요함을 전달한다.

출처: 김혜숙, 최동옥 (2013). 교사를 위한 학부모상담 길잡이. 서울: 학지사.

※ **청소년 자녀의 행동문제를 다루기 어려워하는 부모**

- ✔ 부모가 죄책감, 갈등회피, 사기저하로 인해 더 이상 적절한 감정을 표현하지 않고 무덤덤한 반응을 보이면, 자녀는 부모가 그들을 통제할 수 없다는 메시지로 받아들인다. 그러므로 부모는 상황에 따라 자신들이 표현해야 할 감정적 반응을 해야 한다.
- ✔ 갈등회피는 충돌을 피하는 거라고 생각할 수 있지만, 문제를 다룰 기회를 잃는 것이다.
- ✔ 부모는 자신의 생각을 표현할 때 자녀의 반응을 염려한다. 그 염려를 자녀에게 표현하도록 돕는다.
- ✔ 부모가 너무 지쳐있는지 묻고, 공감한다.
- ✔ 필요한 자원(친척, 사회복지기관, 상담기관)을 확인한다.

출처: Edgette, J. S. (2013). 다루기 힘든 청소년을 위한 효과적인 청소년 상담 (김영은 역). 서울: 학지사. (원저 2006 출판).

❸ 전개 2(25분): 부모 유형별 상담 개입

1) 부모 유형별 상담 개입

“각각의 부모양육태도 두 가지 유형을 살펴보았습니다. 독재적인 부모는 아이가 심리적으로 건강하게 성장하는데 어려움의 원인이 됩니다. 아이에게 휘둘리는 부모는 양육과정에서 본인도 어려움을 겪지만 특히 아이가 학교에서 문제가 생겼을 때, 청소년기에 행동문제가 발생했을 때 이를 효과적으로 대처하기 어려워하며, 교사와 협력적 관계를 맺고 문제해결하는 데 어려움이 있게 됩니다. 그렇다면 이러한 부모들은 어떻게 상담해야 할까요?”

2) 조별 실습(2인 1조)

“앞서 독재적인 부모, 아이에게 휘둘리는 부모 유형의 특징, 원인, 그리고 상담에서 어떻게 교사로서 개입해야 하는지에 대해서까지 살펴보았습니다. 이번에는 직접 실습을 통해 사례에 적용해보는 시간을 가지겠습니다.”

강의자료-교수자용

■ 독재적인 부모 사례

초등학교 4학년 남학생 A군은 아버지가 무섭다는 말을 자주 한다. 집에 가면 숨이 막히는 듯한 느낌이 든다. 아버지는 평소에 "사내 놈이 그런 것도 못하면 앞으로 어떻게 살려고 그러냐." "세상이 얼마나 험한데 이 정도에 힘들다고 하면 어떻게 살려고 그러냐!"고 A군을 다그친다. 학교에서 A군은 A군의 의견을 묻는 교사의 말에 고개를 수그리고 아무런 대답을 하지 않는다. 조용하고 침울해보이며, 앞으로 무슨 일을 하고 싶은지 수업시간에 이야기할 때도 아무 말도 하지 않는다. 어머니의 말에 의하면 아버지는 A군이 자고 일어나는 시간도 엄격하게 통제하고, 사사건건 지시한다고 한다. A군이 아버지 눈에 차지 않는 행동을 하면 회초리를 드는 등 처벌이 잦다고 하였다.

■ 아이에게 휘둘리는 부모 사례

"초등학교 5학년 여학생 B양은 친구들과의 관계가 좋지 않다. 교사가 관찰해보았을 때 B양은 친구들과 놀 때 자기에게 유리하게 규칙을 바꾸고, 친구들이 동조하지 않으면 따지고 화를 내는 행동을 보였다. B양에게 동조하지 않는 아이들은 놀이에 끼우지 않으려고 하는 모습도 볼 수 있었다. B양의 어머니는 B양에게 늘 쩔쩔매는 모습을 보였다. 준비물을 가져오지 못한 날에 쉬는 시간에 엄마에게 전화를 걸어 짜증을 내는 모습을 여러 번 볼 수 있었다. 어머니는 교사에게 하소연을 하며, B양이 우리집에서 왕처럼 군다고, 원하는대로 하지 않으면 난리가 나기 때문에 늘 B양이 원하는대로 해줄 수밖에 없다고 하였다. 늘 아이의 의견을 존중하려고 애를 써서 혼 한번 내지 않고 키웠는데 날이 갈수록 아이를 키우는 게 힘에 부친다고 말했다."

"조별로 다양한 사례들로 부모 유형에 따라 상담 개입을 달리하는 활동을 해보셨는데요. 조별 활동을 하면서 알게 된 점, 어려웠던 점, 보완할 점을 나누어 보겠습니다."

❹ 마무리(5분): 회기 마무리 및 다음 회기 안내

"오늘은 주제의 일곱 번째 회기로서 부모의 양육태도 유형별 상담 개입 중 독재적 부모, 아이에게 휘둘리는 부모에 대해 살펴보았습니다. 여기 계신 선생님들 모두 어떤 생각과 마음으로 오늘 강의와 실습에 임하셨는지, 강의와 실습을 하고 나신 소감이 궁금한데요. 소감을 들어보는 시간을 갖도록 하겠습니다."

"오늘로서 15회기에 걸친 부모상담역량강화프로그램의 마지막 날입니다. 15시간 동안 우리가 무엇을 배웠는지 한번 정리해봅시다."

회기	구분	제목	내용
총론 1	학부모 상담의 이해	교육사각지대 학습자 부모 상담에 대한 이해	• 전반적인 학부모 상담에 대한 교사의 어려움 • 학부모 상담 시 다뤄야 할 내용에 대한 소개 • 프로그램 목표 소개 • 교육사각지대 부모 상담에 대한 이해 • 교육사각지대 부모 상담에서 가질 수 있는 교사의 목표와 기대 확인하기
총론 2	교사 자신의 이해	나는 어떤 교사일까?	• 자동적 사고와 역기능적 신념에 대한 이해 • 학부모와의 관계에서 보이는 역기능적 신념 이해 • 역기능적 신념을 수정해보기
총론 3	학부모에 대한 이해	학부모는 어떤 마음일까? -학부모의 입장과 어려움 이해하기-	• 교육사각지대의 학부모들이 자녀양육에서 느낄 수 있는 어려움 확인 • 교사와의 상담, 방문 시 학부모는 어떤 것을 느끼는지 이해하기 • 교사와의 상담에서 학부모의 기대를 이해하기
총론 4	학부모 상담 기법	마음을 여는 기법	• 협력자로서의 교사와 부모에 대한 이해 • 가장 중요한 것: 마음 열기 • 기법 설명하기: 주의집중, 경청, 재진술, 감정반영 • 기법 설명하기: 질문하기, 조언, 정보제공, 격려하기 • (그룹 작업) 기법연습
총론 5	해결중심 상담 I	해결중심 상담의 원리	• 해결중심상담의 원리
총론 6	해결중심 상담 II	해결중심 상담의 적용	• 해결중심상담의 적용
총론 7	학부모 상담의 적용 I	상담 상황별 상담 기법 1	• 전화 상담하기 • 문자, 이메일 상담하기 • (그룹 작업) 기법과 해결중심이론을 적용한 연습하기
총론 8	학부모 상담의 적용 II	상담 상황별 상담 기법 2	• 단회 대면상담하기 • 교육사각지대 학부모 상담이 이뤄지는 상황들 - 방문상담 • (그룹 작업) 기법과 해결중심이론을 적용한 연습하기

회기	구분	제목	내용
주제 1	교육사각지대 학습자와 학부모 이해 & 학습 및 인지적 차원	학업 동기가 낮고 학습능력이 떨어지는 아이들과 학부모 상담	• 교육사각지대 학습자란? • 교육사각지대 학습자 유형을 5가지로 분류해보기 • 교육사각지대 학습자의 학부모를 이해하기 • 학습 및 인지적 차원에서 어려워하는 학생의 특징, 모습, 징후 알기 • 학부모들을 어떻게 상담할지 총론의 내용 적용하기 • 연계자료, 연계기관 안내하기
주제 2	정서행동 차원	우울한 아이들, 행동문제가 있는 아이들과 학부모 상담	• 정서행동 차원에서 어려워하는 학생의 특징, 모습, 징후 알기 • 이런 학생들의 학부모들을 어떻게 상담할지 총론의 내용 적용하기
주제 3	관계 차원	또래 관계가 어려운 아이들과 학부모 상담	• 관계 차원에서 어려워하는 학생의 특징, 모습, 징후 알기 • 이런 학생들의 학부모들을 어떻게 상담할지 총론의 내용 적용하기
주제 4	일상생활 차원 및 환경적 차원	일상생활 및 환경적 차원의 어려움을 가진 아이들과 학부모 상담	• 일상생활 차원에서 어려워하는 학생의 특징, 모습, 징후 알기 • 환경적 차원에서 어려워하는 학생의 특징, 모습, 징후 알기 • 이런 학생들의 학부모들을 어떻게 상담할지 총론의 내용 적용하기
주제 5	숨겨진 장애	숨겨진 교육사각지대 장애	• 난독증, 틱, ADHD 등 숨겨진 장애 이해 • 숨겨진 장애의 학부모는 어떻게 상담할지 총론의 내용 적용하기
주제 6	부모 차원 1	부모 유형별 개입: 통제적인 부모, 방임적인 부모	• 통제적 부모의 상담 • 방임적 부모의 상담
주제 7	부모 차원 2	부모 유형별 개입: 독재적인 부모, 아이에게 휘둘리는 부모	• 독재적 부모의 상담 • 아이에게 휘둘리는 부모의 상담

"내가 이 많은 것을 완벽하게 해야 하는 교사라고 생각하면 너무 무겁습니다. 무거우면 선뜻 하기가 힘이 듭니다. 이번 프로그램을 통해서 교육사각지대 학습자 아이들을 좀 더 이해하고, 그들의 부모를 만나는 게 어렵지만 그래도 해보자는 용기를 가질 수 있는 기회가 되었기를 바랍니다."

활동자료 주제 7-1 **학부모 상담 실습 작성 활동지**

학부모 상담 실습해보기

◆ 조별로 주어진 예시로 부모의 양육태도 유형별 상담 개입 실습을 해봅시다.

예시 1 초등학교 4학년 남학생 A군은 아버지가 무섭다는 말을 자주 한다. 집에 가면 숨이 막히는 듯한 느낌이 든다. 아버지는 평소에 "사내 놈이 그런 것도 못하면 앞으로 어떻게 살려고 그러냐." "세상이 얼마나 험한데 이 정도에 힘들다고 하면 어떻게 살려고 그러냐!"고 A군을 다그친다. 학교에서 A군은 A군의 의견을 묻는 교사의 말에 고개를 수그리고 아무런 대답을 하지 않는다. 조용하고 침울해보이며, 앞으로 무슨 일을 하고 싶은지 수업시간에 이야기할 때도 아무 말도 하지 않는다. 어머니의 말에 의하면 아버지는 A군이 자고 일어나는 시간도 엄격하게 통제하고, 사사건건 지시한다고 한다. A군이 아버지 눈에 차지 않는 행동을 하면 회초리를 드는 등 처벌이 잦다고 하였다.

예시 2 초등학교 5학년 여학생 B양은 친구들과의 관계가 좋지 않다. 교사가 관찰해보았을 때 B양은 친구들과 놀 때 자기에게 유리하게 규칙을 바꾸고, 친구들이 동조하지 않으면 따지고 화를 내는 행동을 보였다. B양에게 동조하지 않는 아이들은 놀이에 끼우지 않으려고 하는 모습도 볼 수 있었다. B양의 어머니는 B양에게 늘 쩔쩔매는 모습을 보였다. 준비물을 가져오지 못한 날에 쉬는 시간에 엄마에게 전화를 걸어 짜증을 내는 모습을 여러 번 볼 수 있었다. 어머니는 교사에게 하소연을 하며, B양이 우리집에서 왕처럼 군다고, 원하는대로 하지 않으면 난리가 나기 때문에 늘 B양이 원하는대로 해줄 수밖에 없다고 하였다. 늘 아이의 의견을 존중하려고 애를 써서 혼 한번 내지 않고 키웠는데 날이 갈수록 아이를 키우는 게 힘에 부친다고 말했다.

- 교 사 :
- 학부모 :

- 교 사 :
- 학부모 :

- 교 사 :
- 학부모 :

- 교 사 :
- 학부모 :

- 교 사 :
- 학부모 :

참고문헌

Achenbach, T. M., & Edelbrock, C. (1983). *Manual for the Child Behavior Checklist and Revised Child Behavior Profile*. Burlington, VT: Queen City Printers.

Barnes, G. M., & Farrell, M. P. (1992). Parental support and control as predictors of adolescent drinking, delinquency, and related problem behaviors. *Journal of Marriage and the Family, 54*(4), 763－77

Baumrind, D. (1967). Child care practices anteceding three patterns of preschool behavior. *Genetic Psychology Monographs*, 75(1), 43－88.

Baumrind, D. (1971). Current patterns of parental authority. *Developmental Psychology, 4*(1, Pt.2), 1－103.

Beck, A. T. (1976). *Congnitive therapy and the emotion disorders*. I Madision, C. T.: International Universities Press.

Bordin, E. S. (1979). The generalizability of the psychoanalytic concept of the working alliance. Psychotherapy: Theory, *Research & Practice, 16*(3), 252－260.

Cummings, E. M., & El－Sheikh, M. (1991). Children's coping with angry environments: A process－oriented approach. In M. Cummings, A Greene, & K. Karraker (Eds.), *Life－span developmnetal psychology: Perspective on stress and coping* (pp. 131－150). Hillsdale, NJ: Erlbaum.

Eberhard, D. (2016). 아이들은 어떻게 권력을 잡았나 (권루시아 역). 서울: 진선출판사. (원저 2013 출판).

Egan, G. (1999). **유능한 상담자** (제석봉 역). 서울: 학지사. (원서 출판 1980).

Ellis, A. (1962). *Reason and Emotion in Psychotherapy*. New York: Lyle Stuart and Citadel Books.

Emery, R. E. (1982). Interparental conflict and children of discord and divorce. *Psychological Bulletin*, 92, 310－330.

Fantuzzo, J.W., DePaola, L.M., Lambert, L., Martino, T., Anderson, G. & Sutton, S. (1991). Effects of interparental violence on the psychological adjustment and competencies of young children. *Journal of Consulting and Clinical Psychology*, 59, 258－265.

Feldman, S. S., & Wentzel, K. R. (1990). Relations among family interaction patterns, classroom self－restraint, and academic achievement in preadolescent boys. *Journal of Educational Psychology*, 82, 813-819.

Field, T. Diego, M., & Sanders, C. (2001). Adolescent depression and risk factors. *Adolescence, 36*, 491－498.

Goodman, S. H., & Gotlib, I. H. (1999). Risk for Psychopathology in the Children of Depressed Mothers: A Developmental Model for Understanding Mechanisms of Transmission. *Psychological Review, 106*(3), 458-490.

Grych, J. H., & Fincham, F. D. (1990). Marital conflict and children's adjustment: A cognitive-contextual framework. *Psychological Bulletin, 108*, 267-290.

Hill. C. (2002). **상담의 기술. 탐색-통찰-실행의 과정.** 서울: 학지사. (원서 출판 2009).

http://www.tespia.kr/online_testing/report/result_kpas.asp?sec=4&c_id=person&userid=tespia&eduCode1=011&tIdx=63910

Insoo Kim Berg & Therese Steiner 공저. 유재성·장은진 공역 (2009). **아동과 청소년을 위한 해결중심 상담.** 서울: 학지사.

Kerr, M., & Stattin, H. (2000). What parents know, how they know it, and several forms of adolescent adjustment:Further support for a reinterpretation of monitoring. *Developmental Psychology, 36*(3), 366-380.

Kim Berg. I. S., & Steiner. T. (2009). **아동과 청소년을 위한 해결중심 상담**. (유재성·장은진 공역). 서울: 학지사.

Patterson, G. R., & Stouthamer-Loeber, M. (1984). The correlation of family management practices and delinquency. *Child Development, 55*(4), 1299-1307.

Rapp-Paglicci, Dulmus, Wodarski. *Handbook of preventive interventions for children and adolescents*. 오인수 역(2013). 아동 청소년을 위한 예방적 개입 서울: 학지사[2004].

Reid, J. B., & Patterson, G. R. (1989). The development of antisocial behavior patterns in childhood and adolescence: Personality and aggression. *European Jouranal of Personality, 3,* 107-119.

Rogers, C. R. (1980). *A way of being*. Boston: Houghton Mifflin.

강옥려 (2016). 경계선급 지능 아동의 교육: 과제와 해결 방안. **한국초등교육, 27**(1), 361-378.

강옥려 (2016). 경계선급 지능 아동의 교육: 과제와 해결 방안. **한국초등교육, 27**(1), 361-378.

강은주 (2007). **부모·자녀 관계중심 학부모 상담모형 구안**. 한국교원대학교 대학원. 석사학위논문.

강지원 (2019.04.01.). 오은영의 화해: 부모에게 받은 상처가 너무 커... 좋은 엄마가 될 수 있을까요 한국일보, 201904. https://www.hankookilbo.com/News/Read/201903281574093598?did=NA&dtype=&dtypecode=&prnewsid 에서 검색

강진령 (2016). **상담연습: 치료적 의사소통의 기술.** 서울: 학지사.

경기도교육청(2018). **담임 교사를 위한 학생 상담 가이드.**

경향신문. **"한 번의 가정방문이 열 번의 상담보다 효과적"**. 송현숙 기자. 2013.04.15.

고정자 (2003). 청소년의 개인변인과 청소년이 지각한 가족변인이 문제행동에 미치는 영향. **대한가정학회지, 41**(7), 121-143.

교육부 (2016). **미취학 및 무단 결석 등 관리·대응 매뉴얼**.

교육부 (2016). **미취학 및 무단 결석 등 관리·대응 매뉴얼**.

구자경 (2005). **초등학교 담임교사-학부모상담에서 교사의 경력, 상담관계 및 상담성과의 관계**. 경인교육대학교 교육대학원. 석사학위논문.

권미영, 문경아, 변찬석 (2018). 학습장애 진단기준 변경 전·후 실태. **특수교육재활과학연구, 57**(2), 221-242.

권석만 (2003). **현대 이상심리학**. 서울: 학지사.

권희경(지와감 심리상담센터) http://www.seoulpsy.co.kr/에서 검색

김계현 (1995). **카운슬링의 실제**. 서울: 성원사.

김근하, 김동일 (2007). 경계선급 지능 초등학생의 학년별 학업 성취 변화: 초등학교 저학년을 중심으로. **2007년도 한국특수교육학회 추계학술대회 자료집**(pp. 73-97).

김동영, 박기정, 김효원 (2015). 한국 청소년의 우울증상과 부모자녀관계. **소아청소년정신의학, 26**(2), 120-128.

김동일, 고혜정 (2018). 학습곤란(ld) 학생을 위한 교육지원의 확장적 전환: 학습장애(LD)정의체계 재구조화. **학습장애연구, 15**(1), 1-12.

김동일, 이대식, 신종호 (2016). **DSM-5에 기반한 학습장애아동의 이해와 교육**. 서울: 학지사.

김동일, 이명경 (2006). 주의력결핍 및 과잉행동 장애(ADHD) 원인론의 경향과 전망: 애착이론에 의한 대안적 접근. **상담학연구, 7**(2), 523-540.

김동일, 이일화 (2004). 현장 교사가 지각하는 학습장애 정의 요소. **학습장애연구, 1**, 45-62.

김명식 (2008). 일 도시의 남녀 중학생 우울증 유병율과 우울증이 학교 적응에 미치는 영향. **상담학연구, 9**(2), 645-658.

김붕년 (2004). 틱 장애의 진단과 치료. **가정의학회지**, (25), 359-370.

김상빈 (1994). **가족 및 부부관계와 자녀의 심리적인 특성**. 연세대학교 교육대학원 석사학위논문.

김선경 (2011). 초등학교 담임교사가 지각한 학교상담의 어려움에 대한 연구. **상담학연구, 12**(5), 1473-1488.

김선화 (2010). **부모의 양육태도 유형과 유형 일치여부에 따른 유아의 만족지연능력**. 한국교원대학교 교육대학원. 석사학위논문.

김선희, 김경연 (2001). 학령기 아동의 행동문제 유형에 따른 위험요인과 보호요인의 인과모형. **아동학회지, 22**(1), 19-35.

김성철 (2000). **소아우울증의 모든 것**. 약학정보원 팜리뷰.

김시업 (2001). 단회 이메일 상담효과 제고를 위한 상담기법의 탐색. **한국청소년정책학회, 3**,

89–110.

김애경 (2001). 아동과 초기 청소년의 사회적 행동. **아동학회지, 22**(3), 271–285.

김은영, 이재용, 박성희 (2018). 학부모 상담 과정에 관한 초등 학부모의 체험분석. **초등상담연구, 17**(2), 177–200.

김정현. (2007). **고등학생의 역기능적 신념과 친구 간 갈등해결전략과의 관계**. 숙명여자대학교 대학원 석사학위논문.

김현영, 최은영 (2012). 국내 ADHD 청소년에 대한 연구 동향 및 중재 방향. **정서·행동장애연구, 28**(3), 101–123.

김현영, 최은영 (2012). 국내 ADHD 청소년에 대한 연구 동향 및 중재 방향. **정서 · 행동장애연구, 28**(3), 101–123.

김혜숙, 최동옥 (2013). 교사를 위한 학부모상담 길잡이. 서울: 학지사.

김효정.(2018.08.06). 당신도 아이를 학대 중일지 모릅니다 [인터넷 신문 스페셜 리포트]. https://weekly.chosun.com/client/news/viw.asp?ctcd=C02&nNewsNumb=002519100005에서 검색

도은DOEUN (2018.08.06.) [인터넷 블로그] https://blog.naver.com/mdawon/221333531908에서 검색

동아출판사 편집국 (1994). (동아) 새 국어사전. 서울: 민중서림.

문효빈, 최윤정 (2018). 국내 ADHD 청소년 상담개입 성과 연구의 동향과 향후 과제. **청소년 상담연구, 26**(2), 91–115.

박기원 (2009). **청소년의 우울에 영향을 미치는 관련 변인 연구: 성별 차이를 중심으로**. 중앙대학교 대학원 석사학위논문.

박진경, 도현심 (2001). 어머니의 감독 (monitoring) 및 감독방법이 청소년의 외현화, 내면화 행동에 미치는 영향. **대한가정학회지, 39**(12), 129–140.

백연화 (1998). 가족이 청소년 비행에 미치는 영향에 관한 일 고찰. 고려대학교 대학원 석사학위논문.

변관석, 신진숙 (2017). 중증도 지적장애 중학생의 조립과제 수행에 대한 자기촉진전략 간의 효과 비교. **교육혁신연구, 28**(1), 217–245.

신애재 (1998). **청소년의 우울과 자기도피: 서울시내 2개 고등학교를 대상으로**. 연세대학교 보건대학원 석사학위논문.

오동재, 전성일, 장환일 (1993). 부모의 양육태도가 청년의 정신병리에 미치는 영향에 대한 연구: 장정신체검사용 정신과 집단선별검사 개발을 위한 연구(5). **신경정신의학, 32**(6), 896–903.

오미성 (2007). **정서 · 행동장애 유아의 부모에 대한 해결중심 단기가족상담 일 연구**. 공주대학교 석사학위논문.

오선영 (2016.01.25.). 존중과 무조건 허용은 달라… 원칙 벗어날 땐 단호하게. 조선에듀, 201601. http://edu.chosun.com/site/data/html_dir/2016/01/25/2016012500372.html에서 검색.

오영경 (2008). **청소년의 행동문제 관련 요인**. 중앙대학교 교육대학원 석사학위논문.

우샛별, 심영석, 이건희, & 김성구. (2012). 소아청소년 틱 장애 (Tic disorder) 환자의 임상적 특성과 심리분석. 대한소아신경학회지, 90−97.

울산교육청 특수교육지원센터 (2011). **학부모-상담 매뉴얼**

유성경 (2000). 청소년탈비행과 위험요소 및 보호요소에 관한 탐색적 연구. **교육학연구, 38**(3), 81−106.

이경님 (2000). 아동의 자기통제척도 개발에 관한 연구. **인간발달 연구, 7**(1), 99−120.

이미애 (2005). **학교환경교인에 따른 청소년 문제행동에 관한 연구**. 대구대학교 대학원 석사학위논문.

이영선 (2004). **청소년의 개인적 변인 가족 및 학교환경 변인이 또래공격피해에 미치는 영향**. 동아대학교 교육대학원 석사학위논문.

이영식, 방양원. (1998). 청소년, 성인의 주의력결핍 과다활동장애. J Korean Neuropsychiatr Assoc, 37(5).

이혜진. (2000). **비합리적 신념이 대학생 정신건강에 미치는 영향**. 이화여자대학교 교육대학원 석사학위 논문.

임은미, 김지은, 이영선 (2001). 문자채팅상담 성과의 요인분석. **상담학연구**, 2(1), 33−147.

전귀연 (1993). **청소년이 지각한 가족응집성, 가족적응성 및 가족체계유형이 청소년의 적응에 미치는 영향**. 경북대학교 대학원 박사학위논문.

조용래. (1998). **역기능적 신념과 부적응적인 자동적 사고가 사회공포증상에 미치는 영향**. 서울대학교 대학원 박사학위논문.

지식채널 (2010.05.21.). 민주적인 부모, 강압적인 부모. https://terms.naver.com/entry.nhn?docId=3381323&cid=58344&categoryId=58344에서 검색.

채혜정 (2009). 공격적이고 반항적인 아동의 부모상담 내용구성 및 특성연구. **영유아아동정신건강연구, 2**(1), 19−29.

천성문, 김진숙, 김창대, 신성만, 유형근, 이동귀, 이동훈, 이영순, 한기백 (2013). **심리치료와 상담이론: 개념 및 사례**. 서울: 센게이지러닝코리아.

천성문, 김진숙, 김창대, 신성만, 유형근, 이동귀, 이동훈, 이영순, 한기백 (2013). **심리치료와 상담이론: 개념 및 사례**. 서울: 센게이지러닝코리아.

최수미, 유인화, 김동일, 박애실 (2018). 일반교사가 지각하는 교육사각지대 학습자 특성의 구성개념 탐색. **교육심리연구, 32**(3), 421−442.

최수미, 유인화, 김동일, 박애실 (2018). 일반교사가 지각하는 교육사각지대 학습자 특성의 구성개념 탐색. **교육심리연구, 32**(3), 421−442.

최수미, 유인화, 김동일, 박애실 (2018). 일반교사가 지각하는 교육사각지대 학습자 특성의 구성 개념 탐색. **교육심리연구, 32**(3), 421－442.

최수미, 유인화, 김동일, 박애실 (2018). 일반교사가 지각하는 교육사각지대 학습자 특성의 구성 개념 탐색. **교육심리연구, 32**(3), 421－442.

최수미, 유인화, 김동일, 박애실 (2018). 일반교사가 지각하는 교육사각지대 학습자 특성의 구성 개념 탐색. **교육심리연구, 32**(3), 421－442.

최수미, 유인화, 신봉철, 김동일, 박애실 (2018). 현장교사가 지각하는 교육사각지대 학습자의 특성에 대한 합의적 질적연구. **2018년도 제2차 한국교육심리학회 춘계학술대회 발표논문집**. 79－86.

최은영, 양종국 (2005). **청소년 비행 및 약물중독상담**. 서울: 학지사.

학부모 상담의 준비와 태도(2015.03.31.) http://www.hangyo.com/news/article.html?no＝44871

허승희, 박성미 (2005). 초등학교 상담교사의 역할과 기능에 대한 학부모, 교사, 학교행정가의 요구분석. **초등교육연구, 18**, 19－38.

헬리콥터 부모와 아젠다 엄마 (2018.01.12) https://wonderfulmind.co.kr/helicopter－parents－agenda－moms－parents/

홍은영 (2014). **학부모상담 과정에서 초등교사의 체험에 관한 현상학적 분석.** 청주교육대학교 교육대학원. 석사학위논문.

황진숙 (2011), **학습부진학생 지도 · 지원정책의 개선 방안 연구**. 한국교원대학교 대학원. 석사학위논문.

저자 소개

김동일 교수

서울대학교 사범대학 교육학과 교육상담전공 교수 및 대학원 특수교육전공 주임교수, 서울대학교 교육행정연수원 원장, 서울대 학생상담센터 센터장, 장애학생지원센터 상담교수, 서울대 특수교육연구소 소장으로 재직하고 있다. 서울대학교 교육학과를 졸업하고, 교육부 국비유학생으로 선발되어 미네소타대학 교육심리학과에서 석사, 박사학위를 취득하였다.

Developmental Studies Center, Research Associate, 한국청소년상담원 상담교수, 경인교육대학교 교육학과 교수, 한국학습장애학회 회장, 서울대 사범대 기획실장, 한국교육심리학회 부회장, 국가 청소년보호위원회 위원, BK21 미래교육디자인연구사업단 단장 등을 역임하였다. 국가수준의 인터넷중독 척도와 개입연구를 진행하여 정보화역기능예방사업에 대한 공로로 행정안전부 장관표창 및 연구논문/저서의 우수성으로 한국상담학회 학술상(2014-2/2016)을 수상하였다.

현재, (사)한국교육심리학회 회장, 한국아동청소년상담학회 회장, 한국인터넷학회 부회장, 여성가족부 학교밖청소년지원위원회(2기) 위원, 국무총리실 사행산업통합감독위원회(중독분과) 민간위원 등으로 봉직하고 있다.

〈지능이란 무엇인가〉, 〈학습장애아동의 이해와 교육〉, 〈학습상담〉, 〈학습전략-증거기반실제 프로그램〉을 비롯하여 50여 권의 저 · 역서가 있으며, 250여 편의 등재 전문학술논문(SSCI/KCI)과 30여 개 표준화 심리검사를 발표하였다.

한국아동청소년상담학회
상담역량 강화 프로그램 시리즈 1
교육사각지대 학습자 부모 상담

초판발행 2020년 1월 3일

지은이 김동일
펴낸이 노 현

편 집 배근하
기획/마케팅 노 현
표지디자인 박현정
제 작 우인도·고철민

펴낸곳 ㈜ 피와이메이트
서울특별시 금천구 가산디지털2로 53 한라시그마밸리 210호(가산동)
등록 2014. 2. 12. 제2018-000080호
전 화 02)733-6771
f a x 02)736-4818
e-mail pys@pybook.co.kr
homepage www.pybook.co.kr
ISBN 979-11-90151-46-7 94180
979-11-90151-96-2(세트)

정 가 16,000원